普通高等教育汽车类专业精品系列教材

# 纯电动汽车原理与结构

主　编　武志斐
副主编　范政武　杨甜甜

北京理工大学出版社
BEIJING INSTITUTE OF TECHNOLOGY PRESS

## 内 容 简 介

纯电动汽车是汽车电气化的基础，本书是基于目前汽车行业"电动化"潮流，并兼顾了"智能化"和"轻量化"的相关内容，以纯电动汽车的结构与原理为主进行编写的。本书涵盖了纯电动汽车的储能元件、车用电动机、电气与电子设备、底盘、车身轻量化、动力性与动力匹配和电池回收等内容，同时对智能驾驶进行了介绍，并对汽车电气化的内容如混合动力电动汽车、燃料电池电动汽车进行了扩展。

本书可作为本科院校车辆工程专业的专业基础课教材、专业选修课教材，也可作为研究生的参考教材，并可供从事新能源汽车技术研究、生产管理和技术服务等方面的工程技术人员参考。

**版权专有　侵权必究**

### 图书在版编目（CIP）数据

纯电动汽车原理与结构 / 武志斐主编. —北京：北京理工大学出版社，2021.1（2021.2 重印）

ISBN 978-7-5682-9439-3

Ⅰ. ①纯⋯　Ⅱ. ①武⋯　Ⅲ. ①电动汽车-高等学校-教材　Ⅳ. ①U469.72

中国版本图书馆 CIP 数据核字（2021）第 005067 号

| | |
|---|---|
| 出版发行 / | 北京理工大学出版社有限责任公司 |
| 社　　址 / | 北京市海淀区中关村南大街 5 号 |
| 邮　　编 / | 100081 |
| 电　　话 / | （010）68914775（总编室） |
| | （010）82562903（教材售后服务热线） |
| | （010）68948351（其他图书服务热线） |
| 网　　址 / | http：//www.bitpress.com.cn |
| 经　　销 / | 全国各地新华书店 |
| 印　　刷 / | 涿州市新华印刷有限公司 |
| 开　　本 / | 787 毫米×1092 毫米　1/16 |
| 印　　张 / | 16.25 |
| 字　　数 / | 344 千字 |
| 版　　次 / | 2021 年 1 月第 1 版　2021 年 2 月第 2 次印刷 |
| 定　　价 / | 49.00 元 |

| | |
|---|---|
| 责任编辑 / | 陆世立 |
| 文案编辑 / | 赵　轩 |
| 责任校对 / | 刘亚男 |
| 责任印制 / | 李志强 |

图书出现印装质量问题，请拨打售后服务热线，本社负责调换

# 前言

目前，部分国家（地区）已经制定了燃油汽车退市时间表，目的是实现低碳化、节能减排。纯电动汽车作为新能源汽车的典型代表，是汽车电动化的基础。纯电动汽车技术的进步可以极大地带动其他类型新能源汽车（如增程式电动汽车、混合动力电动汽车和燃料电池电动汽车等）的发展。

汽车的未来发展趋势是电气化，汽车行业需要具备汽车知识的电气化人才。因此，本书以原理说明和结构介绍为中心，主要介绍了纯电动汽车的储能元件、电动机和电气控制。此外，本书对纯电动汽车明显区别于传统燃油汽车的电池回收、动力匹配也进行了详细描述，并单独介绍了电动汽车智能驾驶，同时对混合动力电动汽车、燃料电池电动汽车也进行了相应的介绍。

本书由太原理工大学车辆工程系武志斐、范政武、杨甜甜编写，研究生冯凯、杨宏伟、路鑫阳、卫超强、项玉霞在资料收集和整理过程中了做了大量工作，同时在本书成稿过程中，借鉴了本书所列参考文献作者的部分观点，并有幸得到了电动汽车相关从业人员提供的建议与意见，在此一并表示衷心的感谢！

编　者
2020 年 6 月

# 目　录

第一章　绪　论 …………………………………………………………… (1)
   1.1　纯电动汽车简介 …………………………………………………… (1)
   1.2　纯电动汽车的发展史 ……………………………………………… (5)
   1.3　纯电动汽车工业的发展 …………………………………………… (9)

第二章　纯电动汽车的储能元件及其管理系统 ………………………… (11)
   2.1　纯电动汽车电源模块概述 ………………………………………… (11)
   2.2　纯电动汽车常用动力电池 ………………………………………… (17)
   2.3　动力电池设计应用 ………………………………………………… (31)
   2.4　动力电池管理系统 ………………………………………………… (38)
   2.5　动力电池系统设计 ………………………………………………… (50)
   2.6　电动汽车充电技术 ………………………………………………… (58)

第三章　车用电动机 ……………………………………………………… (66)
   3.1　纯电动汽车用电动机 ……………………………………………… (66)
   3.2　直流电动机及其驱动控制系统 …………………………………… (67)
   3.3　交流感应电动机及其驱动系统 …………………………………… (78)
   3.4　永磁同步电动机及其驱动系统 …………………………………… (80)
   3.5　电动机的冷却 ……………………………………………………… (86)

第四章　纯电动汽车底盘 ………………………………………………… (88)
   4.1　传动系统 …………………………………………………………… (88)
   4.2　行驶系统 …………………………………………………………… (91)
   4.3　转向系统 …………………………………………………………… (93)
   4.4　制动系统以及制动能量回收 ……………………………………… (103)
   4.5　悬架系统能量回收 ………………………………………………… (109)

第五章　车身与轻量化 …………………………………………………… (116)
   5.1　纯电动汽车车身概述 ……………………………………………… (116)
   5.2　纯电动汽车与轻量化 ……………………………………………… (117)
   5.3　车身轻量化设计 …………………………………………………… (120)

5.4 轻量化车身材料 …………………………………………………………… (122)
5.5 轻量化工艺 ………………………………………………………………… (126)
5.6 动力电池系统轻量化 ……………………………………………………… (132)
5.7 纯电动汽车轻量化设计案例 ……………………………………………… (149)

## 第六章 电气与电子设备 …………………………………………………………… (165)
6.1 整车控制系统 ……………………………………………………………… (165)
6.2 CAN 总线技术 …………………………………………………………… (168)
6.3 V 型模式开发 ……………………………………………………………… (170)
6.4 空调系统 …………………………………………………………………… (174)

## 第七章 纯电动汽车动力性及其动力匹配 ………………………………………… (182)
7.1 纯电动汽车的驱动力与行驶阻力 ………………………………………… (182)
7.2 纯电动汽车行驶时的驱动力平衡 ………………………………………… (186)
7.3 纯电动汽车的功率平衡 …………………………………………………… (188)
7.4 纯电动汽车动力传动系统参数的选择 …………………………………… (190)
7.5 纯电动汽车动力电池组容量的选择 ……………………………………… (193)

## 第八章 电池回收 …………………………………………………………………… (196)
8.1 动力电池规模 ……………………………………………………………… (196)
8.2 废旧电池的危害 …………………………………………………………… (199)
8.3 动力电池回收的意义 ……………………………………………………… (200)
8.4 动力电池回收政策与模式 ………………………………………………… (201)
8.5 锂离子动力电池回收技术 ………………………………………………… (207)

## 第九章 电动汽车智能驾驶 ………………………………………………………… (212)
9.1 电动汽车智能驾驶的发展背景 …………………………………………… (212)
9.2 电动汽车智能驾驶的作用和意义 ………………………………………… (213)
9.3 电动汽车智能驾驶系统概述 ……………………………………………… (217)
9.4 智能驾驶汽车的发展 ……………………………………………………… (222)
9.5 电动汽车的无人驾驶与辅助驾驶 ………………………………………… (225)
9.6 智能驾驶中的人工智能技术 ……………………………………………… (227)

## 第十章 汽车电气化 ………………………………………………………………… (233)
10.1 混合动力电动汽车 ………………………………………………………… (234)
10.2 燃料电池电动汽车 ………………………………………………………… (239)

**参考文献** ……………………………………………………………………………… (254)

# 第一章
## 绪 论

## 1.1 纯电动汽车简介

### 1.1.1 纯电动汽车的定义

纯电动汽车是指以车载电源为动力,使用电机驱动车轮行驶,符合道路交通、安全法规等各项要求的车辆。纯电动汽车一般采用高效率充电动力电池作为动力源,不需要内燃机,因此其电机相当于传统燃油汽车的发动机,动力电池相当于传统燃油汽车的油箱。电能是二次能源,来源可以是风能、水能、热能和太阳能等多种方式,在环境污染较为严重的今天,纯电动汽车在某种意义上可以称为零排放车辆(Zero Emission Vehicle,ZEV)。

### 1.1.2 纯电动汽车的特点

**1. 整车效率高**

内燃机技术经过一百多年的发展已日趋完善,但从诞生起其工作原理一直都是将活塞往复直线运动转换为曲轴旋转运动,这种运动转换形式导致燃油能量转化效率较低,如果考虑到车辆在城市内行驶过程中频繁启停、低速行驶和怠速等多种行驶工况,其最终效率只有12%左右。相对而言,电动汽车采用电机驱动系统,动力输出直接是旋转形式,能量损失要小得多(电池能量的80%以上可以转化为汽车的驱动力),即使由原油发电给动力电池系统充电,为电机提供电力运行,并考虑发电效率、送配电效率和充放电效率等因素,其最终能量转化效率也只有29%左右。另外,电动汽车在制动时通过控制电机的旋转磁场速度,使驱动车轮的电动机变成由车轮驱动的发电机,发电之后经过整流存储在电池中,这种具备回收车辆动能的能力,更加提高了电动汽车的能量利用率。

**2. 对环境污染少**

不同于传统燃油汽车,纯电动汽车在行驶过程中没有废气的排放,即使全部所需能量都以火力发电来计算,其废气排出量比燃油汽车也会有很大程度的减少。只要妥善处理废弃电池,纯电动汽车和传统燃油汽车相比,几乎不会对环境造成污染。

3. 可应用多种能源

纯电动汽车利用二次电力能源驱动，只要有电能的供给就有动力源，不受天然石油资源的限制。电能的获得可以利用核能、水力、风力、太阳能等多种形式的原始资源，而且我国水力资源和风力资源的潜在发电量很高，如果能有效地利用这些资源，不仅有利于环保，节约宝贵的石油资源，解决全球面临的石油资源枯竭危机，也符合我国经济的可持续发展战略。

4. 噪声相对较低

和传统燃油汽车相比，纯电动汽车的振动噪声明显减小，因为发动机的振动噪声是汽车振动噪声的主要来源。通常，纯电动汽车的噪声将比传统燃油汽车低 15 dB 左右。

5. 机械结构多样化

由于内燃机的转速转矩特性，使用内燃机的汽车必须配变速器，以实现发动机转速与车速匹配，以及实现倒挡功能。若采用高速车用电动机，由于其恒功率输出和可以倒转的特点，因此可将变速器用减速器代替，大大简化了传动装置，从而可使驱动方式多样化。一方面可以合理地对系统结构进行配置，另一方面也可以采用多样化的造型，以满足不同消费者的需求。在电动汽车研发的初始阶段，可以进行简单的动力部件替代（将燃油发动机用电动机替代），得到与传统汽车相仿的特性。双轮独立驱动乃至四轮独立驱动被认为是电动汽车一个有前景的发展方向，由此可实施更复杂和更灵活的系统控制以获得更高级的运行性能。

6. 优异的控制性能——电气可控变量自由度增加

纯电动汽车以电动机取代传统内燃机的直接好处就是动力系统可以方便地通过软件对电气参数进行控制，从而使纯电动汽车的控制更加智能。另外，由于电气驱动可以采取双（四）轮独立驱动的形式，这将使可控变量的自由度增加，从而为进一步提高车辆的动力性能和操纵性能创造了良好的硬件条件。

7. 发展遇到的问题

目前，纯电动汽车发展遇到的问题主要是续驶里程，在这个方面必须通过提高电池能量密度来实现；另外就是充电桩等公共设施不足，而且由于纯电动汽车的充电时间比加油时间长得多，可充电场所的数量比起加油站少得多，因此电动车的发展建设需要相关基础设施进行配套。

### 1.1.3 纯电动汽车的性能要求

纯电动汽车的性能应包括环境适应性、动力性、经济性、制动性、操纵性、舒适性、环保性、安全性、可靠耐久性以及 NVH（噪声 Noise、振动 Vibration、声振粗糙度 Harshness）等方面，如图 1-1 所示。

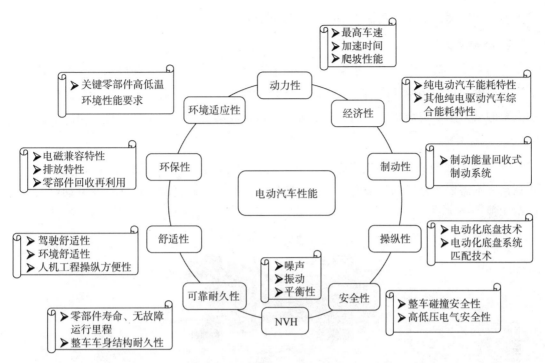

图1-1 纯电动汽车性能示意

## 1.1.4 纯电动汽车的基本结构

沿用传统燃油汽车的结构划分方式，可以将纯电动汽车分成动力系统、底盘、车身和电器四部分，基本结构包括电动机、冷却系统、传动系统、行驶系统、转向系统、制动系统、电气设备和车身。图1-2为典型的纯电动汽车主要总成布置。

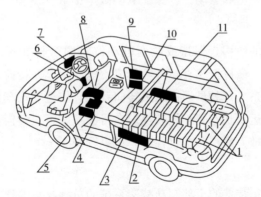

1—动力电池；2—空调控制装置；3—空调逆变器；4—电动机；5—压缩机；6—电机操纵机构；
7—SOC仪表；8—DC/DC转化器；9—控制装置；10—ECU；11—逆变器。

图1-2 典型的纯电动汽车主要总成布置

**1. 电动机**

电动机是电动汽车的动力装置，是根据电磁感应原理实现电能转换的一种电磁装置，其主要作用是通过旋转运动输出功率,作为车辆的动力源。

2. 冷却系统

冷却系统一般由散热器、水泵、风扇、节温器、冷却液温度表和放水开关等组成。电动汽车的发动机采用两种冷却方式,即空气冷却和水冷却,一般多采用水冷却。此外,电动汽车的动力电池也需要专门的冷却系统对其进行冷却。

3. 传动系统

图1-3为典型的纯电动汽车底盘,由于电动机具有良好的牵引特性,因此电动汽车的传动系统不需要离合器和复杂变速器,车速控制由控制器通过调速系统改变电动机的转速即可实现。

1—控制单元;2—充电接口;3—电池;4—电动机驱动单元。

图1-3 典型的纯电动汽车底盘

4. 行驶系统

电动汽车行驶系统的作用是接收来自电动机动力总成的转矩,并通过驱动轮与路面间的附着作用,产生路面对电动汽车的牵引力,以保证整车正常行驶。此外,应尽可能缓和不平路面对车身造成的冲击和振动,以保证电动汽车正常行驶。

5. 转向系统

电动汽车转向系统的作用是保持或改变电动汽车的行驶方向,主要由转向盘、转向器、转向节、转向节臂、横拉杆和直拉杆等组成。电动汽车在转向行驶时,要保证各转向轮之间有协调的转角关系。驾驶员通过操纵转向系统,使电动汽车保持在直线或转弯运动状态,或者在上述两种运动状态间互相转换。在行驶状态下,转向轮应不产生自振,转向盘应没有摆动,转向灵敏,最小转弯直径小,操纵轻便。

6. 制动系统

制动系统是电动汽车装备的全部制动减速系统的总称,它的作用是使行驶中的电动汽车降低速度或停止行驶,或者使已停驶的电动汽车保持不动。制动系统包括制动器和制动传动装置,现在的电动汽车制动系统中还装设了制动防抱死装置等。与传统燃油汽车相似,纯电动汽车的制动系统也由行车制动和驻车制动两套装置构成。

7. 电气设备

电动汽车电气设备主要由动力电池、发电机、照明灯具、仪表、音响装置和刮水器等组成。

8. 车身

车身指的是车辆用来载人装货的部分。有的车辆的车身既是驾驶员的工作场所，又是容纳乘客和货物的场所。

### 1.1.5 纯电动汽车的基本工作原理

纯电动汽车是由动力电池的能量使电动机驱动车轮前进，其工作原理如图1-4所示。能量流动路线：动力电池→电控装置→电动机→动力传动系统→驱动轮。其中，动力电池提供的电流经过电控装置输出到电动机，然后由电动机产生转矩，经传动装置驱动车轮实现车辆的行驶。

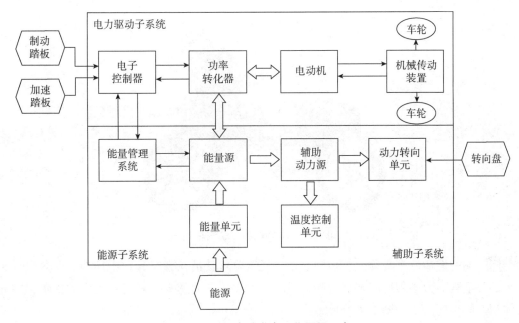

图1-4 纯电动汽车工作原理示意

## 1.2 纯电动汽车的发展史

目前，纯电动汽车市场竞争越来越激烈，除了特斯拉等新能源汽车厂商外，传统汽车生产商也在大力投资纯电动汽车市场，其中包括通用、大众等。不过，纯电动汽车并非什么新鲜的事物，它已经存在超过了150年的时间，并且一度还是最流行的汽车类型。纯电动汽车的发展史主要分为以下6个阶段。

1. 纯电动汽车的诞生阶段

纯电动汽车的出现比内燃机汽车早了半个多世纪，是世界上最古老的汽车之一。1832—1839年，苏格兰人罗伯特·安德森研发出使用不可充电电池作为动力源的电动汽车；1835年，荷兰教授西博兰斯·斯特町设计了一款小型电动车，这是一台应用法拉第电磁感应原理并以电动机作为动力源的三轮车。

2. 纯电动汽车的首个全盛时期

19世纪末到20世纪初是纯电动汽车的黄金时期，且纯电动汽车的生产在1912年达到顶峰，其销售价格比当时福特生产的燃油汽车要贵得多。例如，1912年一款纯电动敞篷车的售价高达1 750美元，而一款燃油汽车的售价仅为650美元。并且，根据美国人口调查局的调查，1900年纯电动汽车生产量占到美国汽车总产量的28%，所出售的纯电动汽车总价值超过了当年内燃机汽车和蒸汽汽车的总和。

早期的纯电动汽车基本上是一些由电池驱动的无马马车，如图1-5所示。相较于与其同期的竞争对手蒸汽汽车及后期的内燃机汽车，纯电动汽车不会散发味道，没有噪声和振动，且操作非常简单。

图1-5　早期的纯电动汽车

同时期的燃油汽车必须人工控制起动，且需要驾驶员在驾车过程中换挡。而蒸汽汽车的大部分承载能力必须用来装载水和燃料，且需要的动力越大，就得备更大的锅炉，因此其体积一般很庞大，如图1-6所示。

图1-6　蒸汽汽车

## 3. 纯电动汽车风光不再

纯电动汽车的黄金时代并没有持续太久，到20世纪20年代后，内燃机技术达到一个新水平，装备内燃机的汽车速度更快，加一次油可持续巡航里程是同期纯电动汽车的3倍左右，且使用成本低。相比之下，纯电动汽车的发展遇到了瓶颈，在降低制造成本和改善使用便利性方面没有明显的进步。因此，纯电动汽车很快失去了存在的意义，1935年左右纯电动汽车基本上就从欧美市场中消失了。

## 4. 纯电动汽车市场复苏

20世纪70年代石油危机的爆发，给了世界汽车工业重创，从此世界各国开始考虑替代石油的其他能源，电动汽车的技术开发重新得到重视。1976年，美国国会采取通过了纯电动汽车和混合动力电动汽车研究开发和示范法案，该法案由美国能源部授权，用于支持和开发纯电动汽车和混合动力电动汽车。

20世纪70年代的电动汽车生产市场上，两家公司成为领导者，其中排名第一的是Sebring-Vanguard，它生产了超过2 000辆CitiCars电动汽车，这也是当时美国销量最高的电动汽车，直到2011年被特斯拉Model S超越。CitiCars最高速度达到70.8 km/h，续驶里程为80~96 km。另一家公司是Elcar公司，其生产的Elcar电动汽车最高速度达到72.4 km/h，续驶里程为96 km。

## 5. 纯电动汽车百花齐放

宝马公司在1972年夏季奥林匹克运动会上展示了其首款电动汽车——宝马1602E（见图1-7），这款电动汽车由12个铅酸蓄电池驱动，拥有功率为31.3 kW的电动机，最高速度能够达到99.8 km/h，但这款电动汽车并没有进入量产。

在20世纪70年代，越来越多的电动汽车出现了，但是大多销量一般，主要受限于相对内燃机汽车较低的车速和续驶里程。进入20世纪80年代后，纯电动汽车受欢迎程度逐渐减弱。

图1-7 宝马1602E电动汽车

## 6. 电动汽车发展进入新阶段

20世纪90年代，废气排放量监管促使汽车生产商将目标投向电动汽车，电动汽车的发展由此进入新的阶段。

美国1990年颁布的《清洁空气法修正案》和1992年颁布的《能源政法案》促使市场

对电动汽车再次进行投资。美国加州空气资源委员会甚至还通过一项新的法规，要求汽车生产厂商生产和销售零废气排放的汽车，这样才允许他们在该州出售其他车辆。从此各大汽车厂商纷纷投入对电动汽车的研发和生产，各种车型的电动汽车如雨后春笋般不断上市，并呈现出欣欣向荣的景象。

从1996年开始，通用汽车公司共生产了1 117辆EV1电动汽车（见图1-8），不过这款汽车仅在美国几个州租赁使用，其续驶里程为160 km，从0加速到96 km/h只需要7 s，由于EV1并不盈利，通用汽车公司在其租赁期到后全部召回，并销毁了其中的大部分，只留下40辆捐赠给博物馆或其他组织。

日本丰田公司也在1997年生产了第一批丰田Prius电动汽车，如图1-9所示。这款车于2000年开始进入全球市场，是第一批规模化生产的混合动力电动汽车，在其推出的一年时间里，全球共卖出5万辆。到2016年7月，丰田已经售出超过800万辆混合动力电动汽车，其中超过500万辆为Prius。

图1-8　通用EV1电动汽车

图1-9　丰田Prius电动汽车

2006年，特斯拉宣布计划推出续驶里程达到322 km的电动汽车，这条消息轰动了整个电动汽车市场。2011年，特斯拉生产的电动汽车Roadster（见图1-10）的续驶里程已超过386 km，售价超过10万美元。尽管特斯拉已经拥有Model S轿车和Model X SUV，但在很大程度上讲，它们还属于小众化产品。特斯拉在2017年规模化生产其面向大众市场的电动汽车Model 3，这款汽车续驶里程超过320 km，售价在3.5万美元左右。

图1-10　特斯拉Roadster电动汽车

2010年，日产电动汽车Leaf，单在美国就售出8.8万辆。

随着电动汽车的飞速发展和市场保有量的不断增加，传统汽车生产厂商也开始研发电动汽车的新技术。

如今，混合动力电动汽车以及纯电动汽车又开始流行起来，而几乎所有的汽车厂商也都看准了这一市场。由于环境恶化、油价上涨及能源消耗等诸多问题的出现，人们都或多或少开始关注这些新能源汽车。也许在不久的将来，电动汽车能够达到一个新高度的全盛时期。

## 1.3 纯电动汽车工业的发展

### 1.3.1 环境问题

运输工具应用的大部分燃料是源于石油的液态燃料。石油的形成过程长达数百万年，这是其储量有限的根本原因。目前，石油是维系国家经济发展和维护国家能源安全的重要战略资源之一。我国的经济发展对石油的需求也在逐年上升，原因有以下几方面：第一，工业化进程加快，目前中国经济增长的主要力量是以机械、钢铁、汽车等为代表的重工业，这些行业对能源有高度的依赖性，其中工业用油占到我国石油消费总量的40%以上；第二，城市化进程加快带动各类消费的快速增长，同时拉动了石油及其相关下游产品的需求，据研究测算，城市人口平均年消耗能源为农村的3.5倍；第三，在经济全球化的背景下，高耗能和高污染的国际制造业也在加速向我国转移；第四，汽车消费的快速增长加大了原油消费的增长。2013年以来，我国的汽车消费进入快速增长阶段，汽车保有量的增加带动了石油消费的快速增长。

2004年，中国石油消耗量达到2.92亿吨，进口原油1.23亿吨，对外依赖程度达到42.1%；2006年进口原油1.45亿吨；2007年，我国成为仅次于美国的石油消耗大国，石油消耗量达3.46亿吨，石油对外依赖度达到45.2%；2018年，我国的石油消耗量超过6亿吨，其中4.619亿吨为进口石油，对外依赖度达到77%；2019年我国石油消耗量为6.96亿吨，中国原油产量1.91亿吨，进口原油5.05亿吨，对外依赖度为72.7%。如果中国汽车业以当前12%的年均增长率发展，庞大的汽车数量将对能源产生巨大压力，对我国未来的石油安全形成了巨大挑战。

我国是一个能源短缺的国家，却是一个能源消耗大国，这严重制约了我国汽车产业的可持续发展。由于汽车数量的增加，石油需求也相应地增加，因此开发替代能源和新型动力车，实现车用能源多元化已成为一项迫在眉睫的工作。

对于传统燃油汽车来说，它所带来的公害主要有四种形式：气候影响、空气污染、噪声污染和电磁污染，其中尤其以空气污染为最。

### 1.3.2 国家政策

目前，国家对新能源汽车消费端的支持总的来说可概括为金钱补贴、税费减免、牌照路权3个方面。

  《关于调整完善新能源汽车推广应用财政补贴政策的通知》（以下简称《通知》）从2018年2月12日起实施，2月12日至6月11日为过渡期。过渡期间上牌的新能源乘用车、新能源客车按照此前对应标准的0.7倍补贴，新能源货车和专用车按0.4倍补贴。

  《通知》规定，从2018年起将新能源汽车地方购置补贴资金逐渐转为支持充电基础设施建设和运营、新能源汽车使用和运营等环节。实施好新能源汽车免征车辆购置税、购置补贴等财税优惠政策，加强城市停车场和新能源汽车充电设施建设。

  纳入中央财政补贴范围的新能源汽车车型应是符合要求的纯电动汽车、插电式混合动力汽车和燃料电池汽车。重点加大政府机关、公共机构、公交等领域新能源汽车推广力度。补助对象是消费者，消费者购车时按销售价格扣减补贴后支付。

  中央财政将补贴资金拨付给新能源汽车生产企业，实行按季预拨，年度清算。生产企业在产品销售后，每季度末向企业注册所在地的财政、科技部门提交补贴资金预拨申请，当地财政、科技部门审核后逐级上报至财政部、科技部，四部委组织审核后向有关企业预拨补贴资金。年度终了后，根据核查结果进行补贴资金清算。

# 第二章 纯电动汽车的储能元件及其管理系统

## 2.1 纯电动汽车电源模块概述

### 2.1.1 纯电动汽车电源模块组成

车载电源模块主要由辅助动力源和动力电池系统（动力电池模组、电池管理系统、动力电池箱及辅助元器件）组成。辅助动力源一般为12 V或24 V的直流低压电源，其作用是给动力转向、制动力调节控制、照明和电动窗门等各种辅助装置提供所需的能源；动力电池模组由多个电池模块或单体电芯串联组成；电池管理系统是整个动力电池系统的神经中枢；动力电池箱用来放置动力电池模组；辅助元器件主要包括动力电池系统内部的电子电器元件，如熔断器、继电器、分流器、接插件、紧急开关、烟雾传感器、维修开关以及电子电器元件以外的辅助元器件，如密封条、绝缘材料等。

动力电池系统的外观、组成及其内部结构如图2-1~2-3所示，辅助元器件如图2-4所示。

图2-1 动力电池系统的外观

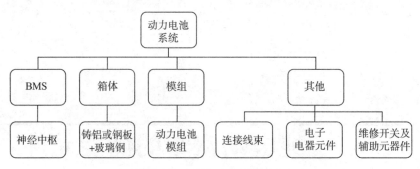

图 2-2 动力电池系统的组成

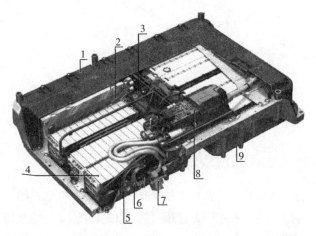

1—电池顶壳；2—冷却系统；3—绝缘层；4—电池片模块；5—冷却液输出管；
6—冷却液输入管；7—高压连接端子；8—电池接线盒；9—电池底壳。

图 2-3 动力电池系统的内部结构

图 2-4 辅助元器件

### 2.1.2　基本术语

**1. 记忆效应**

记忆效应是指电池在没有完全放电之前就重新充电,电池会储存这一放电平台并在下次循环中将其作为放电的终点,尽管电池本身的容量可以使电池放电到更低的平台上,但在以后的放电过程中,电池将只记得这一平台。同样在每次使用中,任何一次不完全的放电都将加深这一效应,使电池容量逐渐变低,这主要表现在镍镉电池中,在其他电池中,该效应较小或不存在。记忆效应是由电池内生长晶枝引起的,通过深度充放电虽可缓解,但会损坏电池。较好的方法是采用脉冲充电法,不仅可抑制晶枝生长,还有可能使一些晶枝得到溶解。

**2. 电池的充电**

电池的充电是将外部电源输入到蓄电池的直流电能转换为化学能储存起来的过程。充电的方式如下:

(1) 恒压充电:保持充电器端电压始终不变的充电方法。

(2) 恒流充电:保持充电电流始终不变的充电方法。

(3) 涓流充电:为补充自放电,使电池保持在近似完全充电状态的连续小电流充电。

(4) 浮充电:随时对电池用恒压充电,使其保持一定的荷电状态。

**3. 电池的放电**

电池的放电是将电池内储存的化学能以电能方式释放出来的过程,即电池向外电路输送电流。

**4. 单体电池(Cell)**

单体电池是构成动力电池模块的最小单元,也称为电芯,一般由正极、负极、电解质及外壳等构成,可实现电能与化学能之间的直接转换。单体电池按结构的不同可分为方壳电池、软包电池和圆柱电池。特斯拉电动汽车使用的单体电池是圆柱电池,共有7 000个与日常5号干电池相似的单体电池,采用如此小的单体电池单位是为了有更好的冷却效果。

**5. 电池模组(Module)**

电池模组是一组单体电池的并联组合,是单体电池在物理结构和电路上连接起来的最小分组,多个电芯封装在一起,成为统一与外部联系的单元,可作为一个单元整体替换。电池模组对单体电池性能有严格的要求,在同一模组中必须选择同一系列、同一规格、性能尽可能一致的单体电池。

**6. 电池包(Pack)**

纯电动汽车的动力源要求有较高的电压和电流,所以需要将若干个电池模组组合成电池包使用。如2015款大众e-Golf的电池包有27个电池模组,共264个单体电池。

**7. 电压**

1) 电动势

电动势是指电池正极和负极之间的电位差,通常用$E$表示。

2) 开路电压

开路电压是指电池在开路时的端电压,一般开路电压与电池的电动势近似相等。

3) 额定电压

额定电压是指电池在标准条件下工作时应达到的电压。

4) 工作电压(负载电压、放电电压)

工作电压是指电池两端接上负载 $R$ 后,在放电过程中显示出来的电压。

5) 终止电压

电池在一定标准条件下放电至不再继续放电时的最低工作电压称为终止电压。

8. 电池容量(A·h)

1) 理论容量

理论容量是指根据电池活性物质的特征,按法拉第定律计算出的最高理论值,一般用质量容量 A·h/kg 或体积容量 A·h/L 来表示。

2) 实际容量

实际容量是指在一定条件下输出的电量,等于放电电流与放电时间的乘积。

3) 标称容量(保证容量)

标称容量是指按一定标准规定的放电条件,电池应放出的最低限度的容量。

4) 荷电状态

荷电状态(State of Charge,SOC)是指电池容量的变化,SOC=1 即表示电池为充满状态。随着电池放电,电池的电荷逐渐减少,此时可以用 SOC 百分数的相对量来表示电池中电荷的变化状态。一般电池放电效率为 50%~80%。对 SOC 精确的实时辨识是电池管理系统的一项关键技术。

9. 功率(W、kW)

功率是指在一定的放电制度下,电池在单位时间内所输出的能量。

1) 比功率(W/kg)

比功率是指电池单位质量中所具有的电能的功率。

2) 功率密度(W/L)

功率密度是指电池单位体积中所具有的电能的功率。

10. 能量(W·h、kW·h)

电池的能量决定着电动汽车的行驶距离。电池能量具体有以下指标。

1) 标称能量

标称能量是指按一定标准规定的放电条件,电池所输出的能量。电池的标称能量是电池的规定容量与额定电压的乘积。

2) 实际能量

实际能量是指在一定条件下电池所输出的能量。电池的实际能量是电池的实际容量与平均工作电压的乘积。

3）比能量（W·h/kg）

比能量是指动力电池组单位质量的电池所能输出的能量。

4）能量密度（W·h/L）

能量密度是指单位体积的电池所能输出的能量。

11. 电池的内阻

电流通过电池内部时受到阻力作用，使电池电压降低，此阻力称为电池的内阻。由于电池的内阻作用，使得电池在放电时端电压低于电动势和开路电压，在充电时端电压高于电动势和开路电压。

12. 循环次数

电池的工作是一个不断充电放电的循环过程，并按一定的标准规定放电，当电池的容量降到某一个规定值以前，就要停止继续放电，然后经过充电才能继续使用。在每一个循环中，电池中的化学活性物质要发生一次可逆反应。随着充电和放电次数的增加，电池中的化学活性物质会发生老化变质，并逐渐削弱其化学性能，使电池的充电和放电效率逐渐降低，直至电池丧失全部功能而报废。电池充电和放电的循环次数与电池的充电和放电形式、电池的温度及放电深度有关，放电深度浅时，有利于延长电池的寿命。此外，电池在电动汽车上的使用环境，以及电池组中各个电池的均衡性、安装和固定方式、所受的振动和线路安装等，都会影响电池的工作循环次数。

13. 使用年限

使用年限指电池从开始使用到报废所经历的年数。电池除了使用年限来表示电池的寿命外，通常还可用充放电循环次数表示。

14. 放电速率（放电率）

放电速率一般用电池放电时的时间或放电电流与额定电流的比值来表示。

1）时率（也称为小时率）

时率是指电池以某种电流强度放电直到电池的电压降低到终止电压时的放电时间。

2）倍率

倍率是指电池以某种电流强度放电的数值相对于额定容量数值的倍数。当放电电流值大于或等于额定容量的数值时，该放电电流值用"倍率"表示；若放电电流值小于额定容量的数值，则该放电电流值用"小时率"来表示。电池的额定容量常用"$C$"来表示，而"倍率"或"放电率"在$C$前加系数即可。例如，2倍率，即$2C$，其放电电流值为额定容量电流值的两倍，而额定容量电流约半小时放完；2小时率，即$0.5C$，其放电电流值为额定容量电流值的$1/2$，而额定容量电流约$2\ h$放完电。

3）自放电率

自放电率是指电池在一定存放时间且没有负荷的条件下自身放电，使电池容量损失的速度，一般用单位时间（月或年）内电池容量下降的百分数来表示。

### 2.1.3 工作原理

动力电池模组放置在一个密封并且屏蔽的动力电池箱内，动力电池系统使用可靠的高压接插件与高压控制盒相连,输出的直流电由电机控制器转变为三相脉冲高压电,驱动电机工作;系统内的 BMS 实时采集各电芯的电压、各传感器的温度值、动力电池系统的总电压值和总电流值等数据,实时监控动力电池的工作状态,并通过 CAN 线与 ECU 或充电机进行通信,对动力电池系统的充放电等进行综合管理。

高、低压系统及绝缘监测回路的工作原理如图 2-5~2-7 所示。

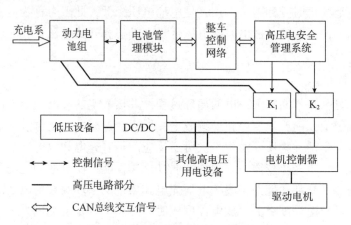

图 2-5 高压系统工作原理

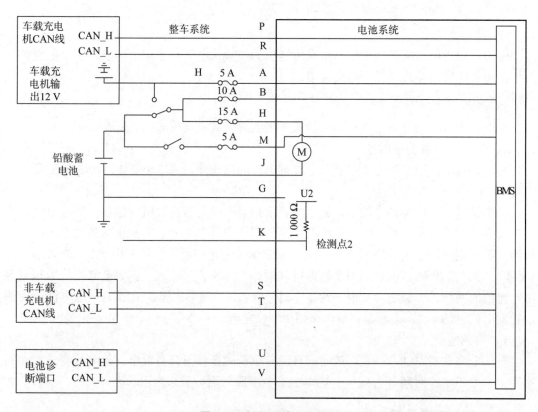

图 2-6 低压系统工作原理

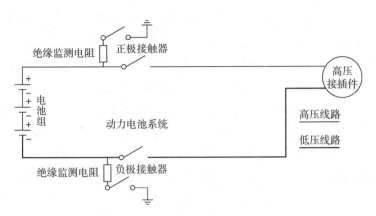

图 2-7 绝缘监测回路工作原理

### 2.1.4 使用特点

电源模块的使用特点如下：

(1) 高能量和高功率。

(2) 高能量密度。美国先进电池联合会（USABC）制定的电动车电池中长期目标，质量比能量要达到 80~100 W·h/kg（中期）和 200 W·h/kg（长期）。

(3) 高倍率部分荷电状态下的循环使用（HEV 用电池）。

(4) 工作温度范围宽（-30~65 ℃）。

(5) 使用寿命长（5~10 年）。

(6) 安全可靠。

## 2.2 纯电动汽车常用动力电池

动力电池是制约纯电动汽车发展的重要组成部分，直接影响着纯电动汽车的续驶里程、循环寿命和性能等，目前常用的动力电池主要有：铅酸蓄电池、铁-镍蓄电池、镍-镉蓄电池、锌-银蓄电池、镍-氢蓄电池等，主要性能与参数如表 2-1 所示。

表 2-1 常用蓄电池的主要性能和参数

| 电池类型 | 正极 | 电解液 | 负极 | 电动势/V | 充电数/次 |
|---|---|---|---|---|---|
| 铅酸蓄电池 | $PbO_2$ | $H_2SO_4$ | Pb | 2.10 | 200~1 500 |
| 铁-镍蓄电池 | NiOOH | KOH | Fe | 1.40 | 500~4 000 |
| 镍-镉蓄电池 | NiOOH | KOH | Cd | 1.35 | 500~2 000 |
| 锌-银蓄电池 | $Ag_2O$ | KOH | Zn | 1.85 | 20~200 |
| 镍-氢蓄电池 | NiOOH | KOH | $H_2$ | 1.50 | 1 500~6 000 |

铅酸蓄电池发展至今已有一百多年的历史，其优点是性价比高，它的成本是铁-镉蓄

电池的 1/6~1/5，且电池容量大，一般可达到几千安培小时。此外，铅酸蓄电池的突发大功率放电性能较好，适用于大功率起动，并能以 3~5 倍率甚至 10 倍率放电，在高、低温环境下（-40~60 ℃）性能比较稳定，可正常工作。而且，铅酸蓄电池的单体电池具有电压可达 2.2 V、放电效率高达 60% 以上、可浮充充电、记忆效应小以及容易获得荷电状态等优点，并具有制造工艺和技术成熟、原材料易得到、性能稳定、自放电率低和可大电流充放电等特点，在交通、通信、电力等较多领域得到广泛应用。但铅酸蓄电池使用寿命较短、体积较大以及存在硫酸盐化效应，某些铅酸蓄电池中还可能会有硫酸溢出，污染环境等缺点，加之作为纯电动汽车动力源发展至今未有大的突破，其作为纯电动汽车动力源的前景不乐观。

镍-镉电池内阻相对较小、可进行快速充电、充放电寿命较长（约是铅酸蓄电池的两倍，最高可达 2 000 次）和比能量高等优点，其应用仅次于铅酸蓄电池。但因其工作电压低（1.2 V）、自放电率高、有记忆效应等缺点，不能广泛应用于电动汽车，且会对环境造成污染，所以将会逐渐被性能更好的镍-氢电池取而代之。

蓄电池的使用寿命由很多种因素所决定，最主要的因素是其内部活性物质的性质。除此以外，电池的充电技术和电源管理技术也是影响电池寿命的主要因素。统计发现，在已报废的电池中，80% 都存在极板变形和硫酸盐化现象，这些现象都是由充电不当引起的。研究证实，电池充电过程对电池影响最大，而放电过程影响相对较小。因此，绝大部分电池是充电充坏的，而不是用坏的。由此看来，研究电池充电技术，对电池的使用具有重要的现实意义。

下面介绍几种主要的动力电池。

### 2.2.1 铅酸蓄电池

以酸性水溶液为电解质的蓄电池称为酸蓄电池。由于铅酸蓄电池电极是以铅及其氧化物为材料，故又称为铅酸蓄电池。铅酸蓄电池理论比能量为 175.5 W·h/kg，实际比能量为 35 W·h/kg，能量密度为 80 W·h/kg。

**1. 铅酸蓄电池的种类**

铅酸蓄电池于 1859 年由法国科学家普兰特（G. Plante）发明。法国工程师特鲁夫（G. Trouve）于 1881 年发明的电动汽车就是以铅酸蓄电池作为动力的，此外铅酸蓄电池还广泛用于燃油汽车的起动。铅酸蓄电池按其工作环境又可分为移动式铅酸蓄电池和固定式铅酸蓄电池两大类。固定式铅酸蓄电池按电池槽结构分为半密封式及密封式，半密封式又有防酸式及消氢式；依据排气方式，密封式铅酸蓄电池可分为排气式和非排气式两种。

铅酸蓄电池具有开路电压高，放电电压平稳，充电效率高，能够在常温下正常工作，生产技术成熟，价格便宜和规格齐全等优点，在第一代电动汽车中得到了广泛使用。

混合动力汽车的牵引用动力铅酸蓄电池性能与起动铅酸蓄电池的要求是不同的。动力铅酸蓄电池要求有高的比能量和比功率、高的循环次数和使用寿命，以及快速充电性能等。开口管式铅酸蓄电池具有较高的比能量，良好的循环寿命，能自动加水，少维护；阀控胶质管式铅酸蓄电池，有较高的比能量和质量比功率，良好的循环寿命，免维护；平板阀控铅酸蓄电池，有较高的比功率，免维护；薄平板阀控铅酸蓄电池，有较高的峰值功率，浅循环放电，免维护。目前，已经有很多专业公司研制和开发了多种新型铅酸蓄电池，使铅酸蓄电池的性能有了较大的提高。

2. 铅酸蓄电池的构造

图 2-8 为普通铅酸蓄电池的构造。铅酸蓄电池的基本单元是单体电池，每个单体电池都由正极板、负极板和装在正极板和负极板之间的隔板组成，基本电压为 2 V。将不同容量的单体电池按使用要求进行组合，装置在不同的塑料外壳中，即可获得不同电压和不同容量的铅酸蓄电池。铅酸蓄电池总成经过灌装电解液和充电后，就可以从铅酸蓄电池的接线柱上引出电流。

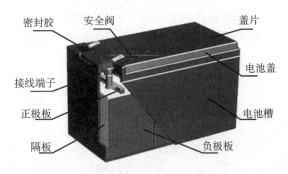

图 2-8 普通铅酸蓄电池的构造

3. 铅酸蓄电池的工作原理

铅酸蓄电池的放电和充电反应过程，是铅酸蓄电池活性物质可逆进行的化学变化过程。它们可以用下列化学反应方程式表示：

$$PbO_2 + 2H_2SO_4 + Pb \rightleftharpoons PbSO_4 + 2H_2O + PbSO_4$$

铅酸电池使用时，把化学能转换为电能的过程叫放电。在使用后，借助于外部直流电在电池内进行化学反应，把电能转变为化学能而储蓄起来，这种蓄电过程称作充电。

放电时，负极板中的每个铅分子从硫酸电解液中吸收一个硫酸根离子（一个硫和四个氧离子组成的带电原子团）组成硫酸铅，自己却放出两个电子送到正极板；正极板的二氧化铅在吸收电子的同时，自硫酸电解液中吸收一个硫酸根离子化合成硫酸铅，并放出两个氧离子；电解液中硫酸的一个分子被铅吸收一个硫酸根离子后余下两个氢离子，当二氧化铅放出两个氧离子时，就和四个氢离子自动结合成两个水分子。所以在放电时电解液中水的成分增加，而硫酸的成分减少。

充电时，负极板的硫酸铅自电源中取得两个电子后就放出一个硫酸根离子于电解液中，而自己变为铅；正极板中的硫酸铅则放出两个氧气，自己变为二氧化铅；负极板放出的一个硫酸根离子与正极板放出的一个硫酸根离子和电解液中剩下的四个氢离子化合成两个硫酸分子。所以在充电时电解液中的水分逐渐减少，而硫酸的成分逐渐增加。

由于在放电过程中，铅酸电池中的硫酸（$H_2SO_4$）浓度会逐渐减小，因此可以用密度计来测定硫酸的密度，再由铅酸电池电解液密度确定铅酸电池的放电程度。单体铅酸电池的电压为 2 V，在使用或存放一段时间后，电池的电压可能降低到 1.8 V 以下，或 $H_2SO_4$ 溶液的密度下降到 1.2 g/cm³。此时，铅酸电池就必须充电，如果电压继续下降，铅酸电池将会损坏。铅酸电池通常采用密封、无锑网隔板等技术措施，并在普通铅酸电池的电解液中加入硅酸胶（$Na_2SiO_3$）之类的凝聚剂，使电解质成为胶状物，形成一种"胶体"电解质，采用"胶体"电解质的铅酸电池，使用起来更加方便。形成"胶体"的化学反应方程式为

$$H_2SO_4 + Na_2SiO_3 \xrightarrow{\quad\quad} H_2SiO_3 + Na_2SO_4$$

图 2-9 为铅酸电池的充放电曲线。在铅酸电池不放电的情况下，蓄电池中活性物质微孔中的电解液 $H_2SO_4$ 的密度与极板外的电解液密度相同。铅酸电池开始放电，活性物质表面的电解液密度立即下降，而极板外的电解液缓慢地向活性物质表面扩散，不能立即补偿活性物质表面电解液的密度，随着放电过程的进行，活性物质表面的电解液密度继续下降，结果导致蓄电池的端电压下降，如图 2-9（a）AB 段所示。

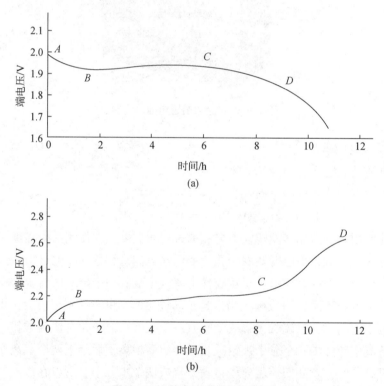

图 2-9　铅酸电池的充放电曲线
(a) 放电；(b) 充电

铅酸电池继续放电，在活性物质表面的电解液浓度下降的同时，极板外的电解液向活性物质表面扩散，补充了活性物质表面的电解液并保持了一定的浓度，活性物质表面的电解液浓度变化缓慢，使蓄电池的端电压也随即保持稳定，如图 2-9（a）BC 段所示。

蓄电池继续放电，极板外的电解液的整体浓度逐渐降低，在活性物质表面的电解液浓

度也随之降低。又由于电解液和活性物质被消耗,其作用面积不断减小,结果使蓄电池的端电压下降,如图2-9(a)CD段所示。

在放电末尾阶段,正、负电极上的活性物质逐渐转变为$PbSO_4$,$PbSO_4$的生成使活性物质孔隙率降低,使活性物质与$H_2SO_4$的接触更加困难,并且由于$PbSO_4$使不良导体蓄电池的内阻增加,当蓄电池的端电压达到$D$点后,蓄电池的端电压急剧下降,达到所规定的终止电压。

在蓄电池充电开始后,首先活性物质表面的$PbSO_4$转换为$Pb$,并在活性物质表面附近生成$H_2SO_4$,蓄电池的端电压迅速上升,如图2-9(b)中$AB$段所示。当达到$B$点以后,活性物质表面和微孔内的$H_2SO_4$浓度平缓的增加,蓄电池的端电压上升也比较缓慢,如图2-9(b)$BC$段所示。随着充电过程继续进行,达到充电量90%左右,反应的极化增加,蓄电池的端电压明显再次上升,如图2-9(b)$CD$段所示,这时蓄电池的端电压达到$D$点,蓄电池的两极开始大量析出气体。超过$D$点以后进行的电解过程,蓄电池的端电压又达到一个新的稳定值。

蓄电池充电还受到充电电流条件的影响,充电电流越大,活性物质的反应越快,反应生成$H_2SO_4$的速度越快,浓度增加越快,蓄电池的端电压上升越快。一般来说,用较大的电流充电时,固然可以加快充电过程,但能量的损失也较多,在充电终期大部分电能用于产生热量和分解水。另外,用较大的电流充电时,电极上电流的分布不均匀,电流分布多的部分活性物质的反应快,电流分布少的部分活性物质不能充分转化。所以,在蓄电池充电的后期应减少充电电流。

值得一提的是,蓄电池充电时蓄电池端电压的变化,是随充电时电流强度变化而变化的,电流强度大,蓄电池端电压高;电流强度小,蓄电池端电压低。

### 2.2.2 镍-镉(Ni-Cd)蓄电池

镍-镉蓄电池是一种碱性电池,是混合动力汽车首选电池之一,其优点是:比能量可达到55 W·h/kg,比功率超过225 W/kg,且极板强度高,工作电压平稳,能够带电充电,并可以快速充电;过充电和过放电性能好,有高倍率的放电特性,瞬时脉冲放电率很大,深度放电性能也好;循环使用寿命长,可达到2 000次或7年以上,是铅酸蓄电池的7倍;采用全封闭外壳,可以在真空环境中正常工作;低温性能较好,能够长时间存放。

镍-镉蓄电池以羟基氧化镍为正极,金属镉为负极,水溶性氢氧化钾溶液为电解液,在充电和放电的化学反应过程中,电解液基本上不会被消耗。为了提高寿命和改善高温性能,通常在电解液中加入氧化锂。镍-镉蓄电池的化学反应方程式如下:

$$2Ni(OH)_2 + Cd(OH)_2 \longrightarrow 2NiO(OH) + Cd + 2H_2O$$

镍-镉蓄电池的每个单体电池都是由正极板、负极板和装在正极板和负极板之间的隔板组成,将单体电池按不同的组合装置在不同塑料外壳中,即可得到不同电压和不同容量的镍-镉蓄电池总成,在灌装电解液并经过充电后,就可以从电池的接线柱上引出电流。图2-10为镍-镉蓄电池的外观。

图 2-10　镍-镉蓄电池的外观

镍-镉蓄电池的工作电压较低，单体电池的标称电压为 1.2 V，比能量为 55 W·h/kg，比功率可以超过 225 W/kg，循环使用寿命 200 次以上；可以进行快速充电，充电 15 min 可恢复 50% 的容量，充电 1h 可恢复 100% 的容量，但一般情况下完全充电需要 6 h；深放电达 100%，自放电率低于 0.5/d；可以在 -40 ~ 80 ℃ 的环境温度条件下正常工作，快速充电能力强。

镍-镉蓄电池有记忆效应，且镉是一种有害的重金属，因此在电池报废后必须进行有效回收。镍-镉蓄电池的成本约为铅酸蓄电池的 4 ~ 5 倍，初始购置费用较高，但镍-镉蓄电池的比能量和循环使用寿命，都大大高于铅酸蓄电池，因此在电动汽车实际使用时，总费用不会超过铅酸蓄电池的费用。

### 2.2.3　镍-氢（Ni-MH）蓄电池

镍-氢蓄电池是一种碱性电池，其标称电压为 1.2 V，比能量可达 70 ~ 80 W·h/kg，有利于延长混合动力汽车的行驶里程；比功率可达 200 W/kg，是铅酸电池的 2 倍，能够提高车辆的起动性能和加速性能；有高倍率的放电特性，短时间能以 3C 放电，瞬时脉冲放电率很大。镍-氢蓄电池的过充电和过放电性能好，能够带电充电，并可以快速充电，在 15 min 内可充 60% 的容量，1h 内可以完全充满，应急补充充电的时间短；在 80% 的放电深度下，循环寿命可达到 1 000 次以上，是铅酸电池的 3 倍；采用全封闭外壳，可以在真空环境中正常工作；低温性能较好，能够长时间存放。此外，镍-氢蓄电池中没有 Pb 和 Cd 等重金属元素，不会对环境造成污染，因此可以随充随放，不会出现镍-镉蓄电池在没有放完电后即充电而产生的记忆效应。

**1. 镍-氢（Ni-MH）蓄电池的工作原理**

镍-氢蓄电池的外形通常有方形和圆形两种，如图 2-11 所示。球状氢氧化镍粉末与添加剂钴等金属、塑料和黏合剂制成的涂膏，用自动涂膏机涂在正极板上，然后经过干燥处理成发泡的氢氧化镍正极板。在正极材料 Ni(OH)$_2$ 中添加 Ca、Co、Zn 或稀土元素，对稳定电极的性能有明显的改进。采用高分子材料作为黏合剂或用挤压和轧制成的泡沫镍电极，并采用镍粉、石墨等作为导电剂时，可以提高大电流时的放电性能。

镍-氢蓄电池的负极是储氢合金，且要求储氢合金能够稳定地经受反复的储气和放气循环。储氢合金是一种允许氢原子进入或分离的多金属合金的晶格基块，一般用钛-钒-

锆-镍-铬（Ti-V-Zr-Ni-Cr）5 种基本元素与钴、锰等金属元素烧结而成，并经过加氢、粉碎、成形后作为负极板。负极在充电或放电过程中既不溶解，也不再结晶，电极不会有结构性的变化，在保持自身化学功能的同时，还保证本身的机械坚固性。储氢合金的种类和性能对镍-氢蓄电池的性能有直接的影响，一般需要进行热处理和表面处理，以增加其防腐性能，这有利于提高镍-氢蓄电池的比能量、比功率和使用寿命。

电解液是水溶性氢氧化钾溶液和氢氧化锂的混合物。在电池充电过程中，水在电解液中分解为氢离子和氢氧离子，氢离子被负极吸收，负极从金属转化为金属氢化物；在放电过程中，氢离子离开了负极，氢氧离子离开了正极，氢离子和氢氧离子在电解液中结合成水并释放电能。

图 2-11 镍-氢蓄电池

2. 镍-氢蓄电池的构造

镍-氢蓄电池正极是活性物质氢氧化镍 $Ni(OH)_2$，负极是储氢合金，用氢氧化钾作为电解质，在正负极之间有隔膜，共同组成镍-氢单体蓄电池。在金属铂的催化作用下，完成充电和放电的可逆反应。镍-氢蓄电池的特性与镍-镉蓄电池基本相同，但氢气无毒、无污染、安全可靠、使用寿命长。

镍-氢蓄电池的极板有发泡体和烧结体两种，发泡体极板的镍-氢蓄电池在出厂前必须进行预充电，且放电电压不能低于 0.9V。这是因为镍-氢蓄电池工作电压不太稳定，特别是在存放一段时间后会有近 20% 的电荷流失，老化现象比较严重，进行预充电可避免发泡镍-氢电池老化所造成的内阻增高。经过改进的镍-氢电池的烧结体极板本身就是活性物质，不需要进行活性处理也不需要进行预充电，且电压平衡、稳定，具有低温放电性能好、不易老化和寿命长的优点。

镍-氢蓄电池的基本单元是单体电池，每个单体电池都由正极板、负极板和装在正极板和负极板之间的隔板组成。每节电池的额定电压为 13.2V（充电时最大电压为 16.0V），然后将电池按使用要求组合成不同电压和不同容量的镍-氢电池总成。镍-氢蓄电池比能量达到 70W·h/kg，能量密度达到 165W·h/L，比功率在 50% 的放电深度下为 220W/kg，在 80% 的放电深度下为 200W/kg，可以大幅提高混合动力汽车的动力性能。

3. 镍-氢蓄电池的充放电特性

(1) 放电特性：D 型镍-氢蓄电池（6 个单体电池组件）放电，并以 $2C$ 的功率输出时的质量比功率可达到 600 W/kg 以上,以 3C 的功率输出时的质量比功率可达到 500 W/kg 以上,深度范围内质量比功率的变化比较平稳,对混合动力汽车的动力性能控制十分有利。

(2) 充电特性：D 型镍-氢电池的充电接收性很好,充电效率几乎达到 100%,能够有效地接收混合动力汽车在制动时反馈的电能。另外,由于能量损耗较小,镍-氢蓄电池的发热量被抑制在最小的极限范围内,可以有效地控制剩余电量,并用电流来显示电池的剩余电量。

(3) 寿命：混合动力汽车动力电池组经常处于充电、放电状态,而且充电、放电是不规则地进行的,这会对电池的寿命带来严重的损害。而松下电池公司用模拟混合动力汽车行驶工况对镍-氢电池进行仿真试验,证实镍-氢电池的特性几乎不发生变化,将其用于混合动力汽车是比较合适的。

4. 镍-氢蓄电池的特点

镍-氢蓄电池的单体电池的电压为 1.2 V,3h 比能量为 75~80 W·h/kg,能量密度达到 200 W·h/L,比功率为 160~230 W/kg,功率密度为 400~600 W/kg,充电 18 min 可恢复 40%~80% 的容量,应急补充充电性能好,一次充电后行驶里程长,而且起动加速性能较好；可以在环境温度 -28~80 ℃ 条件下正常工作；循环寿命可达到 6 000 次或 7 年。但镍-氢蓄电池在高温条件下使用时电荷量急剧下降,自放电损耗较大,价格较贵,且其比功率和放电能力不及镍-镉蓄电池。镍-氢蓄电池在使用时还应充分注意各个单体电池之间的一致性（均匀性）,特别是在高速率、深放电情况下,各个单体电池之间的容量和电压差较明显。此外,需要注重对电池组在充、放电过程中的导热管理和电池安全装置的设计。

镍-氢蓄电池的成本很高,不同的储氢合金具有不同的储存氢的能力,价格也不相同。我国自行研制了稀土系的储氢合金,已达到世界领先水平,这为我国生产镍-氢蓄电池推广提供了有利条件。目前高档电动汽车多采用镍-氢蓄电池或锂离子电池。

图 2-12 为本田 Insight 混合动力汽车采用的镍-氢蓄电池组,蓄电池组置于行李舱底板,由 120 颗松下 1.2 V 镍-氢蓄电池组成,串联合计电压为 144 V,支持电流输入 50 A,输出 100 A,系统限制可用 4 A 时,可延长电池寿命。纯电动模式下该车时速能达到 50 km,适合城市路况。

图 2-12　本田 Insight 镍-氢蓄电池组

图 2-13 为丰田 Prius 镍-氢蓄电池组，重 53.3 kg，由 28 组松下棱柱镍-氢蓄电池模块构成，每个模块又分别载有 6 个 1.2 V 电池，总计 168 个电池，串联标称电压合计 201.6 V，比上一代的 38 组 228 颗单体电池有所减少。

图 2-13　丰田 Prius 镍-氢蓄电池组

镍-氢蓄电池用于电动汽车上的主要优点是：起动加速性能好，一次充电后的行驶里程较长，不会对周围环境造成污染，易维护，快速补充充电时间短。

镍-氢蓄电池在充电过程中容易发热，发热产生的高温会对镍-氢蓄电池产生负面影响。高温状态下，正极板的充电效率变差，并加速正极板的氧化，使电池的寿命缩短。镍-氢蓄电池在充电后期会产生大量的氧气，在高温的环境条件下，将加速负极储氢合金氧化，并使储氢合金平衡压力增加，导致储氢合金的储氢量减少而降低镍-氢蓄电池的性能。此外，尼龙无纺布隔膜在高温的作用下会发生降解和氧化。尼龙无纺布隔膜发生降解时，产生铵离子和硝酸根离子，加速了镍-氢蓄电池的自放电；尼龙无纺布隔膜发生氧化时，生成碳酸根，使镍-氢蓄电池的内阻增加。

在镍-氢蓄电池充电的过程中，电池温度迅速升高，会使充电效率降低，并产生大量氧气，如果安全阀不能及时开启，会有发生爆炸的危险。在镍-氢蓄电池的制造技术上进行一些改进，如正极板采用多极板技术，负极板采用端面焊接技术，在电解液中适当加入 LiOH 和 NaOH，采用抗氧化能力强的聚丙烯毡做隔膜等，可以有效地提高镍-氢蓄电池的耐高温能力。在镍-氢蓄电池动力电池组的单体电池之间加大散热间隙，采取有效的散热措施和建立自动热管理系统，保证镍-氢蓄电池正常工作并延长其使用寿命。

### 2.2.4　锂离子蓄电池

锂离子蓄电池具有极高的性能优势，是未来动力蓄电池发展的必然方向。目前，常用的二次可充电电池包括铅酸蓄电池、镍-镉蓄电池、镍-氢蓄电池以及锂离子蓄电池。相对传统的铅酸蓄电池、镍-氢蓄电池和镉-镍蓄电池而言，锂离子蓄电池的历史很短。

宝马 ActiveHybrid 7 和奔驰 S400 Hybrid（见图 2-14）是最先采用这种高效蓄电池技术的混合动力车型。宝马 ActiveHybrid 7 采用轻混合动力驱动装置，应用的是新型高效锂离子蓄电池。由于锂离子蓄电池是所有蓄电池类型中能量密度最高的一种，所以它的大小与传统 12 V 蓄电池相差无几，质量为 28 kg 左右，这种紧凑的结构使得动力电池组可以方便地集成到车内，只占用后部空调系统的安装空间即可。

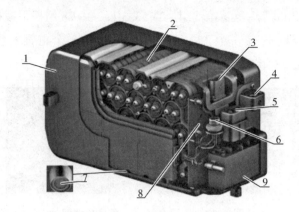

1—高压电池模块；2—锂离子蓄电池；3—12 V 插头通往电池管理系统；4—制冷剂管路连接口；
5—功率控制器和电控压缩机管路；6—DC/DC 转换器电源插座；7—保险；8—电池管理控制单元；9—防护开关。

**图 2-14　奔驰 S400 Hybrid 新型高效锂离子蓄电池**

普通锂离子蓄电池的特点：单体电池工作电压高达 3.7 V，是镍-镉蓄电池、镍-氢蓄电池的 3 倍，铅酸蓄电池的近 2 倍；质量轻，比能量高达 150 W·h/kg，是镍-氢蓄电池的 2 倍，铅酸蓄电池的 4 倍，因此其质量是相同能量的铅酸蓄电池的 1/4~1/3；体积小，能量密度高达 400 W·h/L，体积是相同能量的铅酸蓄电池的 1/3~1/2；提供了更合理的结构和更美观的外形设计条件、设计空间和可能性；循环寿命长，循环次数可达 1 000 次；以容量保持 60% 计，电池组 100% 充放电循环次数可以达到 600 次以上，使用年限可达 3~5 年，寿命为铅酸蓄电池的 2~3 倍；自放电率低，每月不到 5%；允许工作温度范围宽，低温性能好，可在 -20~55 ℃ 范围内工作；无记忆效应，所以每次充电前不必像镍-镉蓄电池、镍-氢蓄电池一样需要放电，可以随时随地地进行充电；电池充放电深度对电池寿命的影响不大，可以全充全放；无污染，锂电池中不存在有毒物质，因此被称为"绿色电池"，而铅酸蓄电池和镉-镍蓄电池由于存在有害物质铅和镉，环境污染问题严重。

磷酸铁锂（$LiFePO_4$）动力电池诞生于 2002 年，是目前最适合用于电动汽车产业化运用的锂离子电池。$LiFePO_4$ 电池的特点：高效率输出，标准放电为（2~5）$C$，连续高电流放电可达 $10C$，瞬间脉冲放电（10 s）可达 $20C$；高温时性能良好，外部温度 65 ℃ 时内部温度高达 95 ℃，电池放电结束时温度可达 160 ℃，但电池的结构仍安全、完好；即使电池内部或外部受到伤害，电池也不燃烧、不爆炸，安全性好；经 500 次循环，其放电容量仍大于 95%。

锂离子蓄电池的结构与工作原理如图 2-15 所示，$LiFePO_4$ 作为电池的正极，由铝箔与电池正极连接，中间是聚合物的隔膜，它把正极与负极隔开，使锂离子（$Li^+$）可以通过而电子（$e^-$）不能通过。左边是由碳（石墨）组成的电池负极，由铜箔与电池的负极连接。电池的上下端之间是电池的电解液，电池由金属外壳密闭封装。$LiFePO_4$ 电池在充电时，正极中的锂离子（$Li^+$）通过聚合物隔膜向负极迁移；在放电过程中，负极中的锂离子（$Li^+$）通过隔膜向正极迁移。锂离子蓄电池就是因锂离子在充放电时来回迁移而命名的。

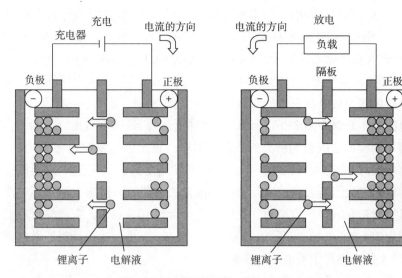

图2-15 锂离子蓄电池的结构与工作原理

锂离子蓄电池内部主要由正极、负极、电解液及隔离膜组成,正负极材料、电解液的不同以及工艺上的差异都会使电池有不同的性能,尤其是正极材料对电池性能的影响最大。

目前市场上的锂离子蓄电池的正极材料主要是氧化钴锂($LiCoO_2$),另外还有少数采用的是氧化锰锂($LiMn_2O_4$)和氧化镍锂($LiNiO_2$)以及三元材料($Li(NiCo)O_2$)等。磷酸铁锂是最新研制的锂离子蓄电池材料。

由于锂离子蓄电池比能量高,材料稳定性差,容易出现安全问题,且目前世界上知名的手机和笔记本电脑电池(正极材料为钴酸锂和三元材料)生产企业,如日本三洋、索尼等公司都要求电池的爆喷率控制在亿分之四以下,而动力电池的容量是手机、笔记本电脑电池容量的百倍以上,因此对锂离子蓄电池的安全性要求极高。

钴酸锂蓄电池和用三元材料做的电池具有质量更轻、体积更小等优点,但它们是不适合作动力电池应用于电动车的。同时,钴酸锂的主要原材料金属钴在我国储量极少,目前80%的金属钴基本靠进口,难以大规模使用。除了锂离子电池本身所具备的性能优势外,人们认为以锂离子蓄电池作为混合动力汽车乃至纯电动汽车的储能设备,发展锂电汽车在我国具有得天独厚的条件。锂电汽车最关键的部件是锂离子动力电池和永磁同步电机,锂离子动力电池的主要原材料锂、锰、铁、钒等在我国都是富产资源。而我国更是永磁同步电机中永磁材料稀土资源的大国,这为锂电汽车提供了材料保证。我国的小功率锂离子蓄电池早已产业化,并形成了上下游结合的完整产业链,电池产品超过世界市场的1/3,锂离子动力电池技术已经达到国际先进水平,产业化条件也基本成熟。

因此,锂离子蓄电池本身的特点,决定了发展锂离子动力电池将成为新能源汽车产业化应用的主要方向。

## 2.2.5 钠硫电池

钠硫电池(Sodium-Sulfur Battery)是美国福特公司于1967年首先发明公布的,其比能量高,可大电流、高功率放电。日本东京电力公司和 NGK 公司合作开发钠硫电池作为储能电池,其应用目标瞄准电站负荷调平、UPS 应急电源及瞬间补偿电源等,并于 2002 年开始进入商品化实施阶段。经统计,截至 2007 年,日本年产钠硫电池量已超过 100 MW,同时开始向海外输出。钠硫电池是以 Na-beta-氧化铝为电解质和隔膜,并分别以金属钠和多硫化钠为负极和正极的二次电池。

钠硫电池的工作原理如图 2-16 所示,以固体电解质 Na-b(或 b⁺)-$Al_2O_3$($Na^+$ 离子导体)为电解质隔膜,熔融硫和钠分别作阴、阳极,正是因为钠硫电池采用的材料特殊,所以能连续充电近两万次,也就是说有近 60 年的使用寿命,且终生不用维修,不排放任何有害物质,也无二次污染公害,这是别的电池无法达到的。钠硫电池是靠电子转移而再生能量,所以它的充电时间相当短暂,充电 1 次可运行 10~11 h,它经热反应后所产生的理论能量密度为 786 W·h/L,实际能量密度为 300 W·h/L,这约是铅酸蓄电池的 10 倍,镍-氢蓄电池的 4 倍,锂离子蓄电池的 3 倍。

钠硫电池最大的特点是:比能量高,是铅酸蓄电池的 3~4 倍;可大电流、高功率放电;充放电效率几乎高达 100%。但钠硫电池的不足之处是其工作温度在 300~350 ℃,需要一定的加热保温,另外过充电时存在危险。

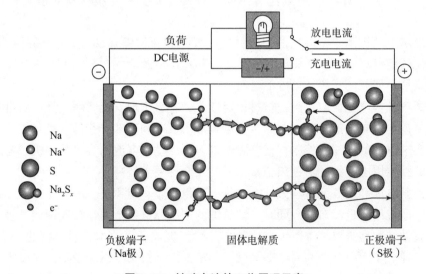

图 2-16 钠硫电池的工作原理示意

## 2.2.6 超级电容器

超级电容器是一种介于传统电容器和蓄电池之间的新型储能器件,具有法拉级的超大电容量,比同体积的普通电容器容量大 1 000~2 000 倍,功率密度比普通电池高 10~100 倍,可以在短时间内以大电流充放电,充放电效率高,循环寿命长(充放电循环次数可达 105 次以上),并且免维护。超级电容器的出现填补了传统静电电容器和化学电源之间的空白,并以其优越的性能及广阔的前景受到了极大的重视。

1. 超级电容器的原理

超级电容器又叫双电层电容器,它是通过电极与电解质之间形成的界面双层来存储能量的新型元器件。当电极与电解液接触时,由于库仑力、分子间力及原子间力的作用,使固液界面出现稳定和符号相反的双层电荷,称其为界面双层。如图2-17所示,把双电层超级电容看成是悬在电解液中的2个非活性多孔板,电压加载到2个板上。正极板吸引电解液中的负离子,负极板吸引正离子,从而在两电极的表面形成了一个双电层电容器。超级电容器根据电极材料的不同,可以分为碳电极超级电容器、金属氧化物电极超级电容器和有机聚合物电极超级电容器。

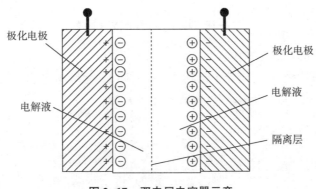

图 2-17 双电层电容器示意

2. 超级电容器的特点

与蓄电池和传统物理电容器相比,超级电容器的特点主要体现在以下几个方面:

(1) 功率密度高。可达 $10^2 \sim 10^4$ W/kg,远高于目前蓄电池的功率密度水平。

(2) 循环寿命长。在几秒钟的高速深度充放电循环50万次至100万次后,超级电容器的特性变化很小,容量和内阻仅降低10%~20%。

(3) 工作温限宽。由于在低温状态下,超级电容器中离子的吸附和脱附速度变化不大,因此其容量变化远小于蓄电池。目前,商业化超级电容器的工作温度范围为-40~80℃。

(4) 免维护。超级电容器充放电效率高,且对过充电和过放电有一定的承受能力,可稳定地反复充放电,因此在理论上是不需要进行维护的。

(5) 绿色环保。超级电容器在生产过程中不使用重金属和其他有害的化学物质,且自身寿命较长,因而是一种新型的绿色环保电源。

3. 超级电容器的主要特性

1) 超级电容器的充放电特性

图2-18为超级电容器的充放电曲线,电压和时间呈指数和负指数关系,在充电初期电压变化比较缓慢,在后期电压变化比较快;在放电初期电压变化比较快,后期渐渐变缓。由于电动汽车要求快速充放电,以减缓对蓄电池的大电流冲击,所以电压不能下降到零再进行充电,即单体超级电容器的工作状态只能是图2-18中的 $a$ 到 $c$ 这一段,然后循

环往复，不断地进行充放电。

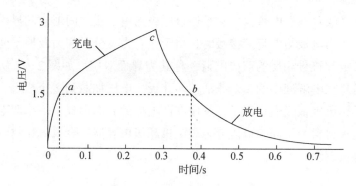

图 2-18 超级电容器充放电曲线

2）超级电容器的充放电效率

假设超级电容器以恒定的电流 $I$ 充放电，经时间 $t$，超级电容器的电量从 $Q_1$ 到 $Q_2$，电压从 $U_1$ 到 $U_2$，则该超级电容器储存/释放的能量 $E$ 为

$$E = \frac{1}{2}\frac{(Q_2^2 - Q_1^2)}{t} \tag{2-1}$$

此时超级电容器的内阻 $R_C$ 消耗的能量 $E_R$ 为

$$E_R = I^2 Rt = \frac{R_C(Q_1 - Q_2)}{t} \tag{2-2}$$

定义超级电容器时间常数 $\tau = RC$，充放电深度 $\beta = U_1/U_2$（充电）或 $\beta = U_2/U_1$（放电），由式（2-1）和式（2-2）可以得出充电效率 $\eta_c$ 和放电效率 $\eta_d$ 的关系式分别为

$$\eta_c = \frac{E}{E + E_R} = \frac{t}{t + 2\tau[1 - 2\beta(\beta + 1)]} \tag{2-3}$$

$$\eta_d = \frac{E - E_R}{E} = 1 - \frac{2\tau}{t}\left(1 - \frac{2\beta}{\beta + 1}\right) \tag{2-4}$$

式中：$\tau$ 为时间常数；$t$ 为充放电时间；$\beta$ 为放电深度。

4. 超级电容器的发展

由于传统的蓄电池（如铅酸蓄电池）功率密度偏低，不能满足车辆频繁地起步、加速和制动工况的要求，而且加速时浪费了过多的能量，致使车辆的行驶里程也不能满足要求，因此可加装超级电容作为电动汽车的辅助动力。加装超级电容既可以提供较大的驱动电流，满足车辆行驶工况，又可以节省电池的能量，延长车辆的行驶里程，同时减少了蓄电池的频繁充放电，提高了蓄电池的使用寿命。超级电容器可以存储很大的静电能量，其储电特性介于传统的电容器与蓄电池之间。尽管超级电容器能量密度比电池低，但它具有快充快放的特点，可以应用在传统电池难以解决的短时高峰值电流中。图 2-19 为 Maxwell 公司的超级电容器。

图 2-19 Maxwell 公司的超级电容器

超级电容器常与 DC/DC 变换器配合使用。超级电容器和蓄电池采用并联的连接方式，在车辆正常行驶的时候，超级电容器不参与工作；但当车辆进行加速或上坡时，超级电容器通过 DC/DC 变换器的控制提供短期的大电流，不足的部分由电池供给，两者再经过电机控制器的调控驱动电机，进而驱动车辆。例如 272 个电池单元，单体电压为 1.39 V，工作电压为 380～190 V，总的质量约为 319 kg，电容为 18 000 F。采用双向 DC/DC 变换器的优点：当超级电容器的电压低于蓄电池的端电压时，DC/DC 变换器通过工作电路降压，使超级电容器达到能量饱和状态；在蓄电池急需能量时通过控制电路对超级电容器能量进行升压输出到蓄电池正负端。

超级电容器较低的比能量使得它不太适合单独用作汽车能量源，最好组成复合能源系统，但会增加整车的成本。目前，超级电容器被广泛应用于新能源汽车起动、制动、爬坡时的辅助动力。汽车频繁的起步、爬坡和制动造成其功率需求曲线的变化很大，在城市路况下更是如此，因此需要频繁在峰值功率和工作功率之间切换，这无疑会大大损害电池寿命。如果使用比功率较大的超级电容器，当瞬时功率需求较大时，由超级电容器提供峰值功率，并且在制动回馈时吸收峰值功率，那么就可以减轻对电池压力，从而可以大大增加起步、加速时系统的功率输出，而且可以高效地回收大功率的制动能量。这样做不仅可以提高电池的使用寿命，还改善了放电性能。

超级电容器的快充快放特点使其十分适合为公交车提供主动力。由于超级电容器具有很高功率密度，放电电流可以达到数百安培，在大电流应用场合，特别是高能脉冲环境可更好地满足功率要求。同时，超级电容器充放电时间短、效率高，可在很短的时间内完成一个充放电循环，远远低于可充电电池充放电循环的时间，特别适合短距离行驶车辆。

## 2.3 动力电池设计应用

动力电池系统是用来给电动汽车的驱动提供能量的一种能量储存装置，由一个或多个电池组以及电池管理系统组成。动力电池系统的设计要以满足整车的动力要求和其他设计为前提，同时考虑自身的内部结构、安全及管理设计等因素。

### 2.3.1 动力电池一致性设计

对于动力电池，一致性是影响其寿命的重要因素，控制好动力电池的原材料、生产过程和出厂检验可以有效提高电池组的一致性。另外，在驾驶中的合理监控、使用，以及与其他驱动控制系统的最佳搭配也会对电池组一致性的提高有帮助。

1. 一致性的表现形式

一致性是动力电池的表现形式之一，它主要是指同一规格型号的单体电池组成电池组后，各单体电池电压、荷电量、容量及其衰退率、内阻及其变化率、寿命、温度影响和自放电率等参数保持一致的程度。

根据使用中动力电池组不一致性扩大的原因和对动力电池组性能的影响方式，可以把动力电池的一致性分为容量一致性、内阻一致性和电压一致性。

2. 一致性的影响因素

从理论上讲，单体电池的一致性应从多方面考虑，首先，各项初始性能指标应保持一致；其次，单体电池的性能在使用中的衰退率应保持一致。此外，电池的自放电率也应基本保持相同，这在电池和电池组的设计、制作技艺组合、管理与维护等方面需要特别注意。影响动力电池一致性的主要因素有电池及电池组设计、初期性能的差异、使用过程中出现的差异、管理与维护的一致性和电池与驱动系统的匹配等。

3. 一致性的控制措施

电池一致性的控制应从设计、生产、质量控制、应用和维护等多方面考虑。

电池的生产是保证电动汽车电源系统内部电池一致性的根本因素，如原材料的选择、配方、制作工艺、化成制度、容检分选制度等；电池的设计是影响电池正常应用的最大可能因素，如镍-氢蓄电池的化成制度直接影响 CoOOH 导电网络的稳定性，化成不好，电池就不能形成稳定的 CoOOH 网络，电池内部的反应就不均匀，批量一致性就会变差。

电池组制作的关键技术是分选出容量和充放电电压特性一致的单体电池，并利用阈值法和面积法结合进行配组，此配组方法具有原理简单、准确度高等特点，但采用单一的容量配组法更可靠。不同电池由于充放电方式不同，充放电曲线也会不同，故在利用蓄电池动态特性配组前，应对充放电方式进行分析。

电池搁置过程中自放电不一致性直接影响到电池的实际应用。静态搁置电压是电池的重要荷电参数之一，可以作为电池自放电性能的重要判据，进行自放电的分选，此方法简单且十分有效。为缩短分选周期进行了大量实验，结果表明，对于镍-氢蓄电池，将电池充电到20% SOC 后，搁置 10~15 d，电池静态电压出现明显差异，通过电压与 1 个月后的荷电保持率综合判断出分选电池的电压基准，并以此来分选电池，可以大大缩短分选周期。

即使在单电池技术取得重大突破、性能显著提高的前提下，提高电动汽车性能，特别是增加续驶里程和提高电池组使用寿命的关键仍旧是提高动力电池的成组运用技术，因此要尽可能提高和保证动力电池的一致性。

### 2.3.2 动力电池的热管理系统设计

动力电池作为电动汽车的主要储能装置，其性能的发挥直接关系着电动汽车的动力性、经济性和安全性。对于目前电动汽车广泛采用的锂离子蓄电池，在能量密度、功率密度和使用寿命等方面具有明显优势，但其性能、寿命和安全性均与环境温度密切相关。温度过高，会加快电池副反应的进行和性能的衰减，甚至引发安全事故；温度过低，电池释放的功率和容量会显著降低，甚至引起电池容量不可逆衰减，并埋下安全隐患。因此，动力电池对温度的适应性成为影响其在电动汽车上应用的关键因素之一，同时也使电池热管理技术成为保证电池性能、使用寿命和安全性的关键技术。

1. 热管理系统的必要性

温度的高低对动力电池有诸多影响，具体表现在以下几个方面：

（1）动力电池的温度直接影响其使用中的能量与功率性能。温度较低时，电池的可用容量将迅速发生衰减，在低于0 ℃时对电池进行充电，还可能引发瞬间的电压过充现象，造成内部析锂并进而引发短路。

（2）动力电池的热相关问题直接影响电池的安全性。生产制造环节的缺陷或使用过程中的不当操作等可能造成电池局部过热，进而引起连锁放热反应，最终造成冒烟、起火甚至爆炸等严重的热失控事件，威胁到车辆驾乘人员的生命安全。

（3）动力电池的工作或存放温度影响其使用寿命。动力电池的适宜温度在10~30 ℃，过高或过低都将引起电池寿命的较快衰减。动力电池的大型化使得其表面积与体积之比相对减小，内部热量不易散出，更可能出现内部温度不均、局部温升过高等问题，从而进一步加速寿命衰减，增加维护成本。

为了保证动力电池的安全性能和使用寿命，热管理系统的主要功能应包括：

（1）在动力电池温度较高时进行有效散热，防止产生热失控事故；

（2）在动力电池温度较低时进行预热，提升电池温度，确保低温下的充电、放电性能和安全性；

（3）减小动力电池组内的温度差异，抑制局部热区的形成，防止高温位置处电池过快衰减而降低动力电池组整体寿命。

2. 动力电池热管理系统的设计步骤

1) 确定动力电池最优工作温度范围

在不同的气候条件和车辆运行工况下，动力电池的温度会出现很大差异，对动力电池组进行热管理的最终目的就是使动力电池工作在最优的温度范围，因此在进行动力电池热管理系统设计时首先需明确动力电池最优工作温度范围。

了解动力电池的温度特性是确定其最优工作温度范围的先决条件。动力电池的温度特性是指动力电池工作在不同温度下，其内阻、开路电压、SOC、充放电效率的表现情况。动力电池的温度特性可以通过实验和仿真两种方法获得，如果采用实验测量的方法来确定动力电池的温度特性，结果精确，能反映动力电池的真实特性，但工作量大，耗时长；如果利用ADVISOR等软件仿真，耗时短，一定程度上能够反映动力电池的温度特性。总之，需要综合温度对内阻、开路电压、SOC的影响来确定动力电池的最优工作温度范围。一般而言，动力电池最优工作温度范围为25~40 ℃。

2）动力电池温度场计算及温度预测

动力电池不是热的良导体，仅通过温度传感器测量其表面温度分布不能充分说明其内部的热状态。通过数学模型计算动力电池内部的温度场，可以预测动力电池内部的热行为，这是设计动力电池组热管理系统的必备环节。

动力电池内部温度场的计算模型为

$$\rho c_p \frac{\partial T}{\partial t} = k_x \frac{\partial^2 T}{\partial x^2} + k_y \frac{\partial^2 T}{\partial y^2} + k_z \frac{\partial^2 T}{\partial z^2} + q \tag{2-5}$$

式中：$T$ 为温度；$\rho$ 为平均密度；$c_p$ 为电池比热容；$k_x$、$k_y$、$k_z$ 分别为电池在 $x$、$y$、$z$ 方向上的热导率；$q$ 为单位体积生热速率。

通过选择专门的量热计可以得到电池的生热速率，而利用有限元的方法可以得出电池在不同方向的热导率。

3）传热介质的选择

电池热管理系统通常采用的传热介质包括空气、液体以及相变材料等。

空气冷却是最简单的冷却方式，只需让空气流过电池表面即可，其优点是：结构简单，质量相对较小；没有发生漏液的可能；有害气体产生时能有效通风；成本较低。空气冷却的缺点是：与电池壁面之间换热系数低，冷却、加热速度慢。

液体冷却分为直接接触和非直接接触两种方式。矿物油可作为直接接触传热介质，水或防冻液可作为典型的非直接接触传热介质。液体冷却必须通过水套等换热设施才能对电池进行冷却，这在一定程度上降低了换热效率。液冷方式的主要优点是与电池壁面之间换热系数高，冷却、加热速度快，体积较小；主要缺点是存在漏液的可能，质量相对较大，维修和保养复杂，需要水套、换热器等部件，结构相对复杂。目前特斯拉电池组冷却系统采用50%的水和50%的乙二醇作为冷却液。

相变材料冷却是一种较为新型的冷却方法。相变材料可以直接吸收来自外界的热量，从而对电池冷却降温，其结构简单，效率较高，但成本也较高。

4）温度传感器的数量和测温点的选择

温度传感器的数量越多，温度测量越全面，但同时也会增加系统成本。考虑到温度传感器在长时间的工作过程中有可能出现故障，故整个系统中温度传感器的数量不能太少。在设计热管理系统时，可以根据具体的需求来调整温度传感器的数量。

动力电池箱内动力电池组的温度分布一般是不均匀的，理论上利用有限元分析、实验中利用红外热成像或实时的多点温度监测的方法可以分析和测量动力电池组、动力电池模块和单体电池的温度场分布，以此决定温度测量点的数目，并找出不同区域最佳的温度测量点。同时，在设计动力电池热管理系统时，应保证温度传感器不被冷风吹到，以提高温度测量的准确性和稳定性。

5）风机功率和加热系统功率的选择

对于以空气作为传热介质的动力电池热管理系统，风机功率选择是否合理会影响系统的工作效率。可以用实验、理论计算和流体力学的方法，通过估计压降、流量来估计风机的功率消耗。当流动阻力小时，可以考虑选用轴向流动风扇；当流动阻力大时，离心式风扇比较适合。同时，还要考虑风机占用空间的大小和成本的高低。同样，对于加热系统也需要根据相应的需求来选择合适的功率。

6）动力电池箱的设计

动力电池箱的设计对于动力电池热管理系统是非常重要的，其设计得是否合理会直接影响到动力电池热管理系统的选型、安装以及工作效率。在设计动力电池箱之前需充分考虑整车以及其他器件（如 BMS）的空间需求，并结合具体的冷却方式、电池数目来综合设计。目前，一般利用有限元分析软件对动力电池箱的热特性进行仿真分析，根据分析结果改进动力电池箱的结构设计，同时对于空气冷却要进行流体力学的分析，以确定最佳的风道设计。

3. 冷却方式的性能比较

1）空气冷却

空气冷却按照冷却方式可分为自然对流冷却和强迫空气冷却，按照电池通风方式可分为串行冷却和并行冷却。自然对流冷却利用汽车行驶时的强烈空气对流来对电池组进行冷却，该方法简单易行。但是为了有效冷却，需要对电池形状或电池封装进行特殊设计，或者选用特殊的材料以使电池的散热面积增大。强迫空气冷却利用辅助的或汽车自带的蒸发器提供冷风，通过安装风扇形成强制气流来进行冷却，风扇通常安装在排气通道出口位置，其工作原理如图 2-20 所示。

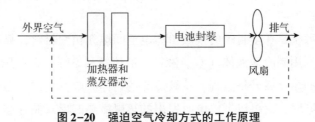

图 2-20　强迫空气冷却方式的工作原理

串行通风冷却和并行通风冷却的区别在于通风方式，工作原理分别如图 2-21 和图 2-22 所示。

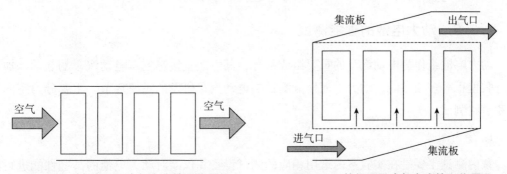

图 2-21　串行通风冷却方式的工作原理　　图 2-22　并行通风冷却方式的工作原理

串行通风冷却方式的空气从左至右依次流经各单体电池，空气在流动过程中不断被加热，所以右侧冷却效果比左侧差，动力电池箱内左右两侧电池因冷却效果不同而存在温度差。对于并行通风方式，空气从动力电池箱下端进入，流经各单体电池间通道后从上端流出，因此各单体电池间温度更加均匀。但是并行通风方式需要对单体电池间通道的间距以及集流板的倾斜角度进行合理的设计，以找出流速均匀性最好的方案。

2）液体冷却

液体冷却以液体为传热介质，工作原理如图2-23所示。液体冷却利用水或冷却液在水套内的流动带走电池组产生的热量，然后通过散热器对冷却液降温，从而使电池组的温度保持在合理的范围。

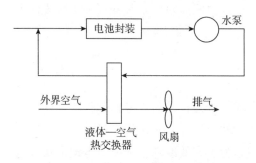

图2-23 液体冷却方式的工作原理

液体冷却的冷却效果比空气冷却更好，同时对外界气温变化的适应性更好，但需专门设计水套，安装散热器，对车内空间的要求更高。

3）相变材料冷却

相变材料冷却系统是在全封闭的模块单体电池间填充相变材料，靠相变材料熔化或凝固的潜热来工作，利用制冷剂液体（水、液氨、液体氟利昂等）在低压、低温下的汽化过程或固体在低温下的熔化或升华过程，从被冷却的物体吸取汽化热、熔化热或升华热，以达到冷却的目的。同时，它可以把放电时发出的热以潜热的形式储存起来，在充电或在很冷的环境下工作时释放出来，是最有效的散热方式之一。

动力电池的热管理系统设计是一个涵盖多个方面的综合设计，不仅与动力电池管理系统有关，还与整车的机械设计、整车科学管理控制系统的设计有关。

### 2.3.3 动力电池的性能测试

动力电池组作为电动汽车的重要组成部分，其性能直接影响着电动汽车的起动、加速和行驶里程等多项性能。动力电池性能测试是电动汽车研发的重要环节，主要分为室内测试和道路测试。

1. 室内测试

室内测试主要是在实验室内运用相应的测试设备和仪器对动力电池的某些性能进行测试，测试项目包括：静态测试，电池的快速充电接受能力测试，3小时率额定容量测试，大电流放电测试，循环耐久能力测试，冲击、挤压测试，耐振动能力测试及荷电保持能力测试。

## 2. 道路测试

道路测试的主要目的是测试动力电池在实际运行的各种工况下的放电容量、放电特性和电池一致性等方面的性能。放电容量可以通过一次充满电后在一定速度下的续驶里程来直接反映；放电特性主要通过端电压衰减率和温升率来反映；电池一致性主要通过电池工作电压变化一致性、内阻变化一致性和容量变化一致性来反映。

端电压衰减率是指每小时电池端电压的衰减量，符号为 $\eta_V$，单位为 V/h，其计算公式为

$$\eta_V = \frac{U_2 - U_1}{t_2 - t_1} \tag{2-6}$$

式中：$U_1$ 为 $t_1$ 时刻电池端电压；$U_2$ 为 $t_2$ 时刻电池端电压。

温升率用 $\eta_T$ 表示，单位为℃/h，其计算公式为

$$\eta_T = \frac{\mathrm{d}T}{\mathrm{d}t} \tag{2-7}$$

对于多个单体电池串联，电池的一致性评价可归结为对电池工作电压一致性的评价，可采用电池工作电压差异系数 $\xi(U)$ 作为评价指标，即

$$\xi(U) = \frac{|\Delta U|}{U} \tag{2-8}$$

式中：$\Delta U$ 为相邻的两个单体电池的电压差，单位为 V。

电池工作电压差异越接近 0，则电池内阻间的差异就越接近 0，电池的一致性就越好。

在实际测试过程中，电池监测仪以一定频率在线监测和采集各单体电池的电压、SOC，动力电池组的电压、电流和温度等数据；车速仪实时显示车速及行驶距离；测试完毕后，将采集到的数据导入计算机数据分析软件，经过计算、分析得出各单体电池电压衰减率 $\eta_V$、温升率 $\eta_T$ 和电池工作电压差异系数 $\xi(U)$。下面对车辆在实际运行过程中的几个常见测试加以介绍。

1) 整车动力性测试

动力性测试的目的就是检验动力电池能否满足车辆设计动力的需要。测试要求：室外温度为 (20±5)℃，风速小于 5 m/s；测试场地为直线跑道或环形跑道；路面应干燥、坚硬、平整、干净且要有良好的附着系数；直线跑道的测量区长度至少 1 000 m，加速区应足够长，以便在进入测量区前 200 m 内达到稳定的最高车速；环形跑道的长度应至少 1 000 m，弯道的曲率半径应不小于 200 m，测量区的纵向坡度不超过 0.5%；测试前，动力电池充满电，测试车加载至测试质量，散热器内加注满冷却液。测试内容：最高车速测试、0~30 km/h 加速性能测试、30~50 km/h 加速性能测试。

2) 常温下续驶里程测试

续驶里程是指电动汽车在动力电池完全充满电状态下，以一定的行驶工况，能连续行驶的最大距离，其实质上反映的是动力电池的实际容量大小。测试要求：室外温度为（20

±5）℃，风速在 5 m/s 以下；测试场地为环形跑道；测试前，动力电池充满电，测试车加载至测试质量，散热器内加注满冷却液。测试方法采用等速法。

测试前，应检查车况、车载设备以及各电池是否正常，检查就绪后即可起动车辆，并开启测试设备；使用离合器和变速杆将车辆加速，车速达到（40±2）km/h 时不再提速，通过调整加速踏板开度保持匀速行驶状态；当车辆的行驶速度低于 36 km/h 时停止测试。测试过程中允许停车两次，每次停车时间不允许超过 2 min。记录测试期间测试车辆的停车次数和停车时间。测试结束后，记录测试车辆驶过的距离 $L$（km），此距离 $L$ 即为等速法测量的续驶里程。

在测试时，$L$ 不应小于设计续驶里程数，$\eta_V$、$\eta_T$、$\xi(U)$ 应符合电池要求。

3）高低温行车测试

高低温行车测试的目的是检验环境温度对电池放电容量以及使用性能的影响。测试要求：高温测试在亚热带高温季节进行，气温在 35 ℃以上，相对湿度在 85%以上，风速在 5 m/s 以下；低温测试在寒区冬季进行，气温为-30 ~ -15 ℃；测试场地为环形跑道；测试前，动力电池充满电，测试车加载至测试质量，低温测试时散热器内需加注防冻液。

高低温测试的主要内容是分别在高、低温环境下测量被测试车的续驶里程，以测试动力电池的实际放电性能。高、低温环境下，续驶里程不得小于常温续驶里程的 55%，$\eta_V$、$\eta_T$、$\xi(U)$ 应符合电池要求。

4）持续爬坡测试

持续爬坡测试用于检验动力电池的持续大功率供电能力。测试要求：室外温度为（20±5）℃，风速在 5 m/s 以下；测试坡道为表面平整、硬实和干燥的连续上坡道，长度为 5 ~ 8 km，上坡路段占总坡长的 90%以上；测试前，动力电池充满电，测试车加载至测试质量，散热器内加注满冷却液。测试时，将测试车停放在坡道起点处，检查车况、车载设备以及各电池是否正常，检查就绪后起动车辆，并开启车速测试仪、电池监测仪等设备；变速器挂入一挡，起步开始爬坡；爬坡过程尽可能使用较高的挡位，且处于全负荷状态，在保证安全的前提下以较高的车速一直行驶到测试终点。爬坡过程若出现电机、电池或控制器温度过高，电机电枢电流过大，动力电池组电压达到放电终止电压等情况，应立即停车检查。

电动汽车在爬坡过程中动力电池组不应出现电压下降过快或短时间达到放电终止电压的现象，动力电池组温度不超过规定值，$\eta_V$、$\eta_T$、$\xi(U)$ 应符合电池要求。

## 2.4 动力电池管理系统

电池管理系统（Battery Management System，BMS）是用来对蓄电池组进行安全监控及有效管理，以提高蓄电池使用效率的装置，如图 2-24 所示。对于电动车辆而言，通过该系统对电池组进行充、放电的有效控制，可以达到增加续驶里程、延长使用寿命、降低运行成本的目的，并可保证动力电池组应用的安全性和可靠性。目前，动力电池管理系统是电动汽车不可缺少的核心部件之一。

图2-24 电池管理系统

### 2.4.1 基本构成及功能

对动力电池管理系统功能和用途的理解是随着电动车辆技术的发展逐步丰富起来的。最早的动力电池管理系统仅仅进行动力电池一次参数（电压、电流、温度等）的采集，之后发展到二次参数（SOC、内阻）的测量和预测，并根据极端参数进行动力电池状态预警。现阶段动力电池管理系除了能完成数据测量和预警功能外，还可通过数据总线直接参与车辆状态的控制。

动力电池管理系统的主要工作原理可简单归纳为：电子控制单元（ECU）对采集的动力电池状态信息数据进行处理和分析后，动力电池管理系统根据分析结果对系统内的相关功能模块发出控制指令，并向外界传递参数信息。

结构上，动力电池管理系统一般由一些传感器（用于测量电压、电流和温度等）、一个带微处理器的控制单元和一些输入/输出接口组成。BMS最基本的作用是监控动力电池的工作状态（电压、电流和温度），预测动力电池的SOC和相应的剩余行驶里程，管理动力电池的工作情况（避免出现过放电、过充电、温度过高和单体电池之间电压严重不平衡现象），以便最大限度地利用动力电池的存储能力和循环寿命。动力电池管理系统的核心数据处理和计算功能一般是由单片机来完成的，其构成原理如图2-25所示。

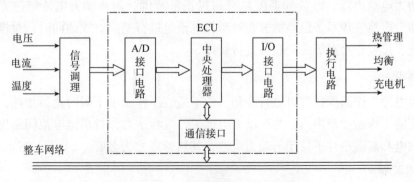

图2-25 动力电池管理系统的构成原理

功能上，动力电池管理系统主要能实现数据采集、动力电池状态估计、能量管理、安全管理、热管理、均衡控制、通信功能和人机接口，分别介绍如下。图2-26为动力电池管理系统功能示意。

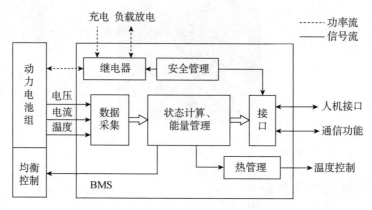

图2-26 动力电池管理系统功能示意

1. 数据采集

动力电池管理系统的所有算法都是以采集的动力电池数据作为输入，其中采样速率、精度和置滤波特性是影响动力电池管理系统性能的重要指标。电动汽车动力电池管理系统的采样速率一般要求大于200 Hz。

2. 动力电池状态估计

动力电池状态估计包括电池组荷电状态（State of Charge，SOC）和电池组健康状态（State of Health，SOH）两方面。SOC用来提示动力电池组剩余电量，是估计电动汽车续驶里程的基础；SOH是用来提示动力电池技术状态、预计可用寿命等健康状态的参数。

3. 能量管理

能量管理主要包括以电流、电压、温度、SOC、SOH为输入进行充电过程控制及以SOC、SOH、温度等参数为条件进行放电功率控制。

4. 安全管理

监视动力电池电压、电流和温度是否超过正常范围，防止动力电池组过充过放。目前，多数动力电池管理系统已经能够在对动力电池组进行整组监控的同时，对极端单体电池进行过充、过放和过温等安全状态进行管理。

5. 热管理

在动力电池工作温度过高时进行冷却，低于适宜工作温度下限时进行加热，使动力电池处于适宜的工作温度范围内，并在动力电池工作过程中总保持单体电池间温度均衡。对于大功率放电和高温条件下使用的动力电池，其热管理尤为必要。

6. 均衡控制

动力电池的一致性差异导致的动力电池组的工作状态是由最差单体电池决定的。在动力电池组各个单体电池之间设置均衡电路以实施均衡控制,其目的是使各单体电池充、放电的工作情况尽量一致,以提高动力电池组的工作性能。

7. 通信功能

通过动力电池管理系统实现动力电池参数和信息与车载设备或非车载设备的通信,为充放电控制、整车控制提供数据依据,是动力电池管理系统的重要功能之一。根据应用需要,数据交换可采用不同的通信接口,如模拟信号、PWM 信号、CAN 总线或 12C 串行接口。

8. 人机接口

根据设计的需要设置显示信息以及控制按键等。

### 2.4.2 数据采集方法

1. 单体电池电压的检测方法

单体电池电压采集模块是动力电池组管理系统中的重要一环,其性能好坏或精度高低决定了系统对电池状态信息判断的准确程度,并进一步影响后续的控制策略能否有效实施。常用的单体电池电压检测方法如下。

1) 继电器阵列法

图 2-27 为基于继电器阵列法的单体电池电压采集电路原理框图,该电路由端电压传感器、继电器阵列、A/D 转换器、光耦合器和多路模拟开关等组成。如果需要测量 n 块单体电池串联成的动力电池组的端电压,就要将 n+1 根导线引入动力电池组中各节点。当测量第 m 块单体电池的端电压时,单片机发出相应的控制信号,通过多路模拟开关、光耦合器和继电器驱动电路选择相应的继电器,将第 m 和 m+1 根导线引到 A/D 转换芯片。由于开关器件的电阻都比较小,其电阻所引起的误差几乎可以忽略不计,而且整个电路结构简单,只有分压电阻和 A/D 转换芯片以及电压基准的精度能够影响最终结果的精度,通常电阻和芯片的误差都可以做得很小。因此,在所需测量的单体电池电压较高且对精度要求也高的场合最适合使用继电器阵列法。

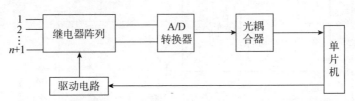

图 2-27 基于继电器阵列法的单体电池电压采集电路原理框图

2) 恒流源法

利用恒流源电路进行单体电池电压采集的基本原理是,在不使用转换电阻的前提下,将电池端电压转化为与之成线性变化关系的电流信号,以此提高系统的抗干扰能力。在串联电池组中,由于电池端电压就是电池组相邻两节点间的电压差,故要求恒流源电路具有很好的共模抑制能力，一般在设计过程中多选用集成运算放大器来达到此目的。由于设计思路和应用场合的不同，恒流源电路会有多种不同形式。图2-28为减法运算恒流源电路，它是由运算放大器和绝缘栅场效应晶体管组合而成的减法运算恒流源电路。

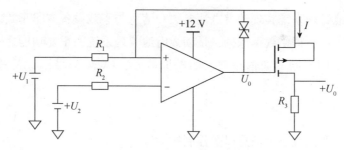

图2-28 减法运算恒流源电路

3）隔离运算放大器采集法

隔离运算放大器是一种能够对模拟信号进行电气隔离的电子元件，广泛用作工业过程控制中的隔离器和各种电源设备中的隔离介质。一般由输入和输出两部分组成，二者单独供电，并以隔离层划分，信号经输入部分调制处理后经过隔离层，再由输出部分解调复现。隔离运算放大器非常适合应用于单体电池电压采集电路中，它能将输入的单体电池端电压信号与电路隔离，从而避免了外界干扰而提高系统采集精度，增强其可靠性。下面以一个典型应用实例来说明。

图2-29为隔离运算放大器在600 V动力电池组管理系统中的应用，其中共有50块标定电压为12 V的水平铅蓄电池，其端电压被隔离运算放大器电路逐一采集。从图2-29中不难发现，ISO122的输入部分电源就取自动力电池组，输出部分电源则出自电路板上的供电模块，单体电池端电压经两个高精密电阻分压后输入运算放大器，与之成线性关系的输出信号经多路复用器后交由单片机控制电路处理。隔离运算放大器采集电路虽然性能优越，但是较高的成本影响了其应用。

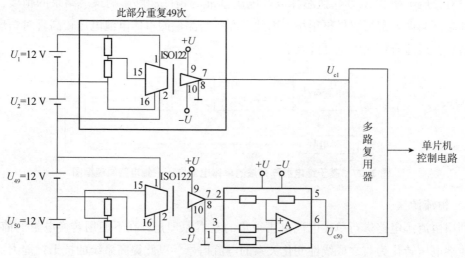

图2-29 隔离运算放大器在600 V动力电池组管理系统中的应用

4）压/频转换电路采集法

当利用压/频（V/F）转换电路实现单体电池电压采集功能时，压/频变换器的应用是关键，它是把电压信号转换为频率信号的元件，具有良好的精度、线性度和积分输入等。LM331是集成V/F芯片，采用了新的温度补偿带隙基准电路，在整个工作温度范围内和低至4 V电源电压以上都有极高的精度。

图2-30为LM331高精度压/频转换电路原理图，电压信号转换为频率信号，直接进入单片机的计数器端口进行处理，不需要A/D转换。此外，为了配合压/频转换电路在单体电池电压采集系统中的应用，相应选通电路和运算放大电路也需加以设计，以实现多路采集的功能。总的来说，压/频转换电路采集法涉及的元件比较少，但是其压控振荡器中含有电容器，而电容器的相对误差一般都比较大，且电容越大相对误差也越大。

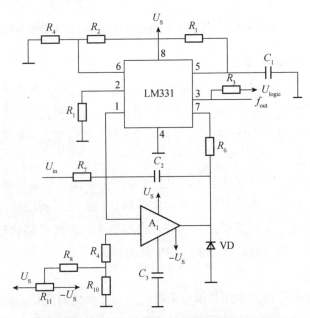

图2-30　LM331高精度压/频转换电路原理图

5）线性光耦合放大电路采集法

基于线性光耦合器件的单体电池电压采集电路实现了信号采集端和处理端之间的隔离，从而提高了电路的稳定性与抗干扰能力。图2-31为基于线性光耦合器TIL300的单体电池电压采集电路原理图，不难看出，单体电池电压值（即$U_1$与$U_2$之差）经过运算放大器$A_1$后被转化为电流信号$I_{p1}$并流过线性光耦合器TIL300，经光耦隔离后输出与$I_{p1}$成线性关系的电流$I_{p2}$，再由运算放大器$A_2$转化为电压值得以进行A/D转换并完成采集。值得注意的是，线性光耦合器两端需要使用不同的独立电源，在图中分别标示为+12 V和±12 V。可见，线性光耦合器放大电路不仅具有很强的隔离能力和抗干扰能力，还使模拟信号在传输过程中保持了较好的线性度，因此可以与继电器阵列或选通电路配合应用于多路采集系统中，但其电路相对较复杂，影响精度的因素较多。

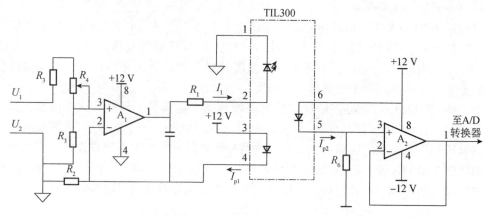

图2-31 基于线性光耦合器 TIL300 的单体电池电压采集电路原理图

**2. 动力电池温度的采集方法**

动力电池的工作温度不仅会影响电池的性能，而且直接关系到电动汽车使用的安全问题，因此准确采集其温度参数显得尤为重要。采集动力电池的温度并不难，关键是如何选择合适的温度传感器。目前，常用的温度传感器有热电偶、热敏电阻和集成温度传感器等。

1）热电偶采集法

热电偶的作用原理是双金属体在不同温度下会产生不同的热电动势，采集这个电动势并查表，即可得到温度值。由于热电动势的值仅和材料有关，所以热电偶的准确度很高。但是由于热电动势都是毫伏等级的信号，所以需要放大，外部电路比较复杂。一般来说，金属的熔点都比较高，所以热电偶一般均用于高温测量。

2）热敏电阻采集法

热敏电阻采集法的原理是利用热敏电阻阻值随温度变化而变化的特性，将一个定值电阻和热敏电阻串联起来构成一个分压器，从而把温度的高低转化为电压信号，再通过 A/D 转换得到温度信息。虽然热敏电阻成本低，但其线性度不好，而且制造误差一般也比较大。

3）集成温度传感器采集法

由于温度的测量在日常生产、生活中用得越来越多，所以半导体生产商们推出了很多集成温度传感器。这些温度传感器虽然很多都是基于热敏电阻式的，但在生产的过程中都会进行校正，所以精度可以媲美热电偶，而且直接输出数字量，很适合在数字系统中使用。

**3. 动力电池工作电流的采集方法**

动力电池工作电流常用的检测方法有分流器检测、互感器检测、霍尔传感器检测和光纤传感器检测等4种，各方法的特点见表2-2。其中，光纤传感器昂贵的价格影响了它在控制领域的应用；分流器成本低、频率响应好，但必须接入电流回路，使用麻烦；互感器只能用于交流测量；霍尔传感器性能好，使用方便。目前，在电动车辆动力电池管理系统电流采集与监测方面应用较多的是分流器和霍尔传感器。

表 2-2  各种电流检测方法的特点

| 项目 | 分流器 | 互感器 | 霍尔传感器 | 光纤传感器 |
|---|---|---|---|---|
| 插入损耗 | 有 | 无 | 无 | 无 |
| 布置形式 | 需插入主电路 | 开孔、导线传入 | 开孔、导线传入 | — |
| 测量对象 | 直流、交流、脉冲 | 交流 | 直流、交流、脉冲 | 直流、交流 |
| 电气隔离 | 无隔离 | 隔离 | 隔离 | 隔离 |
| 使用方便性 | 小信号放大，需隔离处理 | 使用较简单 | 使用简单 | — |
| 适用场合 | 小电流，控制测量 | 交流测量、电网监控 | 控制测量 | 高压测量，电力系统常用 |
| 价格 | 较低 | 低 | 较高 | 高 |
| 普及程度 | 普及 | 普及 | 较普及 | 未普及 |

### 2.4.3 电量管理系统

动力电池电量管理是动力电池管理的核心内容之一，对于整个动力电池状态的控制、电动车辆续驶里程的预测和估计具有重要的意义。SOC 估计的常用方法如下。

**1. 开路电压法**

开路电压法是最简单的测量方法，主要是根据动力电池组开路电压判断 SOC 的大小。由动力电池的工作特性可知，动力电池组的开路电压和动力电池的剩余容量存在一定的对应关系。某动力电池组电压与容量的对应关系如图 2-32 所示，随着动力电池放电容量的增加，动力电池的开路电压降低。由此可以根据一定的充、放电倍率时动力电池组的开路电压和 SOC 的对应曲线，通过测量动力电池组开路电压的大小，估算出动力电池 SOC 的值。

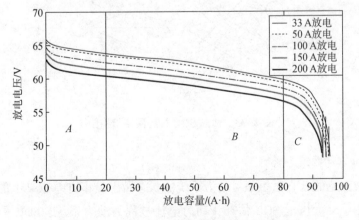

图 2-32  某动力电池组电压与容量的对应关系

### 2. 容量积分法

容量积分法是指通过对单位时间内流入、流出动力电池组的电流进行累积，从而获得动力电池组每一轮放电能够放出的电量，确定动力电池 SOC 的变化。

### 3. 电池内阻法

电池内阻有交流内阻（常称交流阻抗）和直流内阻之分，它们都与 SOC 有密切关系。电池交流阻抗为电池电压与电流之间的传递函数，是一个复数变量，表示电池对交流电的反抗能力，其值要用交流阻抗仪来测量。电池交流阻抗受温度影响较大，是将电池处于静置后的开路状态，还是在电池充放电过程中进行交流阻抗测量，目前尚存在争议，所以很少在实车测量中使用。直流内阻表示电池对直流电的反抗能力，其值等于在同一个很短的时间段内，电池电压变化量与电流变化量的比值。在实际测量中，将电池从开路状态开始恒流充电或放电，以相同时间内负载电压和开路电压的差值除以电流值就是直流内阻值。直流内阻的大小受计算时间段影响，若时间段短于 10 ms，则只有欧姆内阻能够检测到；若时间段较长，则内阻将变得复杂。准确测量单体电池内阻比较困难，这是直流内阻法的缺点。在某些动力电池管理系统中，通常将电池内阻法与 A·h 计量法组合使用来提高 SOC 的估算精度。

### 4. 模糊逻辑推理和神经网络法

模糊逻辑推理和神经网络是人工智能领域的两个分支，模糊逻辑接近人的形象思维方式，擅长定性分析和推理，具有较强的自然语言处理能力；神经网络采用分布式存储信息，具有很好的自组织和自学习能力。它们共同的特点是均采用并行处理结构，可从系统的输入、输出样本中获得系统输入、输出的关系。动力电池是高度非线性的系统，可利用模糊逻辑推理与神经网络的并行结构和学习能力估算其 SOC，如图 2-33 所示。

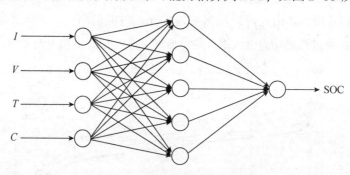

图 2-33 估算 SOC 神经网络结构图

### 5. 卡尔曼滤波法

卡尔曼滤波理论的核心思想是对动力系统的状态做出最小方差意义上的最优估算。卡尔曼滤波法应用于动力电池 SOC 估算，动力电池被称为动力系统，SOC 是系统的一个内部状态。卡尔曼滤波法适用于各种动力电池，且与其他方法相比，更适合于电流波动比较剧烈的混合动力汽车电池 SOC 的估计，它不仅给出了 SOC 的估计值，还给出了 SOC 的估计误差。该方法的缺点是要求动力电池 SOC 估计精度越高，动力电池模型就越复杂，涉及大量矩阵计算，工程上难以实现，且该方法对于温度、自放电率以及放电倍率等因素对容量的影响考虑得不够全面。

### 2.4.4 均衡管理系统

为了克服动力电池不一致带来的严重影响，在动力电池使用中，人们强烈提出对动力电池进行均衡的要求。近十几年来，许多动力电池管理系统的研发者采用各种各样的方法来对动力电池进行均衡，主要包括分流法（旁路法）、切断法和并联法。

**1. 分流法（旁路法）**

分流法是指在充电时，当某一动力电池的充电电压超过设定值时，通过并联分流降低该动力电池充电电压的方法。此种分流方法结构复杂，体积大，分流时发热量大，通用性差，但不必非要在电池过压后才开始分流，即可以在电压比平均电压高时就开始分流平衡。

**2. 切断法**

切断法是指在充电时，当某一动力电池的充电电压超过设定值时，通过自动控制开关切断该动力电池的充电电路，同时闭合旁路开关，从而使电流绕过这块动力电池向下一块动力电池充电。切断法开关个数是动力电池数目的 2 倍。切断法需要充电器配合，要求充电器能够动态适应 1 个电芯到全部电芯的充电，且在切换动力电池后要能够动态地调整充电电压、充电电流，实现恒流、恒压充电以及浮充等，对充电器的要求比较高。

**3. 并联法**

并联法就是将动力电池按先并后串的连接方式使用，这也是一些动力电池生产厂家和动力电池使用者企图利用一些小容量动力电池组合成大容量、高电压动力电池组所采用的方法。动力电池并联后，无法测量各单体电池的电压，因而也就无法实施对动力电池组中各单体电池的监控。可见，采用并联法是无法实现动力电池的均衡效果的。

### 2.4.5 动力电池组热管理系统

**1. 动力电池组热管理系统的功能**

由于过高或过低的温度都将直接影响动力电池的使用寿命和性能，并有可能产生动力电池系统的安全问题，并且动力电池箱内温度场的长久不均匀分布将造成各动力电池模块、单体电池间性能的不均衡。因此，动力电池组热管理系统对于电动车辆动力电池系统而言是必需的。可靠、高效的动力电池组热管理系统对于电动车辆的可靠安全应用意义重大。

动力电池组热管理系统有以下主要功能：

（1）动力电池组温度的准确测量和监控；

（2）动力电池组温度过高时的有效散热和通风；

(3) 低温条件下的快速加热;

(4) 有害气体产生时的有效通风;

(5) 保证动力电池组温度场的均匀分布。

2. 动力电池组热管理系统的设计实现

按照传热介质不同,可将动力电池组热管理系统分为空冷、液冷和相变材料冷却,考虑到材料的研发以及制造成本等问题,目前最有效且最常用的散热系统采用空气作为散热介质。按照散热风道结构的不同,空冷系统的冷却方式可分为串行通风方式和并行通风方式,如图2-34和图2-35所示。

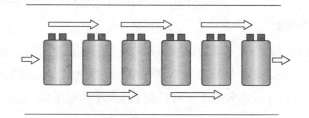

图 2-34 串行通风方式

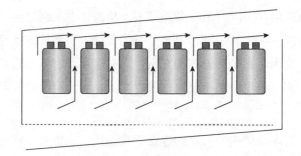

图 2-35 并行通风方式

串行通风方式一般是使空气从动力电池组一侧流往另外一侧,从而达到带走热量的目的。这时,气流会将先流过的地方的热量带到后流过的地方,从而导致两处温度不一致且温差较大。而并行通风方式模块间空气都是直立上升气流,这样能够分配得更均匀,从而保证动力电池包中各处的散热一致。动力电池组热管理系统按照是否有内部加热或制冷装置可分为被动式动力电池组热管理系统和主动式动力电池组热管理系统,前者成本较低,采取的设施相对简单;后者结构相对复杂,并且需要更大的附加功率,但散热效果较为理想。

### 2.4.6 数据通信系统

数据通信系统是动力电池管理系统的重要组成部分之一,主要涉及动力电池管理系统内部主控板与检测板之间的通信及动力电池管理系统与车载主控制器、非车载充电机等设备间的通信等,在有参数设定功能的动力电池管理系统上,还包括动力电池管理系统主控板与上位机的通信。CAN通信方式是现阶段动力电池管理系统通信应用的主流,在国内外大量产业化的电动汽车动力电池管理系统以及国内外关于动力电池管理系统数据通信标准中均提倡采用此通信方式。RS232、RS485 总线等通信方式在动力电池管理系统内部通信中也有应用。图 2-36 为 BJ6123C7C4D 纯电动客车动力电池管理系统通信方式示意，该系统可实现单体电池电压检测、动力电池温度检测、动力电池组工作电流检测、绝缘电阻检测、冷却风机控制、充放电次数记录、电磁和 SOC 的估测等功能。其中，RS232 主要实现主控板与上位机或手持设备的通信，完成主控板、检测板各种参数的设定；RS485 主要实现主控板与检测板之间的通信，完成主控板电池数据、检测板参数的传输；CAN 通信分为 CAN1 和 CAN2 两路，CAN1 主要与车载主控制器通信，完成整车所需电池相关数据的传输；CAN2 主要与车载仪表、非车载充电机通信，实现电池数据的共享，并为充电控制提供数据依据。

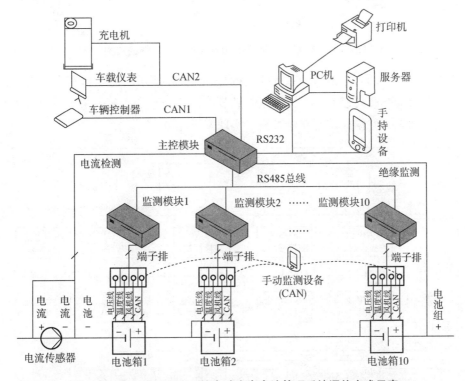

图 2-36　BJ6123C7C4D 纯电动客车电池管理系统通信方式示意

车载运行模式下动力电池管理系统的结构如图 2-37 所示。动力电池管理系统中央控制模块通过高速 CAN1 将实时的、必要的动力电池状态告知整车控制器以及电机控制器等设备，以便采用更加合理的控制策略，其既能有效地完成运营任务，又能延长电池使用寿命。同时，动力电池管理系统中央控制模块通过高速 CAN2 将动力电池组的详细信息告知车载监控系统，完成动力电池状态数据的显示和故障报警等功能，为动力电池的维护和更换提供依据。

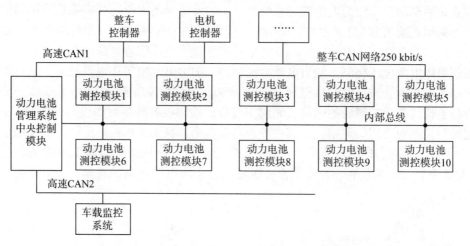

图 2-37　车载运行模式下动力电池管理系统的结构

应急充电模式下动力电池管理系统的结构如图 2-38 所示，充电机实现与电动汽车的物理连接。此时的车载高速 CAN2 加入充电机节点，其余不变。充电机通过高速 CAN2 了解电池的实时状态，并据此调整充电策略，实现安全充电。

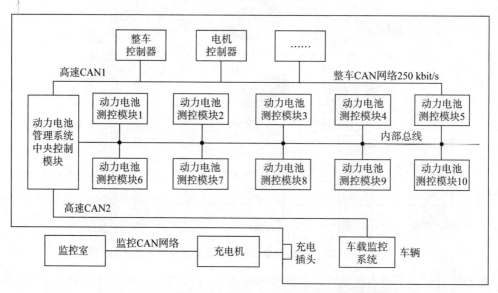

图 2-38　应急充电模式下动力电池管理系统的结构

## 2.5　动力电池系统设计

动力电池系统的设计，要求满足车辆动力性、安全性和经济性等性能要求，同时实现与车辆底盘、驱动系统的机械和电气连接，满足车辆的功能要求。

### 2.5.1 电动车辆能耗经济性评价参数

动力电池组是电动车辆的重要能量来源,是纯电动车辆的唯一能量来源。在车辆与动力电池系统的匹配中,首先需要关注并了解电动车辆的能耗评价指标。

能耗经济性是车辆的主要使用性能之一,可以将其定义为车辆在一定的使用工况下,以最小能量消耗完成单位运输工作的能力。在内燃机汽车上称之为燃料经济性,在电动汽车上以电能消耗为指标。车辆能耗经济性常用的评价参数都是以一定的车速或循环行驶工况为基础,以车辆行驶一定里程的能量消耗量或一定能量可使车辆行驶的里程来衡量的。为了使电动汽车能耗经济性评价指标具有普遍性,以适用于不同类型的电动汽车,其评价指标应该满足以下条件。

(1) 可比性:可以对不同类型的电动汽车经济性进行比较。

(2) 独立性:指标参数数值与整车储存能量总量无关。

(3) 直观性:可以直接从参数指标进行能耗经济性判断。

1. 续驶里程

续驶里程是纯电动汽车动力电池组充满电后可连续行驶的里程,分为等速续驶里程和循环工况续驶里程。等速工况通常采用 40 km/h 或 60 km/h 作为标准。循环工况则根据车辆的使用环境进行选择,常用的包括欧洲 15 工况、日本 10 工况和中国客车 6 工况等。此项指标对于综合评价电动汽车动力电池组、电机、传动系统效率及电动汽车实用性具有积极意义,但由于此项指标与电动汽车动力电池组装车容量及电压水平有关,因此在不同车型和装配不同容量动力电池组的同种车型间不具有可比性。即使装配相同容量同种动力电池组的同一车型,续驶里程也受到动力电池组状态、天气和环境因素等使用条件影响而有一定幅度的波动。

续驶里程还可以分为理论续驶里程、有效续驶里程和经济续驶里程。理论续驶里程是根据动力电池组能量存储理论值和车辆单位里程能量消耗理论值计算所得的续驶里程;有效续驶里程是动力电池组在保证经济性和实用性,使动力电池组能够可靠稳定工作前提下的续驶里程;经济续驶里程是最大限度保证动力电池组的使用经济性和使用寿命,有利于动力电池组在最佳状态下工作的续驶里程。3 种续驶里程的定义可用放电深度来表示。理论续驶里程为充放电深度均为 100% 情况下电动汽车可行驶的里程;有效续驶里程为放电深度为 70%~80% 时车辆可行驶里程;经济续驶里程为充电至 SOC 为 90%,放电深度不超过 70% 时的车辆可行驶里程。在此种充放电机制下,可以最大限度地保证动力电池组稳定可靠工作,减少动力电池组不一致性带来的对整个动力电池组系统工作的影响,提高动力电池组寿命,并且在此机制下,动力电池的充放电效率最高,电动汽车运行的总体能耗经济性最好。

2. 单位里程容量消耗

动力电池及动力电池组以容量作为能量存储能力的标准之一。以动力电池组作为唯一动力源的纯电动汽车,其单位里程的容量消耗定义为:车辆行驶单位里程消耗的动力电池

组容量，单位为 A·h/km。动力电池组单位里程容量消耗计算方法为

$$Q_s = \frac{\int_{t_1}^{t_2} I(y) \mathrm{d}t}{S} \tag{2-9}$$

式中：$Q_s$ 为动力电池组单位里程容量消耗（A·h/km）；$I$ 为动力电池组放电电流（A），是动力电池放电时间 $t$ 的函数；$S$ 为车辆行驶距离（km）；$t_1$、$t_2$ 为车辆行驶起止时间。

动力电池组不同放电深度的总电压有明显的变化，因此在相同放电功率下动力电池组放电电流有相应的变化。由单位里程容耗的计算式（2-9）可知，在不同的动力电池组放电深度，相同车辆使用条件下，单位里程消耗的动力电池组容量不同。由于单位里程容量消耗作为经济性评价参数存在一定的误差，因此单位里程容量消耗指标参数值的获得必须以多次不同条件下行驶试验为基础，取试验结果的平均值。基于上述特点，此项指标在不同的使用条件下，不同的车型间不具有可比性，仅适用于电压等级相同、车型相似情况下，能耗经济性能的比较或同一车型能耗水平随电池组寿命变化历程分析。

3. 单位里程能量消耗

单位里程能量消耗又可以分为单位里程电网交流电量消耗和单位里程电池组直流电量消耗。其中，单位里程电网交流电量消耗受到不同类型充电设备效率的影响，有一定的误差，并且充电设备是独立于电动汽车的服务性设备，不应作为电动汽车效率的一部分。在不同的充电设备情况下，电动汽车的经济性在一定程度上不具有可比性。单位里程动力电池组直流电量消耗，仅以车载动力电池组的能量状态作为标准，脱离了充电机的影响，所以可以直接、可靠地反映电动汽车的实际经济性能。

4. 单位容量消耗行驶里程和单位能量消耗行驶里程

单位容量消耗行驶里程和单位能量消耗行驶里程这两种电动汽车能耗经济性的评价指标分别是单位里程容量消耗和单位里程能量消耗的倒数，单位分别为 km/(A·h) 和 km/(kW·h)。

5. 等速能耗经济性

汽车等速能耗经济性是指汽车在额定载荷下，在最高挡、水平良好的路面上等速行驶单位里程的能耗或消耗单位能量行驶的里程。通常可以测出每隔 5 km/h 或 10 km/h 速度间隔的等速行驶能耗量，然后在速度-能耗曲线图上连成曲线，称为等速能耗经济特性曲线。此曲线可以确定汽车的经济车速，但这种评价方法不能反映汽车实际行驶中受工况变化的影响，特别是市区行驶中频繁加减速的行驶工况。

6. 比能耗

电动汽车不同车型的总质量相差很大，跨度从几百千克到十余吨，因此单位里程能量消耗也有很大差别。为了进行不同车型间能耗水平的分析和比较，引入了直流比能耗的概念，即单位质量在单位里程上的能量消耗，单位为 kW·h/(km·t)。此参数可以体现不同车型间传动系统匹配优化程度和能量利用效果。以直流比能耗作为电动汽车能耗经济性的评价标准，可以直观地评价各种不同车型的能耗水平，可比性强。现在主流汽车企业研

制的电动汽车直流比能耗一般为（40~80）W·h/(km·t)。

在电压等级相同的情况下，与比能耗指标评价类似，可以引入比容耗的概念，即单位质量在单位里程的容量消耗，单位为 A·h/(km·t)。

纯电动汽车能耗经济性评价的各个参数之间存在相互转换的计算关系，如图2-39所示。电池组可放出的有效能量、有效容量、单位里程能耗及单位里程容耗是电动汽车续驶里程的决定性因素。车辆的整备质量把单位里程能耗、容耗与比能耗、比容耗联系起来。单位里程能耗、容耗与单位能量、容量行驶里程之间的倒数关系说明这两个参数只是同一概念的两种不同表达方式。单位里程容耗和能耗的区别在于计算中是否考虑动力电池组电压变化的影响。

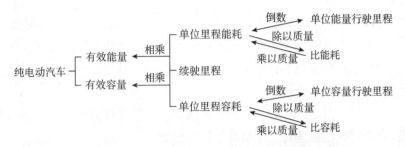

图2-39　纯电动汽车能耗参数关系示意

### 2.5.2　电池包结构与设计

**1. 基本概念**

在与电池包相关的几个概念中，有以下4个常用且相互之间有关联的概念容易出现混淆。

（1）动力电池箱（Power Battery Box）。它是能够承装蓄电池组、蓄电池管理模块以及相应的辅助元器件的机械结构。

（2）动力电池包（Power Battery Pack）。它是蓄电池组、蓄电池管理模块、蓄电池箱以及相应附件有机组合构成的具有从外部获得电能并可对外输出电能的单元，简称蓄电池包。

（3）快换动力电池包（Swapping Power Battery Pack）。它是能够通过专用装置，必要时可人工协助，在短时间（一般不超过5min）内完成更换并可以在非车载情况下进行充电的蓄电池包，简称快换蓄电池包。

（4）动力电池系统（Power Battery System）。它是一个或一个以上蓄电池包及相应附件（蓄电池管理系统、高压电路、低压电路、热管理设备以及机械总成）构成的为电动汽车整车提供电能的系统。

从概念中可以看出，动力电池系统是以上电池包的有机结合，电池箱是电池包的组成部件之一，是动力电池、动力电池管理系统等的安装和承载单元。

**2. 电池包的功能要求**

电池包是动力电池系统的有机构成，是电池系统在电动车辆上安装的基本单元。对于整车而言，电池包的结构直接关系到整车的布置和安装；对于电池而言，电池包的内部尺寸确定了电池的布置和结构形式；对于电动汽车的能源供应商而言，电池包的安装固定形式直接决定了电池能量补给的方式（充电、更换还是充换兼容）。因此，电池包的结构和功能受到电动车辆整车及部件设计者、能源供应商、使用者的普遍关注。

总体而言，对电池包的要求应该包括满足车辆应用需要的电气性能要求以及防水、防尘、防火、防振、对车体绝缘等防护功能，具体如下。

1) 电气性能

电压：电池系统的电压由构成系统的电池包构成，要求各电池包电压的总和应为电动车辆驱动系统要求的电压。

比能量：电池包的比能量有别于单体电池，在计算电池包的比能量时需要包含电池箱、电池管理系统、电池间的连接件等辅助部件。因此，电池包的比能量（质量比能量和体积比能量）应低于单体电池的比能量，并且比能量与单体电池比能量越接近，说明电池包的总体设计越合理，轻量化越好。

温控能力：电池包内应具有电池冷却、加热和保温等部件构成的电池热管理系统，具备控制电池包内温度在电池适宜工作温度范围的能力。

2) 机械强度

动力电池包在电动车辆上安装应用必须满足耐振动、耐冲击、耐跌落和耐烟雾等强度要求。

3) 安全要求

IP 防护等级：为满足防水、防尘要求，电池包应满足一定的 IP 防护等级，根据车辆的总体要求，对于电池包，一般的 IP 防护等级要求不低于 IP55。

电气绝缘性能：现阶段电池包外壳多采用金属材料制成，要求在符合表 2-3 要求的电压条件下，电池包正、负极与金属外壳之间的绝缘电阻应大于 10 MΩ。

表 2-3 绝缘电阻试验的电压等级

| 电池包额定工作电压（单箱）$U_i$/V | 绝缘电阻测试仪器的电压等级/V |
| --- | --- |
| $U_i \leq 60$ | 250 |
| $60 < U_i \leq 30$ | 500 |
| $300 < U_i \leq 75$ | 1 000 |

电气保护功能：主要用于极端工况下，通过动力电池管理系统实现电池包的高压断电保护、过流断开保护、过放电保护和过充电保护等功能。

4) 接口与通信协议

由于电池包具有对外输出电能的能力，因此需要与电动车辆的用电设备进行连接和通信。相应的电气接口和机械接口在满足安全、可靠的前提下，还要满足国家和行业相关标准的要求。

3. 电池包的结构设计

根据内部电池的种类可以分为锂离子电池包和镍-氢电池包等；根据是否可以快速装卸，可以分为快换式电池包和不可快换式电池包；根据电池包的外形是否为规则几何形状，可以分为矩形电池包和异形电池包。

整车要求的不同，电池包的结构形式也不同。下面以一款电动客车可更换式电池包的设计为例，对电池包的结构进行介绍。

电池包总体分为内、外箱体两部分，外箱体固定在车架上，内箱体通过外箱体内部滚轮支撑，电磁锁锁止固定在外箱体上。电池包采用双层结构面板设计，中间层布置电池管理系统、快熔丝、手动检测机构、通风风扇、快换系统吸盘等部件，实现了电池模块化封装，电池箱及其组件的集成，便于布线、安装和维护，并且支持快速更换。

外箱体：整体结构采用钢板冲压成形，外部作喷塑处理，内部喷涂防火绝缘漆，为电池安装提供一个防水、防火和通风的空间。

内箱体：供单体电池安装固定，并作为电池管理系统、高压防护系统、通风系统及快速更换接口等的安装空间。内箱体作为电池的直接载体，可实现电池在车体上和存储平台之间的快速更换和插接。动力线和通信线的插头和插孔分别安装在电池外箱和内箱上。为适应于自动快速更换的需要，电池内外箱采用了多级渐进定位方式和结构。

由于现阶段电池比能量的问题，为了达到满足车辆用户需求的续驶里程，电池系统占整车的质量比例较高，一般为10%~20%。因此，电池包在整车上的布置位置对电动车辆的性能和布置结构有很大的影响。

按照轴荷分配质量的布置位置，可分为前轴前、后轴后和两轴之间3个位置。一般情况下，纯电动汽车电池包采用多个位置布置以满足轴荷平衡需要。图2-40为电动客车骨架，电池分别置于两轴间以及后轴后的位置。混合动力电动汽车由于电池比较少，因此采用单一位置进行电池布置，图2-41为Prius混合动力电动汽车电池包位置示意。

图2-40 电动客车骨架

图 2-41　Prius 混合动力电动汽车电池包位置示意

也有部分电动车辆的电池布置于车轴上方，如图 2-42 所示，电动游览车的电池置于前、后轴上及座位下方。

图 2-42　轴上布置电池示意

### 2.5.3　电池包的冷却

目前纯电动汽车的冷却系统主要分为两部分：一是对动力系统的驱动电动机、车辆控制器和 DC/DC 等部件的冷却；二是对供电系统的动力电池（锂电）和车载充电器的冷却。动力电池冷却性能的好坏，直接影响电池的效率，同时也会影响电池寿命及其使用安全，其在轻量化、低能耗、高效率、低成本等方面的要求与传统车辆的冷却系统一致；不同的是纯电动汽车冷却系统的充电器部件受温度影响更加明显，所以对温度的控制要求更加精确。同时，由于纯电动汽车的动力系统和供电系统的电子部件耐受温度低、整车降噪小，使得纯电动汽车对冷却系统的散热性能和噪声的要求较传统车辆更为严格。因此，开发高效可靠的冷却系统，势必成为纯电动汽车动力系统进一步提高效率、改善续驶里程的关键之一。

动力电池的冷却主要有风冷、制冷剂冷却和水冷 3 种方式，目前市场上的纯电动汽车主要以风冷为主。风冷方式又分为自然冷却和强制冷却；制冷剂冷却方式是直接利用制冷剂对动力电池进行冷却;而水冷方式是在制冷剂冷却的基础上增加了第二冷却回路,该回路包括电池冷却器、电动水泵和集成在动力电池内的冷却板及冷却框架。水冷方式的冷却效率高,能够有效地进行动力电池热管理、实现智能控制,但是其研发、制造成本高,技术难度大。相对而言,风冷方式技术更加成熟,其研发、制造成本相对较低,目前被广泛采用。电池风冷系统主要包括通风道和鼓风机,其冷却空气主要来自乘员舱,原理是将乘员舱内的低温空气(约为 25 ℃)引入动力电池中进行冷却。为减轻空调系统的负荷,冷却后约 60% 的空气返回到乘员舱内,同时利用电池包内的传感技术反馈电池温度,控制鼓风机的负荷,从而减小鼓风机电能的消耗。

### 2.5.4 动力电池的梯次利用与回收

**1. 动力电池的梯次利用**

动力电池梯次利用是指当动力电池不能满足现有电动车辆的功率和能量需求时,继续将其转移应用到对动力电池能量密度、功率密度要求低一个等级的其他领域,达到充分发挥其剩余价值的目的。简单地讲,动力电池的梯次应用即通过电池在不同性能要求的领域的传递使用,达到充分利用电池性能,实现动力电池在动态应用中报废,以降低电池使用成本的目标。

例如,城市电动公交客车、市政电动特种用途车以及遍布全国各地风景旅游区的电动观光车对于整车续驶性能、加速性能、最高车速等性能要求存在差异,从而导致在动力电池组配备上对储能容量、功率需求呈现递减梯度。在前一种应用形态下,动力电池经过一定的充放电循环后,电池容量衰退到本梯次应用的最小容忍值时可转移应用为下一梯次电动汽车作为动力源。以 100 A·h 锂离子动力单体电池为例,可将应用梯次依据容量划分为 4 个梯次,如表 2-4 所示。

表 2-4 电动汽车梯次划分(按电池容量)

| 项目梯次 | 1 | 2 | 3 | 4 |
| --- | --- | --- | --- | --- |
| 电池容量/(A·h) | 80~100 | 60~80 | 40~60 | <40 |
| 适用车型 | 大型公交客车、高速电动汽车 | 城市特殊用途车、市政用车等 | 低速电动微型车、旅游观光车 | 电站 UPS 储能 |

在此规划中,城市道路用车,即大型公交客车、高速电动汽车对电池的比能量和比功率要求最高,在第一梯队;城市中应用的特殊用途车、市政用车由于不需要高速行驶划分在第二梯队;在城乡接合部应用的低速电动微型车、旅游观光车现阶段应用以铅酸蓄电池为主,而容量衰退到原有容量 50% 左右的锂离子电池的能量密度仍大于铅酸蓄电池,因此可以应用;在上一阶段应用后,可将电池应用于电力储能,此时与常用的储能用铅酸蓄电池能量密度相当。

目前,电池梯次利用理论研究处于起步阶段,其关键技术包括电池梯次分类的判定技术、应用于多级转运的电池组的模块化、标准化设计技术以及在管理上梯次利用供应链的形成机制。

**2. 动力电池的回收**

动力电池的回收是指动力电池在功率和能量方面均完全失去使用价值之后，通过一定的途径由相关机构或企业收集，并采用化学或物理方法分离出各种有利用价值的元素，并减少或消除对环境带来的负面影响的行为。

由于电动汽车尚未普及，世界上仅有一些大的汽车公司针对特定市场开展了动力电池的回收处理工作。日本丰田的Prius混合动力电动汽车，采用的是镍-氢蓄电池，其动力电池回收处理模式已经基本成形。丰田在欧洲已经建立了动力电池回收处理网络，动力电池回收工作相当规范。部分发达国家也开展了一些有关动力电池回收处理的研究工作，如美国能源部从1990年开始立法要求回收电动汽车动力电池，美国三大汽车公司已经开始联合研发镍-氢蓄电池和锂离子蓄电池回收处理技术，美国的阿贡实验室也一直在开展电动汽车动力电池回收的研究工作。

我国对于动力电池的回收技术和回收体系尚在研究和建设过程中，随着电动车辆的大量应用，废旧电池的回收利用问题必将在不久的将来成为电动车辆产业发展带来的负面效应之一。因此，应尽快建立起有效的电池回收体系，早日实现工程化，以市场为主导，建立专业的动力电池回收处理机制。

## 2.6 电动汽车充电技术

### 2.6.1 纯电动汽车的充电模式

对于电动汽车来说，不同的运行模式对电池的充电时间有不同的要求。充电时间的不同需要不同的充电方式来满足，并且不同电池都有其最佳的充电电压、电流和充电时间。因此，电动汽车的充电技术是维持电动汽车运行的一项必要手段，对电动汽车的使用寿命影响很大。目前，国内的电动汽车一般采用常规充电、快速充电和更换电池充电3种模式。

**1. 常规充电模式**

电池采用常规模式充电时，充满电一般需要8~12 h。常规充电主要在晚间进行，晚间用电有效地避开了用电高峰期，价格便宜。电动汽车在白天运营完毕后，晚间在充电站内整车充电。全世界的优惠政策大致相同，用谷电给电动汽车充电，实行1/3的电价，这样既节省了充电成本，又不会影响白天的运营。常规的晚间充电一般能满足电动汽车运行的要求，但是如果白天运行时间过长，就要对电动汽车进行补充充电（补充充电属于常规充电的辅助手段）。补充充电采用直插直充的快速充电方式，由于二次电池的无记忆特性，对电池的寿命无明显影响，也不会影响电动汽车的正常运行。

**2. 快速充电模式**

电动汽车充电时间的长短是影响电动汽车能否普及的重要因素。快速充电能在20~

30 min 内使电动汽车的电池电量达到或接近完全充满状态。电动汽车的快速充电器可设置在住宅公寓、公司的停车场、公共设施及购物中心等多种场所，可满足一般的充电需求。

快速充电模式可以快速补充电动汽车电池的电能，但并不是所有电动汽车在任意时刻都能进行快速充电。对于个别种类的电池，采用快速充电模式对进行充电会影响其寿命。同时，当电动汽车群采用快速充电模式对电池进行补充电时，将会对供电网络及系统的稳定产生影响。只有在紧急情况下，才考虑采用快充方法，如对快要用完电而无法行驶的电动汽车，可在就近的电源进行紧急快充，使其能够到常规充电站去充电。

3. 更换电池充电模式

更换电池充电模式是将电池从电动汽车上卸下，然后安装上已充满电的电池，车辆可立即离开继续运营。在充电站，充电人员将卸下的已放完电的电池通过充电架平台与充电机进行连接，并与单箱或整组的电池管理单元通信，自动完成电池的充电。快速更换电池模式是目前电动汽车界最为推崇的一种方法。在北京奥运会期间，电动客车的 24 h 运行就是靠快速更换电池来保障的。通常更换电池只需耗时 5~8 min，比加油时间还短，从而解决了充电时间长、续驶里程短等难题。但若采取更换电池充电模式进行运营，则必须对电池组进行标准化设计，以加强各电动汽车动力电池组的互换性，同时对换电站的布局、电池的流通管理等都提出了较高的要求。

对于一般用户来说，电池的维护比较困难。但如果由专业部门维护，就方便多了，而且这对提高电池的寿命和行驶的经济性能都有好处。法国推出了电动汽车电池租赁制，由专业电池公司实施电池租赁，用户不用买电池，只需按规定交纳同燃油费相当的电池租赁费即可，电池坏了也由生产公司负责更换和回收。这条措施非常好，因为用户只买电动汽车，不用买电池，再加上超价补贴，买电动汽车就与买内燃机汽车的价格大致相同了。

还有一种办法是用蓄能电站对电动汽车实行快速充电。蓄能电站用夜间谷电充电，白天为需要快速充电的电动汽车充电。这种直流对直流的快速充电，比快速充电机还快，而且不影响电网安全，电价又便宜。此外，还可以制造一种流动的车载储能电站，既能提供快速充电服务，又不影响电网正常工作。

### 2.6.2　电动汽车的充电接口

1. 充电接口的要求

充电接口是指用于连接活动电缆和电动汽车的充电部件，由充电插座和充电插头两部分构成。由于是连接电缆使用，因而充电插口是传导式充电机的必备设备。充电插头在充电过程中与充电插座结构进行耦合，从而实现电能的传输。

在电动汽车的产业化过程中，充电接口的标准化至关重要，同时应该满足以下几方面的要求。

(1) 能够实现较大电流的传输和传导，避免因电流过大而引起插座发热和故障。

(2) 插头能够与插座充分耦合，接触电阻小，避免因接触不良而引起火花塞烧蚀或虚接。

(3) 能够实现必要的通信功能,便于电动汽车 CAN 通信或动力电池管理系统与电动机对接。

(4) 具备防误插功能:电动汽车使用的充电设备或动力电池的型号和性能不同,所需要的电源就不同;同时,由于各插头的性能不同,故插头的电极不能插错,这就需要对不同的电源插头有一定的识别能力。

(5) 具备合理的外形,便于执行插拔作业。

2. 充电接口的标准

目前全球主要采用的传导式充电接口系统有以下几种。

(1) IEC 62196-1,2:2012 年 1 月发布,主要被欧洲国家所采用的交流充电标准。

(2) IEC 62196-3:主要内容是对直流充电接口的定义。

(3) SAE J1772:2010 年 1 月发布,是最早实施的充电接口标准,被美国及日本广泛使用,其 5 芯交流充电接口,在 IEC 62196-2 中被定义为 Type1 接口。

(4) CHAdeMO:该协会于 2010 年 3 月 15 日成立,成员单位大多来自日本,主旨为推进快速充电规格在日本的统一,因此主要被日本车厂所采用。

(5) GB/T 20234.1,2,3—2015:2015 年 12 月颁布,2016 年 1 月实施,共由通用要求、交流充电接口和直流充电接口 3 个部分组成,形式接近于 IEC 62196-1,2,3。目前,此标准是我国国家推荐标准,解决了国内不同地区、不同电网公司充电接口不统一的问题。

(6) 供电插座:供电接口中和电源供电线缆或供电设备连接在一起且固定安装的部分。

(7) 供电插头:供电接口中和充电线缆连接且可以移动的部分。

(8) 车辆插座:车辆接口中固定安装在电动汽车上,并通过电缆和车载充电机或车载动力蓄电池相互连接的部分。

(9) 车辆插头:车辆接口中和充电线缆连接且可以移动的部分。

充电接口各部分如图 2-43 所示,目前国际主流充电接口如图 2-44 所示。

图 2-43 充电接口各部分

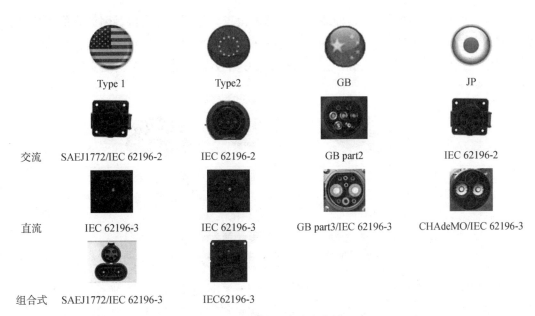

图 2-44 目前国际主流充电接口

**3. 充电接口的种类**

充电接口的种类主要有 3 种：单相交流充电接口、三相交流充电接口和直流充电接口。

单相交流充电接口主要用于家庭用户充电设施和一些标准的公共充电设施，这类充电插头比较简单，一般有 3 个端子，分别是交流火线、交流零线和接地线，与传统的电源插座类似，只是形体和额定电流较大。

三相交流充电接口和直流充电接口相对于单相交流接口要复杂得多，一般用于较大的充电站，为较大型的电动车辆进行充电服务，而且充电电流相对较大，外形也较大，功能复杂。由于这类插头较大，设计的形状类似于枪，所以一般也称为充电枪。

1）交流充电接口

交流充电由于受不同国家和地区电网系统的影响，在其充电标准中对充电连接器电压和电流的要求也不尽相同。比如在德国，三相电使用比较普遍，即使个人用户在住所中也可以使用，因此在 IEC 62196-2 标准中，定义了 480 V 交流充电电压和 63 A 充电电流，实际充电功率可以达到 40 kW 以上。相比在国标《电动汽车传导充电用连接装置 第 2 部分：交流充电接口》（GB/T 20234.2—2015）中，虽然也定义了三相充电电压为 440 V，但因为中国私人住宅及小区用户使用三相电的情况很少，所以目前交流充电电流最大只有 32 A，而实际多采用 220 V、16 A 进行充电。至于 SAE J1772 标准，因为只定义了 5 芯的充电接口，因此采用此标准的电动汽车只能使用单相交流充电，如通用的 Volt 及日产的 Leaf。

从交流接口的外形来看，3 种标准也有区别，其中 IEC 的 Type 2 和 GB 标准最为接近，均采用 7 芯的布局，看似可以互相通用，但实际在车辆插头端由于分别采用了母头和公头

· 61 ·

插芯的设计，所以两者无法互换使用。SAE标准由于只使用5芯接口，因此它的充电连接界面和IEC的Type 2和GB完全不兼容。SAE和GB均采用了机械锁的结构，而IEC只采用内部电子锁机构对车辆插头和插座进行锁定。3种交流充电标准车辆插头接口界面比较如图2-45所示。

图2-45 3种交流充电标准车辆插头接口界面比较

(a) IEC 62196-2 Type 2；(b) GB/T 20234.2—2015；(c) SAE J1772

我国制定的交流充电接口形式如图2-46所示。

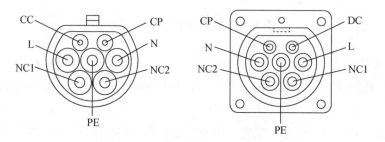

图2-46 我国制定的交流充电接口形式

交流充电接口端子功能定义见表2-5。

表2-5 交流充电接口端子功能定义

| 触点标识 | 额定电压/V | 额定电流/A | 功能定义 |
| --- | --- | --- | --- |
| L | 250 | 16/32 | 交流电源 |
| N | 250 | 16/32 | 中线 |
| PE | — | — | 保护接地，连接供电设备地线和车辆底盘地线 |
| CP | 36 | 2 | 控制确认 |
| CC | 36 | 2 | 充电连接确认 |
| NC1 | — | — | 预留通信端子 |
| NC2 | — | — | 预留通信端子 |

2）直流充电接口

由于直流充电接口一般情况下承载的电流远高于交流充电接口，因此为了实现对商用车辆及乘用车辆的快速能源补给，可利用非车载充电机将交流电转换成直流电，通过直流充电接口完成充电过程。同时，在充电过程中需通过直流充电接口中的通信端子（CAN）

连接车载电池管理系统（BMS）与非车载充电机的控制器，完成对充电过程的控制及其他相关信息的交互。此外，由于商用车辆在充电过程中需要外部提供低压直流电源，以供其内部电气控制及环境控制设备使用，因此采用直流充电的车辆需要充电设施提供辅助电源。根据上述基本要求，直流充电接口包含 9 个端子，如图 2-47 所示，其功能定义见表 2-6。

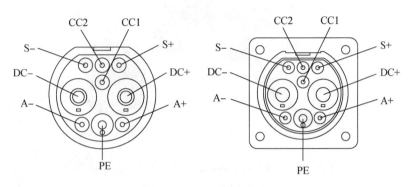

图 2-47 直流充电接口

表 2-6 直流充电接口端子功能定义

| 触点编号 | 触点标识 | 额定电压/V | 额定电流/A | 功能定义 |
| --- | --- | --- | --- | --- |
| 1 | DC+ | 750 | 125/250 | 直流电源正极，连接直流电源正极与电池正极 |
| 2 | DC- | 750 | 125/250 | 直流电源负极，连接直流电源负极与电池负极 |
| 3 | PE | | | 保护接地，连接供电设备地线和车辆底盘地线 |
| 4 | S+ | 36 | 2 | 充电通信 CAN_H，连接非车载充电机与电动汽车的通信线 |
| 5 | S- | 36 | 2 | 充电通信 CAN_L，连接非车载充电机与电动汽车的通信线 |
| 6 | CC1 | 36 | 2 | 充电连接确认 1 |
| 7 | CC2 | 36 | 2 | 充电连接确认 2 |
| 8 | A+ | 36 | 20 | 低压辅助电源正极，非车载充电机为电动汽车提供低压辅助电源正极 |
| 9 | A- | 36 | 20 | 低压辅助电源负极，非车载充电机为电动汽车提供低压辅助电源负极 |

为了解决未来电动汽车大功率充电问题，德国汽车企业提出了组合式充电接口（Combined Charging）的概念，并得到了美国车企的响应，因此新的直流充电方式应运而生。相比较目前广泛使用的 CHAdeMO 充电方式，组合式充电接口具有以下特点：充电功率更高（100 kW 以上），可以大幅缩短停车等待时间；直流和交流车辆插座（Vehicle Inlet）合二为一，减小了车辆插座占用的空间，并降低了成本；兼容现有的交流充电设施；采用电力

载波通信方式（Power Line Communication），可扩展性强，便于今后有序充电技术的发展；直流充电只采用5芯连接，降低了充电线缆的成本。图2-48为标准正在制定中的交直流组合式充电接口。

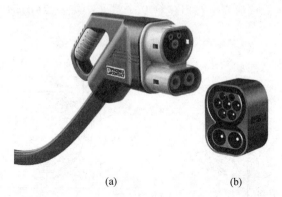

图2-48 标准正在制定中的交直流组合式充电接口
(a) 充电插头；(b) 充电插座

### 2.6.3 电动汽车的充电设施

电动汽车充电基础设施与燃油车的加油站作用类似，但也有其独有的特点：

（1）电动汽车的充电设备可以是公共的也可以是家用的，用户可以在公共充电站充电，也可以在自家车库为电动汽车充电，只要将电动汽车车载充电器的插头插到电源插座上即可；

（2）电动汽车用户可以选择利用夜间谷电充电，这样电价较为优惠；

（3）电动汽车充电系统会给电力系统带来一些不利的影响，如谐波污染、低功率因数和高电流需求等。

**1. 家庭用充电设施**

由于只需将车载充电机的插头插到停车场或其附近的电源插座上即可进行充电，因此对于需要为电动汽车充电的用户而言，在家充电是最可取的方式；而且由于充电速度较慢，只需几千瓦的功率即可，并且在家充电通常是在晚上用电谷期，因而有利于电能的有效利用。家用充电设施的基本要求是有一个配有电源的车库或停车场地，具体有两种不同的方式：

（1）对于拥有私人车库的家庭来说，只需安装一个专用的充电电源插座即可；

（2）对于带有停车场的公寓或多层住宅来说，可安装带保护回路的室外电源插座，保证其能够独立运行，而且应保证不经允许，居民不得靠近电源插座。

家用充电设施的计费方案相当简单，电动汽车可以视为一种用电设备，因此可直接采用现有的计价表和收费方法。很明显，家用充电方式的初始成本比较低。

2. 公共充电设施

公共充电设施基本上就是一些公共充电站，公共充电站应分布广泛，以保证用户能够随时为电动汽车充电。公共充电站又可以分为标准充电站、快速充电站和电池更换站3种。

1）标准充电站

标准充电站（又称充电桩）是为带车载充电机的电动汽车设计的，采用正常电流充电，一般分布在居民区或工作场所附近的停车场，规模较大，以便能够同时为很多电动汽车采用正常充电电流充电，充满电一般需要 5~8 h。实际应用时，电动汽车驾驶员只需将车停放在充电站的指定位置，接上电线即可开始充电。

2）快速充电站

快速充电站又称应急充电站，可以在短时间内为电动汽车充电，充电时间与燃油车加油时间接近。快速充电站可以提高电动汽车的使用方便性，但是也会给电力系统带来负面影响，如谐波污染、用电高峰的高电流需求等，另外对电池使寿命也会产生很大的影响。

在上述两种充电模式中，标准充电模式适用于办公楼或商场的停车场充电，快速充电则因充电电流大而通常在公共充电站进行。

3）电池更换站

除了及时给电池充电外，还可以采用更换电池组的方式，在电池电量耗尽时，用充满电的电池组进行更换，电池更换站就可以实现这一功能。这是一种非常有发展前景的充电站，这种电池更换站除了要配备大量充电机外，还需要电池更换设备以自动完成电池组的更换，同时还需要大量电池及电池存放区。

# 第三章 车用电动机

电动机是把电能转换为机械能，并利用通电线圈产生旋转磁场并作用于转子鼠笼式闭合铝框形成磁电动力旋转转矩的一种设备。电动机主要由定子与转子组成，通电导线在磁场中运动的方向与电流方向和磁场方向有关。电动机工作原理是通过磁场对电流的作用，使转子转动。

## 3.1 纯电动汽车用电动机

### 3.1.1 纯电动汽车用电动机的性能要求

纯电动汽车的动力性能取决于它的电动机驱动系统的性能。理想的纯电动汽车电动机驱动系统需要满足以下条件。

（1）具有高功率密度和高效率。纯电动汽车由于电池的使用增加了整车的质量，而电动汽车电池的容量又十分有限，因此为了增加续驶里程，应采用高功率密度和高效率的驱动电动机。

（2）具有较长的寿命和高可靠性，维修方便。

（3）体积小，以适合汽车有限的空间要求。

（4）电动机应具有较宽的调速范围，在低速运行时能提供大转矩，以满足起动和爬坡的要求；低转矩运行时能达到较高的速度，以满足汽车在平坦路面高速行驶的要求。

（5）瞬时功率大，过载能力强，过载系数应为3~5。

（6）控制系统控制准确、快速。

（7）在汽车减速时能实现高效、可靠的再生制动，从而将能量回收并反馈给蓄电池，使得电动汽车具有最佳能量的利用率。

（8）噪声小，以满足乘坐的舒适性。

（9）电磁辐射小，具有较好的电磁兼容性。

(10) 价格低廉,适于大规模生产制造。

电动机驱动系统是纯电动汽车的关键技术之一。电动机的特性与传统内燃机不同,且不同种类的电动机之间或同种电动机采用不同的控制方法,其输出特性都有着较大的差异。

### 3.1.2 纯电动汽车用电动机的分类

电动机的种类很多,用途广泛,功率覆盖面非常广。而纯电动汽车出于对功率容量、体积、质量、散热等条件的考虑,能采用的电动机种类较少。迄今为止,纯电动汽车采用的驱动电动机主要包括直流有刷电动机、感应电动机、永磁式同步电动机和开关磁阻式电动机等,如图3-1所示。

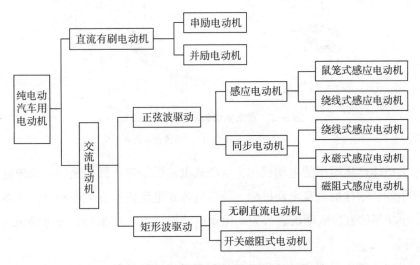

图3-1 纯电动汽车用电动机的分类

## 3.2 直流电动机及其驱动控制系统

直流电动机(DC Motor)在电动机体系中占有重要的地位,其控制理论也是电动机控制理论的基础。直流电动机驱动系统是发展最早、技术最成熟的一种电动机驱动系统,在早期的电动汽车中得到了广泛的应用。

### 3.2.1 直流电动机的工作原理与分类

直流电动机的基本工作原理如图3-2所示。两个固定的磁铁(上面为N极,下面是S极)之间安装了一个可以转动的圆柱体,称为电枢。电枢表面的槽里安装着两段导体 $ab$ 和 $cd$,两段导体的一端($b$端与$c$端)相互连接成一个线圈,称之为电枢绕组。电枢绕组的两端($a$端与$b$端)分别与一个可以旋转的半圆形导体相互连接,两个半圆形导体称为换向片，且相互绝缘，与电枢绕组同轴旋转。换向器上面压紧两个固定不动的电刷A、B，它们分别连接一个直流电源的正极和负极。图中电刷A连接到电源的正极，电刷B连接到电源的负极。当在如图3-2（a）所示位置时，ab段导体在N极之下，电流方向为由a到b，根据左手定则，其受力为逆时针方向。cd段导体在S极之下，电流方向为由c到d，其受力也为逆时针方向，电枢连同换向器将逆时针旋转；当导体与换向器旋转至图3-2（b）所示位置时，cd段导体转到N极之下，但其电流方向改变为由d到c，故其受力仍为逆时针方向。ab段导体转到S极之下，其电流方向改变为由b到a，受力仍为逆时针方向。因此，电动机可以进行连续的旋转，这就是直流电动机的工作原理。

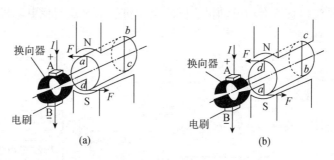

图3-2 直流电动机的基本工作原理

（a）电流由 $a$ 到 $b$；（b）电流由 $b$ 到 $a$

使用永久磁体产生磁场的电动机称为永磁式电动机；如果磁场是由直流电通过围绕铁芯的绕组产生的，这样的直流电动机称为绕组励磁式电动机。直流电动机的基本结构如图3-3所示，小功率的直流电动机通常为永磁式电动机，而大功率的直流电动机通常为绕组励磁式电动机。

直流电动机主要由固定不动的定子部分和可以旋转的转子部分组成。

定子部分由机座、主磁极、换向极和电刷组成。其中，机座起到支撑电动机和作为一部分主磁路的作用；主磁极由铁芯和套装在铁芯上面的励磁绕组组成，其作用是产生电动机的磁场，一般制成多极，但总是偶数，且N、S极相间出现，一个N极与一个S极称为一个极对。换向极的结构和主磁极相似，作用是减小电刷与换向器之间的火花；电刷是电枢电路的引入装置，把转动的电枢电路与不转的外电路进行连接，所以直流电动机通常也被称为直流有刷电动机。

转子部分由电枢铁芯、电枢绕组和换向器组成。其中，电枢铁芯为主磁路的一部分，通常由冲有齿和槽的硅钢片叠压而成，它的槽中嵌入电枢绕组；电枢绕组由一定数目的电枢线圈按一定规律连接组成，线圈由绝缘的导线绕成，当线圈中流过电流时，在磁场中受力产生电磁转矩；换向器由许多换向片组成，在直流电动机里，换向器实际起到的是逆变的作用。

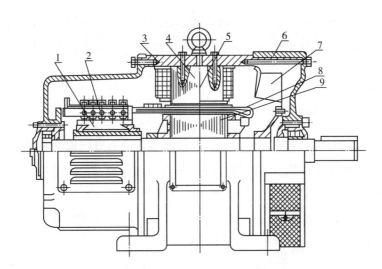

1—换向器；2—电刷装置；3—机座；4—主磁极；5—换向极；6—端盖；7—风扇；8—电枢绕组；9—电枢铁芯。

图3-3 直流电动机的基本结构

直流电动机励磁绕组的供电方式称为励磁方式，按照励磁方式的不同，可将直流电动机划分为他励式直流电动机和自励式直流电动机两种。他励式直流电动机为最简单的电动机形式，其励磁绕组的励磁电流由其他的独立直流电源供给，励磁绕组与电枢绕组在电路上互相独立，如图3-4（a）所示。自励式直流电动机的励磁绕组和电枢绕组由同一个电源供电，根据电路结构又分为并励式直流电动机、串励式直流电动机和复励式直流电动机。并励式直流电动机的励磁绕组和电枢绕组相并联，其励磁绕组端电压与电枢绕组的端电压相同，如图3-4（b）所示。串励式直流电动机的励磁绕组和电枢绕组相串联，其励磁绕组的电流与电枢绕组的电流相同，如图3-4（c）所示。复励式直流电动机的主磁极铁芯上面有两个励磁绕组，一个是和电枢相并联的并励绕组，一个是和电枢相串联的串励绕组，如图3-4（d）所示。直流电动机励磁消耗的功率不大，一般占电动机额定功率的1%~3%。

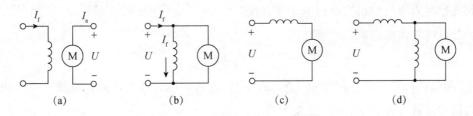

图3-4 直流电动机的励磁方式

(a) 他励；(b) 并励；(c) 串励；(d) 复励

直流电动机如果按其设计时的额定值运行，可以保证其可靠地工作，并有良好的性能。直流电动机的额定值有额定功率 $P_N$（kW）、额定电压 $U_N$（V）、额定电流 $I_N$（A）、额定转速 $n_N$（r/min）和额定励磁电压（V）等参数。电动机的额定功率是指电动机在额定运行状态下的输出功率。对于电动机，额定输出功率为机械功率 $P_N = U_N I_N \eta_N$，$\eta_N$ 为额定效率；对于发电机，额定输出功率为电功率 $P_N = U_N I_N$，额定电压为额定运行状态下电枢绕组的输入电压。

### 3.2.2 直流电动机的动态方程与特性分析

为了对电动机运行时的状态进行分析，可以通过建模的方法把电动机运行时的电气关系进行电路等效。直流电动机在稳态运行时（稳态运行指电动机的电压、电流、转速不再发生变化），其电枢电路可以等效为图3-5所示的等效电路。

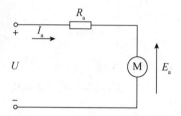

**图3-5 直流电动机稳态运行等效电路**

由图3-5可得

$$U = E_a + I_a R_a \tag{3-1}$$

式中：$U$ 为加在电枢回路两端的端电压（V）；$E_a$ 为电枢绕组在磁场中旋转产生的感应电动势，称为电动机的反电动势（V）；$I_a$ 为电枢绕组的电流（A）；$R_a$ 为电枢绕组的电阻（Ω）。

式（3-1）称为直流电动机的电枢电压方程，由电动机理论可知

$$E_a = K_e \Phi n \tag{3-2}$$

式中：$K_e$ 为电动机的电动势常数，是一个取决于电动机结构的常数；$\Phi$ 为电动机每极的磁通（Wb）；$n$ 为电动机的转速（r/min）。

由式（3-2）可知，电动机的感应电动势与每极磁通成正比，与电动机的转速成正比，此式称为直流电动机的电枢电动势方程。

由此可得直流电动机的电磁转矩

$$T = K_T \Phi I_a \tag{3-3}$$

式中：$T$ 为电动机产生的电磁转矩（N·m）；$K_T$ 为电动机的转矩常数，也是一个取决于电动机结构的常数，并且 $K_T = 9.55 K_e$。

式（3-3）称为直流电动机的电磁转矩方程。由此可知，电动机的电磁转矩与每极磁通和电枢电流均成正比。

由式（3-1）～（3-3）可得

$$n = \frac{U}{K_e \Phi} - \frac{R_a}{K_T \Phi K_e \Phi} T \tag{3-4}$$

方程（3-4）称为他励直流电动机的机械特性方程，也叫作外特性方程，该式反映了电动机转速与电动机输出的电磁转矩之间的关系。他励直流电动机的励磁电流 $I_f$ 一定时，电动机的磁通 $\Phi$ 为常数。当电动机的电枢端电压 $U$ 一定时，电磁转矩 $T$ 与转速 $n$ 之间为一函数关系 $n = f(T)$，所对应的函数曲线如图 3-6 所示，$n_0$ 为电动机的空载转速。图 3-6 称为他励直流电动机的机械特性曲线，也称为外特性曲线。电动机稳态运行时，电磁转矩 $T$ 的大小将取决于负载转矩的大小。

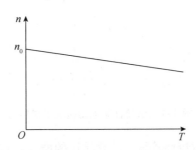

**图 3-6　他励直流电动机的机械特性曲线**

电动机运行的动态过渡过程如下：如果电动机在稳态运行中，负载转矩突然增加，会导致电动机减速运行，转速 $n$ 将减小。由式（3-2）可知，转速 $n$ 减小会导致电动机的反电动势 $E_a$ 减小；由式（3-1）可知，随电动机的反电动势 $E_a$ 减小，电动机的电枢电流 $I_a$ 将增大；又由式（3-3）可知，$I_a$ 的增大会导致电动机电磁转矩 $T$ 的增大，电动机又将加速运行。由于电枢电流的增加，导致消耗在电动机电枢电阻上的功率会加大，故电动机达到稳态时，电动机的转速不能恢复到原来的数值，会有所下降，但由于电枢电阻 $R_a$ 比较小，故电动机达到稳态时下降的转速并不大，其机械特性曲线为稍向下倾斜的直线。直线斜率越小，则机械特性越硬。

电枢电压 $U$、励磁电流 $I_f$ 都为额定值时的机械特性称为电动机的固有机械特性，也称自然机械特性。如果改变了电枢电压、励磁电流或电枢串接外电阻，这时的机械特性称为电动机的人为机械特性。

他励直流电动机的励磁电流与负载无关，而串励直流电动机的励磁电流与电枢电流相同，且随负载的变化而变化。电压方程的电阻除电枢电阻 $R_a$ 外，还有串励绕组的电阻 $R_f$，串励直流电动机的机械特性表达式为：

$$n = \frac{U}{K_e \Phi} - \frac{R_a + R_f}{K_T \Phi K_e \Phi} T \tag{3-5}$$

当电流较小，磁路不饱和时，磁通与电流成正比，$\Phi = K_\Phi I_a$（$K_\Phi$ 为励磁系数），与式（3-3）合并，可得：

$$n = \frac{\sqrt{K_T} U}{K_e \sqrt{K_\Phi T}} - \frac{R_a + R_f}{K_e K_\Phi} \tag{3-6}$$

此时机械特性如图3-7左半部分所示，转速随电磁转矩下降较快，机械特性较软。当电流较大，磁路饱和，磁通不再随电流变化而变化，这时其机械特性与他励直流电动机机械特性十分接近，为一略微向下倾斜的直线。但因串励直流电动机的电阻比他励直流电动机的电阻大一个串励绕组电阻，所以串励直流电动机的转速下降比他励直流电动机稍大，如图3-7右半部分所示。

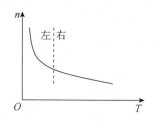

图3-7 串励直流电动机的机械特性

串励直流电动机由于机械特性较软，随着转矩的增大导致转速下降较快，所以不会因负载过大导致的电动机过载。但是由图3-7可知，负载转矩趋近零时，电动机转速将趋近无穷大，故串励直流电动机不允许空载运行，也不允许皮带传动，以免皮带脱落造成"飞车"现象。

串励直流电动机起动时磁路没有达到完全饱和，其起动转矩虽然不能与$I_a^2$成正比，但是也比他励直流电动机的起动转矩（与$I_a$成正比）大，故串励直流电动机适用于起动困难且不空载运行的机械。电动车辆需求的起动转矩大，且不会空载，故串励直流电动机在低速电动车辆上有着广泛应用。

当电动机的电磁转矩$T$方向改变时，电动机就可以反向拖动运行。由直流电动机的电磁转矩公式$T=K_e\Phi I_a$可知，改变磁通$\Phi$的方向或者改变电枢电流$I_a$的方向，都可以改变电磁转矩的方向，实现电动机的反转。他励直流电动机的励磁磁通$\Phi$的方向由励磁电流$I_f$的方向决定，改变励磁电压$U_f$的方向就可以改变励磁电流$I_f$的方向。但是，他励直流电动机的励磁绕组匝数比较多，具有较大的电感，反向磁通建立过程较慢，通常采用改变电枢电流$I_a$方向的方法实现电动机的反转。

电动汽车的制动分为机械制动和电气制动。机械制动与传统汽车相同，通过刹车片与制动盘之间的摩擦对汽车进行制动。对于电动机来说，还可以使用电气制动的方法。电动机在运行过程中，如果电磁转矩$T$与电动机转速$n$方向一致，那么$T$为拖动转矩，电动机运行在电动状态；如果电磁转矩$T$与电动机转速$n$方向相反，那么$T$为制动转矩，电动机就运行在制动状态。电动机的电气制动分为能耗制动、回馈制动和反接制动，能耗制动时，切断供电电源，将电枢绕组两端接通（通常串入一个限流电阻），因为电动机转速不能突变，电枢电动势$E_a$也不变，在电枢电动势$E_a$的作用下，电枢电流$I_a$反向，产生制动转矩；反接制动时，通过对供电电压的反接，产生反向的电枢电流进行制动；回馈制动时，设法使电枢电动势 $E_a$ 大于电枢电压 $U$，迫使 $I_a$ 反向，产生制动转矩，同时电动机向电源馈电。特斯拉电动车采用的制动技术是通过电动机中的旋转磁场速度与电动机转子转速的大小关系，让电机在电动机与发电机两种状态切换。汽车在行驶过程中，将会有大量的能量浪费在制动的损耗上，通过制动能量回收，可以对一部分汽车动能进行回收利用，对增加电动汽车的续驶里程具有一定的意义，制动能量回收是目前电动汽车电动机技术研究的焦点之一。

如图 3-8 所示，电动机正向电动运行时，电动机电磁转矩 $T$ 与转速 $n$ 都为正方向，这时电动机工作在转矩-转速坐标系的第一象限；电动机反向电动运行时，电磁转矩 $T$ 与转速 $n$ 方向都为负，电动机工作在第三象限；如果转速 $n$ 方向为正，电磁转矩 $T$ 方向为负，那么电动机工作在正向运行的制动状态，这时电动机工作在第二象限；如果转速 $n$ 方向为负，电磁转矩 $T$ 方向为正，那么电动机工作在反向运行的制动状态，这时电动机工作在第四象限。如果电动机在四个象限内都可以工作，我们说电动机可以进行四象限运行，这也是对电动汽车电动机的要求。

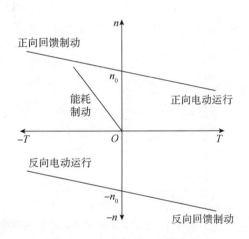

图 3-8 电动机的四象限运行

### 3.2.3 直流电动机的调速方法

由直流电动机的自然机械特性曲线可知，电动机的转速与电磁转矩存在着单值关系，而电动机在稳态时的电磁转矩是由负载转矩所决定的，故直流电动机工作在自然机械特性时的转速是无法控制的。由式（3-4）可知，如果改变电动机的电枢电压 $U$、磁通 $\Phi$ 或电枢回路电阻 $R_a$，就可以改变电动机的机械特性曲线。所以直流电动机的调速方法分为电枢降电压调速、电枢回路串电阻调速与改变磁通调速，电动汽车上通常采用电枢降电压调速和改变磁通调速。

由式（3-4）可知，如果改变了电动机的电枢电压，就改变了电动机的空载转速 $n_0$，而电动机机械特性曲线的斜率不受影响。故电动机工作在不同的电枢电压时，其机械特性曲线为一簇平行的直线，由于电动机不能工作在额定电压之上，故只能降低电枢电压进行额定转速 $n_N$ 向下调速，其机械特性曲线如图 3-9 所示。

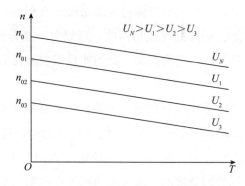

图 3-9  降低电枢电压时的机械特性曲线

如果直流电动机电枢电压不变，改变电动机的磁通，也可以改变电动机的机械特性。由于电动机的磁通不能超过其磁路饱和状态时的磁通，故只能减小磁通进行调速。由式（3-4）可知，如果降低了磁通 $\Phi$，其空载转速 $n_0$ 将会增大，机械特性曲线的斜率也会发生改变。他励直流电动机的弱磁调速机械特性曲线如图 3-10 所示，属于额定转速以上的向上调速。

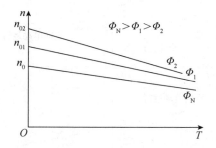

图 3-10  他励直流电动机弱磁调速机械特性曲线

随着电力电子技术及微控制器技术的发展，直流电动机的降电压调速与弱磁调速都可以实现无级调速。两者配合起来即可实现双向调速，基速以下采用降压调速，基速以上采用弱磁调速。

电动机调速时所带负载的能力，可以用电动机允许输出的转矩和允许输出的功率来表示。确定允许输出的转矩和功率大小的前提条件是合理地使用电动机，电动机在不同转速下运行时，电枢电流都等于额定值不变时，电动机为最合理地使用。故用电动机电枢电流 $I_a=I_N$ 不变时，电动机允许输出的转矩和功率来表示电动机带负载的能力。降低电枢电压调速时，若保持 $I_a=I_N$ 不变，电磁转矩 $T=K_T\varphi I_N=T_N$ 也基本保持不变，我们称这种调速方式属于恒转矩调速。在恒转矩调速时，电动机允许输出的转矩保持不变，且与转速无关，这时允许输出的功率与转速成正比变化。在电动机的弱磁调速时，若保持 $I_a=I_N$ 不变，电动机功率也基本保持不变，一般称这种调速方式属于恒功率调速。在恒功率调速时，电动机允许输出的功率保持不变，且与转速无关，这时允许输出的转矩与转速成反比变化。图3-11为恒转矩调速与恒功率调速的配合方式。在基速以下时，采用降低电枢电压的恒转矩调速方式，这时励磁磁通为额定状态；基速以上时采用降低磁场磁通的恒功率调速方式，这时电枢电压为额定值。需要指出的是，恒转矩调速方式与恒功率调速方式，都是用来表征电动机采取某种调速方式时带负载的能力，并不是指电动机的实际输出。在电动机实际运行时，电磁转矩的大小取决于负载转矩的大小。恒转矩与恒功率的含义是若保持$I_a = I_N$不变，可以恒转矩输出和恒功率输出。如果电动机电流可以超过额定值运行，可以用$I_a = I_{max}$时的转矩及功率来确定恒转矩曲线及恒功率曲线。

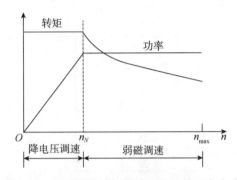

图3-11 恒转矩调速与恒功率调速的配合方式

### 3.2.4 直流电动机的脉宽调制控制

脉宽调制（Pulse Width Modulation，PWM）控制方法是对电动机的电枢电压大小进行控制的主流方法，其控制原理如图3-12所示。

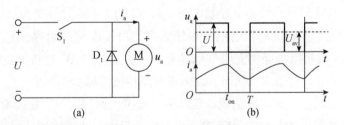

图3-12 PWM控制原理

(a) 电路图；(b) 电枢电压与电流图

图3-12（a）中，当开关$S_1$接通时，电源电压加到电动机电枢两端，电动机旋转，同时电枢电感储存能量；当开关$S_1$断开时，电源停止向电动机提供能量，但电枢电感存储的能量通过与电动机电枢反向并联的二极管续流，电流降为0之前，电动机仍然能继续旋转，开关以极高的频率不停地闭合和断开，电枢电压和电流如图3-12（b）所示。电枢电压的平均值$U_{av}$为

$$U_{av} = \frac{1}{T}\int_0^T u_a \mathrm{d}t = \frac{1}{T}\int_0^{t_{on}} U \mathrm{d}t = \delta U \tag{3-7}$$

式中：$\delta$为占空比，为开关导通时间与导通周期的时间比，其变化范围为0~1。

电枢电压的平均值 $U_{av}$ 由电源电压和占空比所决定，这样就可以通过控制占空比 $\delta$ 的大小来控制电动机的电枢电压，实现对电动机的调压控制。

目前，在 PWM 控制中，通常使用定频调宽法来改变占空比的值，即保持周期 $T$（或频率）不变，改变开关导通时间 $t_{on}$（通过高频 PWM 信号控制开关 $S_1$ 的导通与关断）来改变占空比的大小。

电动汽车的驱动电动机通常需要进行四象限运行，通过采取如图 3-13 所示的"H桥"电路即可实现对直流电动机的四象限运行控制及制动方式的控制。其中，$VT_1 \sim VT_4$ 为开关管，$VD_1 \sim VD_4$ 为续流二极管。

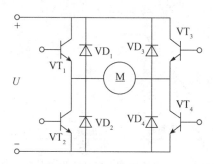

图 3-13　直流 PWM 控制"H 桥"电路

对于图 3-13 所示的桥式电路，以电动机正向旋转为例，可以控制电动机工作在以下 4 种状态，并且不存在电流断续的状态。

(1) 电动状态。当 $V_1$、$V_4$ 导通，$V_2$、$V_3$ 关断时，电动机电枢绕组通过正向电流，电动机工作在正向电动运行状态。

(2) 电动续流状态。当处于电动状态时，若 $V_1$ 的 PWM 信号变为低电平时，$V_1$ 管将关断，$V_4$ 继续导通。此时电动机电枢的电压为零，由于电枢绕组存在感性，其电流不能突变，电枢绕组的自感电动势将克服反电动势 $E_a$ 通过 $V_4$ 与 $D_2$ 进行续流，电动机消耗存储在电感中的能量进入电动续流状态，此时电流将持续衰减。

(3) 能耗制动状态。如果电动机续流结束，将 $V_2$ 管打开，$V_4$ 管关断，此时因为电动机继续正向旋转，反电动势 $E_a$ 方向不变，电动机在反电动势的作用下将通过 $V_2$、$D_4$ 产生一个反向的电流，电动机相当于工作在能耗制动的状态。

(4) 再生制动状态。在能耗制动时，如果使 $V_2$ 关断，电流失去续流通路将会迅速减小，电流的减小会感生出与电源电动势方向相反的感生电动势，通过二极管 $D_1$、$D_4$ 对电源馈电，实现再生制动。

同样，电动机反向运行时也可以通过控制实现以上 4 种状态。

### 3.2.5　直流电动机的转矩与转速控制

若对电动机的运行进行精确控制，就须对电动机的电磁转矩进行控制。因为作用在电动机上的合转矩为电动机电磁转矩与负载转矩之差，而转速为转矩的积分，位置为速度的积分，只要控制了电动机的电磁转矩，就可以控制电动机的速度或是位置，实现对电动机动态特性的控制。直流电动机的转矩在主磁极励磁磁通保持恒定的情况下与电枢电流成线性关系，通过对电枢电流闭环控制就可以实现快速而准确的转矩控制，如图3-14所示。由检测到的电枢电流 $I_a$ 求得电动机的实际转矩 $T$，给定转矩 $T^*$ 与实际转矩 $T$ 取差后通过转矩控制器进行调节，得出电动机电枢的给定电压 $U$，通过PWM控制后给电动机供电。

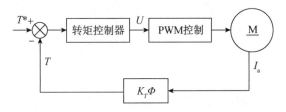

图3-14 直流电动机的转矩闭环控制

如果希望精确控制电动机的转速，可以在转矩环外面再加上一个转速闭环控制，给定转速 $n^*$ 与实际转矩 $n$ 取差后通过转速控制器进行调节，得出电动机电枢的给定转矩 $T^*$，如图3-15所示。转矩环在内，可以充分利用电动机的过载能力以获得快速响应；转速环在外，可以实现转速的无静差调节，这种控制方法也叫作直流电动机的双闭环控制。

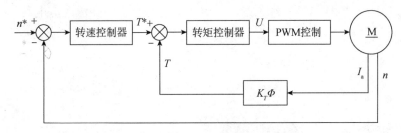

图3-15 直流电动机的转速、转矩闭环控制

### 3.2.6 直流电动机的特点

由于直流电动机的转矩与电枢电流成正比，故直流电动机可以通过简单的控制方法获得良好的动态控制性能。例如，通过对直流电动机电枢电压的控制，实现基速以下调速；通过对励磁绕组电流的控制，实现电动机的弱磁升速。直流电动机可以快速地进行起动、制动、正反转，并且在低速时可以平滑地运转。他励、并励、串励、复励的直流电动机在实际中都得到了应用，串励直流电动机还具有低速时自动获得大转矩的优点，符合汽车所要求的转矩特性。

但是，由于直流电动机需要通过电刷和换向器进行换向，容易造成电刷和换向器的磨损，换向不良时还会产生火花。因此，直流电动机的可靠性较差，必须定期进行维护。此外，直流电动机不适合进行高速运转，且同等功率下，直流电动机体积、质量较大。现阶段，在大功率的电动车辆中，直流电动机已经被更加坚固、耐用的交流电动机所取代，但是在小功率的电动车辆中，由于直流电动机价格低廉、控制简单、技术成熟，在一段时间内还将继续存在。

## 3.3 交流感应电动机及其驱动系统

交流感应电动机（AC Induction Motor）又称异步电动机（Asynchronous Motor），它有着结构简单、价格低廉、坚固耐用、运行可靠等特点，在大功率电动汽车中有着广泛的应用。

### 3.3.1 交流感应电动机的工作原理

交流感应电动机也是由定子和转子两大部分组成的，定子主要由定子铁芯、定子绕组和机座3部分组成。定子铁芯为主磁路的一部分，由硅钢片叠压而成，在其内圆周上充满槽，槽内安放三相对称绕组，三相绕组常按星形方式连接。转子是由转子铁芯、转子绕组和轴承组成。转子铁芯也是主磁路的一部分，也由硅钢片叠压而成。转子绕组分为笼型转子绕组（见图3-16）和绕线型转子绕组（见图3-17）。笼型转子绕组为自动闭合的对称多相绕组，它由插入每个转子槽中的导条和两端的端环构成，一根导条为一相绕组。由于笼型转子结构简单，制作方便，经久耐用，因此电动汽车上的交流感应电动机一般为笼型转子结构。

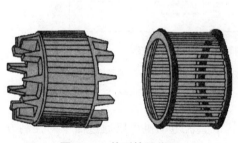

图3-16 笼型转子绕组

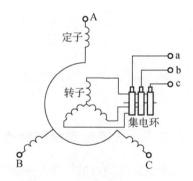

图3-17 绕线性型转子绕组

交流感应电动机的工作原理如图3-18所示，三相对称的定子绕组通上三相交流电之后，将在气隙上产生一个旋转磁场，旋转磁场的转速 $n_1$ 取决于电动机的磁极对数 $p$ 和三相交流电的频率 $f$，$n_1 = 60f/p$。这个旋转磁场切割转子的绕组，在转子绕组中感应出感生电动势，产生感生电流，该电流与旋转磁场相互作用，产生电磁转矩，使转子跟随旋转磁场同方向旋转。如果转子的转速 $n$ 与旋转磁场转速相同，那么旋转磁场与转子绕组没有相互运动，旋转磁场不再切割转子绕组，就不能在转子中产生感生电动势，也就不能产生转子电流和电磁转矩。因此，转子的转速 $n$ 永远也赶不上旋转磁场的转速 $n_1$，即不可能达到同步，这就是交流感应电动机也被称为"异步电动机"的原因。$\Delta n = n_1 - n$ 称为转速差，$s = \Delta n/n_1$ 称为转差率。一般交流感应电动机的转差率为 0.02~0.05。

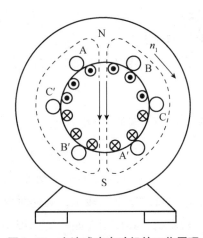

图 3-18 交流感应电动机的工作原理

感应电动机的额定值也有额定功率 $P_N$（kW）、额定电压 $U_N$（V）、额定电流 $I_N$（A）、额定转速 $n_N$（r/min）和额定频率（Hz）等参数。其中，额定功率指电动机的输出功率；额定电压、额定电流是指额定运行时定子的线电压和线电流；额定转速指额定运行时的转子的转速；额定频率指通入定子三相交流电的频率。

### 3.3.2 交流感应电动机的特性分析

由电动机理论可知，当通入交流感应电动机三相交流电的电压、频率都为固定值时，其机械特性曲线如图 3-19 所示。

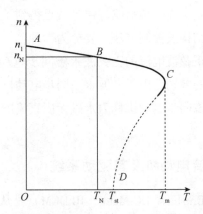

图 3-19 交流感应电动机的机械特性曲线

$A$ 点为同步运行点，该点 $T=0$，$n=n_1$，此时电动机不能进行能量转换。

$B$ 点为额定运行点，此时电动机为额定运行状态。

$C$ 点为最大转矩点，此时电动机转矩达到最大值，所对应的转差率 $s_m$ 为额定转差率。在 $0<s<s_m$ 时，转矩随着转速的增加而减小；$s>s_m$ 时，转矩随着转速的减小而减小，如果电动机在此区域内工作，那么负载稍有扰动，就会造成电动机运行状态的不稳定，故电动机工作时应保证 $0<s<s_m$。

$D$ 点为起动点，所对应的转矩为起动转矩。由图可知，该点的转矩小于电动机的最大转矩，这不符合汽车低速大转矩的要求。

综上所述，交流感应电动机在固定电压和频率时的运行状态不适于汽车牵引的要求，必须加以控制来改变其特性。

### 3.3.3 交流感应电动机的特点及应用

与直流电动机相比，交流感应电动机本身的结构简单、体积小、质量轻、寿命长，笼型交流感应电动机更加可靠耐用，甚至可以免维护。交流感应电动机可以获得很高的转速，并有较高的调速范围，低速时可以获得大转矩，高速时效率高。从电动机的控制性来看，交流感应电动机的控制比较复杂，其控制性能一度比较差，但近年来随着电力电子技术和数字信号处理器技术的不断进步，以及各国学者对交流感应电动机控制技术研究的不断深入，交流感应电动机的控制性能能得到大幅度的提高，已经接近直流电动机的控制性能，可以满足电动汽车的动力性要求。从成本方面来看，交流感应电动机本体的成本要比直流电动机低，控制器的成本较高，但随着电力电子技术的进步，控制器的成本也在逐渐地降低。目前，交流感应电动机在电动汽车上已经得到很多的应用，尤其是在高速大功率的电动汽车上。因此，交流感应电动机有着很不错的应用前景。

## 3.4 永磁同步电动机及其驱动系统

永磁同步电动机由于其效率高、转矩响应快等特点得到了广泛的应用。电动汽车用的交流永磁同步电动机根据其结构及控制方法主要分为 2 种，一种是通以方波电流的方波永磁同步电动机，一种是通以正弦波电流的正弦波永磁同步电动机。2 种电动机的结构基本相同，但控制方法有着很大的差别。由于方波永磁同步电动机控制方法与直流有刷电动机类似，因此习惯上把方波永磁同步电动机称为永磁无刷直流电动机，而把正弦波永磁同步电动机称为永磁同步电动机。

### 3.4.1 永磁无刷直流电动机及其驱动系统

永磁无刷直流电动机（Brushless DC Motor，BLDCM）是从永磁有刷直流电动机的基础上发展而来的。对于永磁有刷直流电动机而言，由于其电刷和换向器直接接触，因此存在造价高、噪声大、换向时会产生火花、电磁干扰大、寿命短和可靠性差等问题，大大限制了其使用范围。基于上述弊端，20 世纪 60 年代研制出了以电子换向代替机械换向的永磁无刷直流电动机。

1. 永磁无刷直流电动机的结构和工作原理

永磁无刷直流电动机的结构与永磁有刷直流电动机类似，只不过永磁有刷直流电动机的永久磁体是在定子上，电枢绕组在转子上；而永磁无刷直流电动机的电枢绕组被设在定子上，永久磁体被设置在转子上。永磁无刷直流电动机主要由电动机本体、位置传感器和电子开关电路 3 部分组成。电动机的定子绕组和交流电动机的定子绕组很相似，一般制成多相（通常为三相或四相），多为星形连接且无中线引出；转子由一定极对数的永磁体镶嵌在铁芯表面或嵌入铁芯内部构成。图 3-20 为一四极永磁无刷直流电动机的结构，其截面图如图 3-21 所示。

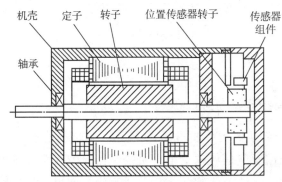

图 3-20 四极永磁无刷直流电动机结构　　图 3-21 四极永磁无刷直流电动机截面图

在永磁有刷直流电动机中，电动机的电枢在转子上，定子的作用是产生固定不变的磁场。为了使电动机能够旋转，需要通过换向器和电刷不断改变电枢绕组中的电流方向，使励磁磁场和电枢电流产生的磁场始终保持相互垂直，从而产生恒定的转矩驱动电动机不断旋转。如果给永磁无刷直流电动机的电枢通上不变的直流电，只会产生不变的磁场，而转子为极性固定的永久磁体，电动机无法进行旋转。为了让电动机能够旋转起来，必须使定子绕组的电流随着永磁体的旋转而不断的换向。永磁无刷直流电动机的换向是通过位置传感器和电子换向电路来实现的，即利用位置传感器实时地检测出转子磁极的位置，然后利用电子换向电路按照一定的逻辑驱动与电枢绕组相连的功率开关管，对定子绕组进行电流换向。电动机旋转过程中，从定子看来，在任一绕组下面的永磁体极性虽然不断地交替更换，但绕组中的电流也随着永磁体极性的更换而更换；从转子看来，在任一转子磁极下的定子绕组虽然不断地改变，但它们中通过的电流方向始终不变。因此，就一直产生同方向的电磁转矩，电动机就可以不停地进行旋转，这就是永磁无刷直流电动机的电子换向原理。

永磁无刷直流电动机的位置传感器起着检测转子磁极位置的作用，并为逻辑控制电路提供正确的换向信号。永磁无刷直流电动机应用的位置传感器有电磁式、光电式和霍尔式 3 种，它们都是将转子的磁极位置信号转换成电信号，并反馈给控制器来控制定子绕组进行电流换向。目前，永磁无刷直流电动机中多使用体积小、使用方便且价格低廉的霍尔传感器。

下面以三相永磁无刷直流电动机为例，来说明其工作过程，图 3-22 为三相永磁无刷直流电动机的工作原理（简化为一对磁极）。电动机的定子绕组分别为 A 相、B 相、C 相，每相在空间上间隔 120°的电角度，每相上放置一个位置传感器，每相电流的通断由一个电子开关管控制。

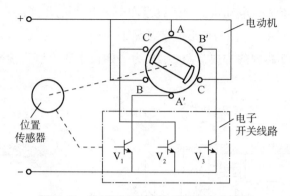

图3-22 永磁无刷直流电动机的工作原理

永磁无刷直流电动机的转子位置与通电绕组的关系如图3-23所示。当转子处于图3-23（a）所示位置时，B相的位置传感器发出感应信号送给电动机控制器，控制系统输出控制信号将开关管 $V_1$ 导通，A相绕组通电，元件边A电流方向为垂直纸面向里，元件边A'电流方向为垂直纸面向外，A相绕组产生的磁场与转子永磁体相互作用，产生电磁转矩推动转子逆时针旋转；当转子转过120°电角度到达图3-23（b）所示位置时，C相的位置传感器发出感应信号送给电动机控制器，控制系统输出控制信号将开关管 $V_2$ 导通，B相绕组通电，继续产生逆时针方向的电磁转矩；当转子再转过120°电角度到达图3-23（c）所示位置时，A相的位置传感器发出感应信号，开关管 $V_3$ 导通，C相绕组通电，依旧产生逆时针方向的电磁转矩，推动转子旋转至图3-23（d）所示位置，这样就又回到原来的状态，如此循环，电动机就可以不停地旋转。

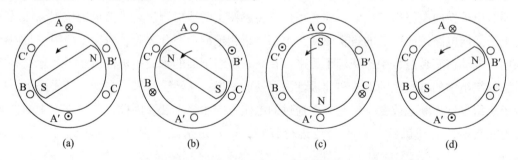

图3-23 永磁无刷直流电动机的转子位置与通电绕组的关系
(a) 起始位置；(b) 转过120°；(c) 转过240°；(d) 转过360°

2. 永磁无刷直流电动机的驱动

永磁无刷直流电动机的驱动电路可分为半桥式和全桥式2种，每种方式又分为星形连接和三角形连接2种。在现代工业中，星形连接的全桥式驱动电路得到了广泛的应用，其电路如图3-24所示。$V_1 \sim V_6$ 为6个可控开关管，分为 $V_1V_4$、$V_3V_6$、$V_5V_2$ 3个组，$V_1$、$V_3$、$V_5$ 称为上桥臂管，$V_4$、$V_6$、$V_2$ 称为下桥臂管，每个开关管反向并联一个续流二极管。该电路中的晶体管有多种逻辑导通方式，下面以最常用的二二导通方式为例来说明换向过程。二二导通方式就是每次使两个开关管同时导通,在每个360°电角度周期内,开关管导通顺序为 $V_1V_2$、$V_2V_3$、$V_3V_4$、$V_4V_5$、$V_5V_6$、$V_6V_1$,一共有6种导通状态,每种导通状态持续60°电角度,每个开关管持续导通120°电角度,每更换一种状态更换一个导通的开关管。以A相绕组元件边A位置为0°角度,逆时针为正,当转子N极处于图3-23转子磁极0°~60°位置时(A-C′间),令 $V_1V_2$ 导通,电流流向为电源正极→$V_1$→A相绕组→C相绕组→$V_2$→电源负极,A相绕组流过正方向电流,C相绕组流过反方向电流。参照图3-23,绕组A、C′电流为垂直纸面向里,绕组A′、C电流为垂直纸面向外,合成磁场方向为B′-B,可判断合成转矩为逆时针方向,转子将逆时针方向旋转。当转子转到60°~120°位置时(转子N极正对C′),这时将开关管 $V_2V_3$ 导通,电流流向为电源正极→$V_3$→B相绕组→C相绕组→$V_2$→电源负极,B相绕组流过正方向电流,C相绕组流过反方向电流,合成磁场方向为A-A′,合成转矩仍为逆时针方向。其他状态依此类推,电动机将一直进行旋转。

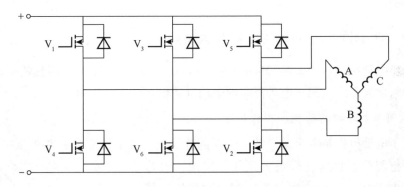

图3-24　星形连接绕组三相全桥驱动电路

永磁无刷直流电动机实现反转的原理与有刷直流电动机一样,即只要改变电枢电流的方向就可以改变电磁转矩的方向。因此,借助逻辑判断来改变开关管的导通顺序,就可以实现电动机的反转。图3-23所示的电动机绕组与图3-24所示的驱动电路,在每个360°电角度周期内(顺时针为正),反转时开关管导通顺序为 $V_3V_4$、$V_2V_3$、$V_1V_2$、$V_1V_6$、$V_5V_6$、$V_4V_5$。

3. 永磁无刷直流电动机的PWM控制

虽然永磁无刷直流电动机的工作原理与永磁有刷直流电动机不同,但其机械特性曲线和有刷直流电动机非常相似,也可以采用PWM控制方法对其进行调压控制。

对于永磁无刷直流电动机的PWM控制方式,目前比较一致的观点是从换向的开关损耗、散热方面和换向过程中的转矩脉动方面来看,PWM_ON方式要优于其他的方式。

永磁无刷直流电动机也可以实现转矩闭环控制,还可以进一步实现转速闭环控制,其控制原理与有刷直流电动机相同。

4. 永磁无刷直流电动机的特点及应用

永磁无刷直流电动机不仅继承了直流电动机调速性能好的优点,还具有交流电动机结构简单、运行可靠、维护方便的优点。此外,永磁无刷直流电动机由于采取了永磁体的励磁方式,没有励磁的功率损耗,因此具有很高的效率。永磁无刷直流电动机采用的永磁体具有非常高的磁通密度,在相同的条件下,永磁无刷直流电动机体积更小、质量更轻。

由于永磁直流无刷电动机在运行过程中,定子通电产生的磁场为在空间上跳跃式旋转的磁场,因此永磁无刷直流电动机在运行过程中存在着较大的转矩脉动,这会影响电动机的控制性能。很长时间以来,国内外的研究人员对永磁无刷直流电动机的转矩脉动问题做了大量的研究,提出了一些削弱和补偿的方法,但是还不能从根本上消除转矩的脉动问题及由转矩脉动带来的噪声问题。

表面贴装式的永磁无刷直流电动机的转速因受转子磁轭与永磁体之间安装的机械强度影响,不能进行高速运行。此外,永磁无刷直流电动机受其结构及控制方式的影响,很难进行弱磁升速控制。

现在,永磁无刷直流电动机在微型、小型的电动车辆中已经得到了广泛的应用,有着很大的应用前景。

### 3.4.2 永磁同步电动机的结构及其特点

永磁同步电动机(Permanent Magnet Synchronous Motor,PMSM)因其效率高、控制精度高、转矩密度大而广泛用于电动汽车的驱动电动机。

1. 永磁同步电动机的结构和工作原理

永磁同步电动机也是由定子和转子两大部分组成,其工作原理如图3-25所示。定子由铁芯、电枢绕组、机座、端盖等几部分组成,铁芯由硅钢片叠制而成,电枢绕组也为三相对称绕组,其结构与交流感应电动机定子结构基本相同。转子为永久磁体,多采用稀土材料制作而成。永磁同步电动机的定子三相对称绕组如果通上三相对称的交流电之后,会流过三相对称的电流,并产生一个圆形的旋转磁场(用一旋转的永磁体代替),这个旋转磁场与转子永磁体的磁场相互作用,将会拖动转子进行旋转。与交流感应电动机不同,旋转磁场的转速与电动机转子的转速一定是相同的,不可能有转速差。因为如果存在着

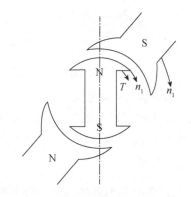

图3-25 永磁同步电动机的工作原理

转速差,旋转磁场和转子磁极的位置就会不断地发生改变,即一段时间内旋转磁场和转子磁场N、S极相对,旋转磁场拖动电动机旋转;过一段时间旋转磁场和转子磁场N、N极相对,旋转磁场阻碍电动机旋转。这样交替运行,电动机所受平均力矩为零,电动机不能运转。因此,永磁同步电动机工作时转子转速必须与旋转磁场转速相同,二者在空间的相对位置保持不变,这样转子磁场才能有稳定的磁拉力,形成固定的电磁转矩,这也是其被称为"同步电动机"的原因。

为了充分利用和发挥永磁材料的特性,通常将具有矩形截面的条形永磁体粘贴在转子

铁芯表面或镶嵌在转子铁芯中。永磁同步电动机转子结构如图 3-26 所示。不同结构的转子具有不同的特性，插入式和内装式永磁体转子具有凸极效应，漏磁系数较大，气隙磁通相对较小，转子结构比较坚固，允许在较高的速度下运行；面装式永磁体转子基本没有凸极效应，漏磁系数较小，气隙磁通相对较大，为了提高其结构强度，可以将非磁性材料绑扎在转子外表面，以适应高速运行的情况。

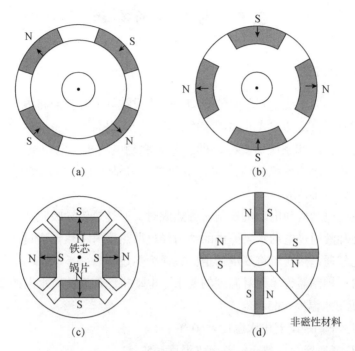

图 3-26 永磁同步电动机转子结构

(a) 面装式永磁体转子结构的剖面图；(b) 插入式永磁体转子结构的剖面图；
(c) 径向充磁的内装式永磁体转子结构的剖面图；(d) 横向充磁的内装式永磁体转子结构的剖面图

2. 永磁同步电动机的矢量控制

永磁同步电动机三相对称定子绕组通上三相对称交流电之后，在定子中感应出的电动势呈正弦波变化，因此，永磁同步电动机也可以采用矢量控制算法进行控制。

3. 永磁同步电动机的特点及应用

在电动汽车驱动电动机里，永磁同步电动机具有很多的优点。永磁同步电动机的功率密度大，使得其具有体积小、质量轻的优点；与交流感应电动机相比，永磁同步电动机不需要励磁电流，可以显著地提高功率因数，减少定子铜耗，而且永磁同步电动机在 25% ~ 120% 额定负载范围内均可保持较高的效率和功率因数，使轻载运行时节能效果更为显著；永磁同步电动机磁通密度高、动态响应快，高永磁磁通密度、轻转子质量使其具有高转矩惯量比，有效提高了动态响应能力；与直流电动机和电励磁同步电动机相比，永磁同步电动机的可靠性高；通过矢量控制，永磁同步电动机具有精确的可控制性。

永磁同步电动机也有着一些缺点，由于采取永久磁体的励磁方式，失去了励磁调节的灵活性，可能会出现退磁效应；大容量永磁体制作困难，永磁同步电动机现在还只能在中小功率的汽车中使用；另外，永磁体的价格偏高，制约了永磁同步电动机的使用范围。

从永磁同步电动机的综合性能与实际应用来看，在中小功率的电动汽车里，永磁同步电动机具有广阔的应用前景。

## 3.5 电动机的冷却

### 3.5.1 冷却方式

驱动电动机及动力系统控制单元的冷却一般集成在一个冷却回路内，称为电动机冷却系统。冷却方式有自然冷却方式和强制水冷方式，为了提高动力系统的效率，一般采用强制水冷方式。电动机冷却系统需要冷却的单元有驱动电动机、电动机控制器、DC/DC变换器及车载充电器。冷却系统的组成包括散热器、电动水泵、冷却液循环回路、电子风扇、除气室和水温传感器等。

冷却液在流经电动机和电动机控制器等热源时，通过热传导吸收热源的热量成为高温冷却液，高温冷却液通过电动水泵提供的动力经过散热器时将热量通过热传导传递给散热器芯体，冷却空气通过热对流将热量带走，完成换热过程。

按照电动机、控制器等单元对温度的要求，电动机冷却系统对水温的要求如下：

(1) 电动机出水温度≤65 ℃；

(2) 电动机/车辆控制器出水温度≤60 ℃；

(3) DC/DC变换器及车载充电器出水温度≤57 ℃。

冷却液循环管路务必保证其具有良好的密封性，被冷却单元的工作温度越低其效率越高，所以要求尽量降低被冷却单元的工作温度。

### 3.5.2 冷却系统的关键部件

1. 电动水泵

电动水泵是冷却液循环的动力元件，其主要作用是对冷却液加压，促使冷却液在冷却系统中循环，以带走系统中的热量。电动水泵一般采用的是永磁无刷直流电动机，其浮动式转子与叶轮制成一体。严禁电动水泵在没有冷却液的情况下空载运行，否则将使转子和定子磨损，并最终导致水泵损坏。电动水泵电器接插件位于水泵后盖上，接插件为两线，分别为正极和负极。电动水泵安装在车身右纵梁前部下方，位于整个冷却系统较低的位置，水泵自带橡胶支架，起到降低噪声的作用。

2. 电子风扇

电子风扇采用两挡调速风扇，可提高流经散热器、冷凝器的空气流速和流量，以增强散热器的散热能力，并可冷却机舱其他附件。电动水泵与电子风扇均由整车ECU根据热源（电动机、电动机控制器和充电器）的温度进行控制。由于电子风扇同时给冷凝器、散热器提供强制冷却风,故其运行策略受空调压力与整车热源温度双向控制,二者择高不择低。

3. 膨胀水箱

膨胀水箱为冷却系统冷却液的排气、膨胀、收缩提供受压容积,同时也可作为冷却液加注口。手工加注流程为:打开膨胀水箱盖、水箱放水阀;排空冷却系统;关闭放水阀;一次加注;起动车辆,运转水泵;二次加注;关闭膨胀水箱盖。

# 第四章 纯电动汽车底盘

纯电动汽车与传统汽车一样,底盘是整个电动汽车的基体,起着支撑蓄电池、电动机、电机控制器、汽车车身、空调及各种辅助装置的作用,同时也可将电动机的动力进行传递和分配,使汽车按驾驶人的意志(加速、减速、转向、制动等)行驶。按传统汽车的归类,汽车底盘应包括传动、行驶、转向和制动四大系统。对于纯电动汽车,其传动系统由于驱动方式的不同有所简化,主要是变速装置得到大大简化。行驶系统包括车桥、车架、悬架、车轮和轮胎,如采用轮毂电动机驱动则可以将车桥省去;车架是整个汽车的装配基体,其作用主要是支撑连接汽车的各零部件,承受来自车内和车外的各种载荷;悬架是车架(或车身)与车轮(或车桥)之间的传力连接装置的总称,主要由弹性元件、减震器和导向机构等组成,它与充气轮胎一起缓冲不平路面对车辆的冲击;车轮主要由轮辋、轮辐和橡胶轮胎等组成,其内部还需要安装制动器,也有可能安装轮毂电动机,所以结构很紧凑。

## 4.1 传动系统

### 4.1.1 纯电动汽车的电动驱动系统类型

按照组成和布置形式,纯电动汽车的电动机驱动系统分为机械传动型、无变速器型、无差速器型和电动轮型 4 种。纯电动汽车驱动系统可能的布置形式如图 4-1 所示,其中 C (Clutch) 代表离合器;D (Differential) 代表差速器;FG (Firm Ratio Gearbox) 代表固定速比齿轮箱;GB (Gearbox) 代表变速箱;M (Motor) 代表电动机。

机械传动型纯电动汽车的驱动系统布置形式如图 4-1 (a) 所示,它是以燃油汽车发动机前置、后轮驱动的结构为基础发展而来的,保留了内燃机汽车的传动系统,不同之处是内燃机换成了电动机。这种结构可以确保纯电动汽车的起动转矩及低速行驶时的后备功率,对驱动电动机要求低,因此可选择功率较小的电动机。

无变速器型纯电动汽车驱动系统的一种布置形式如图 4-1 (b) 所示,该结构的最大特点是取消了离合器和变速器,采用固定速比减速器,通过控制电动机来实现变速功能。

这种结构的优点是机械传动装置的质量轻、体积小，但要求电动机具有较高的起动转矩和较大的后备功率，以保证纯电动汽车的起步、爬坡、加速等动力性能。无变速器型纯电动汽车驱动系统的另外一种布置形式如图4-1（c）所示，这种结构与传统燃油汽车的发动机横向前置、前轮驱动的布置方式类似，将电动机、固定速比减速器以及差速器集成，两根半轴连接驱动车轮，在小型电动汽车上应用十分普遍。

无差速器型纯电动汽车驱动系统的布置形式如图4-1（d）所示，这种结构采用双电动机，通过固定速比减速器来分别驱动两个车轮，可以实现对每个电动机转速的独立调节。因此，当汽车转向时，可以通过电动机控制系统控制两个车轮的差速，从而实现转向的目的。但是，这种结构的电动机控制系统相对来说比较复杂。

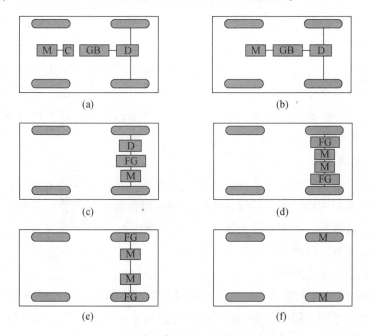

图4-1 纯电动汽车驱动系统可能的布置形式

（a）电动机后接离合器、变速箱和差速器的驱动形式；（b）电动机后接变速器和差速器的驱动形式；
（c）电动机接固定减速比齿轮箱和差速器的驱动形式；
（d）两套独立的电动机接固定减速比齿轮箱的驱动形式；（e）轮毂电机直接驱动形式；（f）后轮独立轮式驱动

电动轮型纯电动汽车驱动系统的一种布置形式如图4-1（e）所示，这种结构是将电动机直接装在驱动轮内（也称轮毂电机），进一步缩短了电动机到驱动车轮之间的动力传递路径，减少了能量在传动路径上的损失，但要实现纯电动汽车的正常工作，还需要添加一个减速比较大的行星齿轮减速器，将电动机的转速降低到理想的车轮转速。电动轮型纯电动汽车驱动系统的另一种布置形式如图4-1（f）所示，这种结构将低速外转子电动机的外转子直接安装在车轮的轮缘上，去掉了减速装置，电动机和车辆的驱动车轮之间没有任何机械传动装置，因此没有机械传动损失，能量的传递效率高，空间的利用率最大。但是这种结构要求电动机具有很高的起动转矩和较大的后备功率，以确保车辆的可靠工作。

### 4.1.2　纯电动汽车的驱动系统布置形式

纯电动汽车的驱动系统由驱动电动机和驱动操纵系统共同组成，且分为集中驱动系统和轮毂驱动系统。纯电动汽车的驱动形式不同，其结构形式也不同。任何一种电动机都可以与不同的传动系统组合成集中驱动系统或轮毂驱动系统，并组成不同形式的系列化纯电动汽车。

经过几十年的发展，目前新开发和研制出来的纯电动汽车的动力性能已经能够与内燃机汽车相媲美，如特斯拉量产车型 Model S 百公里加速仅需 2.41 s。此外，纯电动汽车的驱动系统比内燃机汽车的驱动系统更加先进，结构更加紧凑，而且现代纯电动汽车大多数装备了专用电动机，有利于实现机电一体化和自动控制。

1. 集中驱动系统

集中驱动系统大部分是由电动机、变速器和差速器等组成，采用单电动机驱动代替内燃机，而传统内燃机汽车零部件及结构不改变，故设计制造成本低，但传动效率低，一般用于小型电动汽车。按有无变速器，集中驱动系统的驱动模式可分为传统驱动模式和电动机-驱动桥组合模式。

1）传统驱动模式

传统驱动模式的驱动系统主要由电动机、变速器、差速器和半轴组成，用电动机替代发动机，但仍然采用内燃机汽车的传动系统，包括离合器、变速器、传动轴和驱动桥等总成，结构复杂，效率低，不能充分发挥电动机的性能。传统驱动模式有电动机前置、驱动桥前置，电动机前置、驱动桥后置等多种形式。

2）电动机-驱动桥组合模式

电动机-驱动桥组合式驱动系统根据电动机与驱动桥的组合方式又分为平行式电动机-驱动桥组合式驱动系统、同轴式电动机-驱动桥组合式驱动系统和双联式电动机共同组成整体驱动桥的驱动系统。

平行式电动机-驱动桥组合式驱动系统是在电动机输出端的外壳下部，安装减速齿轮和差速器，动力经过左右两个半轴来驱动车轮。这种电动机-驱动桥组合式驱动系统结构紧凑，安装、使用和维护都十分方便，并有电动机前置、驱动桥前置，电动机后置、驱动桥后置等驱动模式。

同轴式电动机-驱动桥组合式驱动系统的电动机是一种特殊的空心轴电动机，在电动机一端的外壳中安装减速齿轮和差速器。差速器带动左右两个半轴，其中右半轴是通过电动机的空心轴与车轮相连，左半轴通过左端外壳与车轮相连接。电动机与传动装置组合成一个整体驱动桥，形成机电一体化驱动桥的驱动系统，使纯电动汽车的驱动系统更加紧凑，簧载质量显著减少，有利于提高车辆的平稳性。

双联式电动机共同组成整体驱动桥的驱动系统，取消了齿轮传动机构，完全实现了机电一体化传动方式，由左右两个永磁电动机通过半轴直接带动车轮转动。左右两个电动机由中央控制器的差速模块控制，形成机电一体化的差速器，使驱动系统的结构大大简化，质量明显降低，比一般机械式差速器更可靠、轻便。双电动机驱动桥驱动系统与相同功率的单电动机驱动桥驱动系统相比，虽然电动机的轴向长度更长一些，但其直径要小得多，因此双联式电动机驱动桥所需布置空间较小。

2. 轮毂驱动系统

轮毂驱动在电动自行车轮中得到了广泛应用，对于电动汽车目前应用得很少。轮毂驱动系统可以布置在纯电动汽车的2个前轮、2个后轮或4个车轮的轮毂中，成为前轮驱动、后轮驱动或四轮驱动的纯电动汽车。

轮毂驱动系统有两种结构：一种是内定子外转子结构，其外转子直接安装在车轮的轮缘上，由于这种结构没有机械减速机构提供减速，因此通常要求电动机为低速转矩电动机；另一种就是一般的内转子外定子结构，其转子作为输出轴与固定减速比的行星齿轮减速器的太阳轮相连，而车轮轮毂与其齿圈连接，这样能提供较大的减速比来放大其输出转矩。轮毂驱动系统的轮毂电动机如图4-2所示。当采用轮毂电动机驱动时，纯电动汽车上驱动电动机输出的扭矩传递到驱动车轮的传递路径大大缩短，这样可腾出足够的空间，便于对汽车整体进一步优化，而且当采用内定子外转子结构时，还能够提高对车轮动态响应的控制性能。采用轮毂电动机时，由于可以通过软件系统对每个电动机的转速进行单独调节控制，因此可以实现电子差速，这样既可省去机械差速器，还有利于提高汽车在转弯时的操纵性。

图4-2 轮毂电动机

## 4.2 行驶系统

电动机虽然拥有很宽的工作转速范围，但和发动机一样，它也有最佳工作转速区间，高于或低于这一区间效率就会下降。一台40 kW电动机在刚起动时效率仅有60%~70%，但随着转速提高效率也逐步提高，当转速在3 300~6 000 r/min区间时，效率能够达到94%以上；当接近极限转速100 000 r/min时，效率又降到70%左右。由此可见，合理利用变速装置，让电动机工作在最佳转速区，对于提高效率十分有意义。

从目前电动车的发展情况来看，影响电动车进入市场的最大障碍是电池性能的局限性。尽管电池技术经历了一系列技术进步，但目前电池的能量密度、单位容量和价格都达不到大规模商业化的要求。每个研发电动车的企业都在竭尽全力降低电池成本和增加车辆单次充电的续驶里程，如果能够通过使用适合的变速装置，并对标定加以优化让效率提高，就意味着在同样行驶里程时，电池耗电量更少，车辆自重更轻，行驶性能更高，车辆成本更低。

电动车上变速装置只需要3挡、2挡或1挡，一定程度上被简化了，但电动车对传动系统的要求反而更高，变速器优化设计有利于提升电动车效率。

一挡变速器多为两级减速比，总传动比为两个传动比之积，多在低档小型电动车上使用。电动机集成变速器如图4-3所示。

1—电动机；2—电动机轴齿轮；3—中间轴齿轮；4—主减速器主动齿轮；5—主减速器从动齿轮。

图4-3　电动机集成变速器

差速器是传统车辆的标准组件，单桥电动机汽车也采用了这个装置。汽车转弯时，外侧车轮的转弯半径比内侧车轮大，必须利用差速器来调整两侧车轮的转速，否则会产生滑移使轮胎磨损加剧、转向困难和道路附着性能变差等。

由于电动机的低速扭矩大、工作转速范围宽的特点，可不设计倒挡，只需电动机反转即可。

高档轿车多采用图4-4所示的电动驱动系统，该系统把电动机、减速器、差速器、功率控制器集成在一起，外部只有强电、弱电线束和冷却水管。若前后轴各采用一台这样的动力驱动系统即可实现很好的四轮驱动。

1—冷却水管；2—标志；3—功率控制器；4—主减速器及差速器；5—电动机；6—电动机轴；7—中间轴。

图4-4　电动车电动驱动系统

纯电动客车相比传统燃油客车，其变速器发生了巨大变化。如今传统变速器正逐渐被取代或者被弱化，如国内一些企业展出的纯电动客车，都是直接使用电动机控制变速，即通过电子转矩控制技术直接控制车轮转速，实现对车辆速度的控制。

在电动客车上配装变速器，主要是为解决电动机驱动力不足的问题，还可以改变电动机输出扭矩，提升电动机动力。纯电动客车配装的变速器与燃油车型上的变速器相比，最突出的特点是变速器挡数由传统5挡、6挡简化成2挡、3挡。变速器的作用被弱化已是行业公认，但目前电动客车应用的机械变速装置，还是有着成本优势。

客车变速器为节省成本，同时考虑无离合器的自动换挡，可首选电控的无同步器自动换挡变速器。无同步器自动换挡动力总成如图4-5所示。

图4-5　无同步器自动换挡动力总成

电控自动变速器ECU接收变速器输出轴转速传感器信号，同时也接收电动机转速信号，在换挡前先调节电动机转速与从动齿轮转速相同，当电动机转速降/升至与要换挡的从动齿轮同步时，可采用电控气动、液动或电动三种装置之一推动拨叉，拨叉推接合套直接挂入相应齿轮。

## 4.3　转向系统

汽车转向系统是汽车底盘系统的一个重要组成，是汽车安全驾驶非常重要的安全保障装置，其功能是使驾驶员能按自己的意图来正确控制汽车的行驶方向，直接关系到汽车的整体操纵性和行驶稳定性。因此，在设计汽车的转向系统时，一方面要求该转向系统工作要安全可靠、操作轻便、高效节能和机动性良好等；另一方面要求该系统能够在各种工况（其中常见的包括直线行驶、正常转向、原地转向和快速转向等）条件下，根据不同的路面状况和行驶速度，为驾驶员提供较好的路感。

汽车转向系统的发展经历了纯机械式转向系统、液压助力转向系统、电动液压助力转向系统和电动助力转向系统4个基本发展阶段。

### 4.3.1　电动助力转向系统

对于电动汽车来说，采用图4-6所示的电动助力转向系统（Electric Power Steering System，EPS）技术是必然选择，因为车辆本身不用内燃机，助力转向系统动力的来源只能是电动机。所以，在未来汽车设计中，电动助力转向将成为汽车动力转向系统的主流技术，对该系统进行开发和研究已经成为各汽车企业和科研机构的工作重点。

图 4-6　电动助力转向系统（EPS）

EPS 自从研究开始，就作为一种高新技术应用在电动汽车上，具有良好的发展前景。这个系统的基本工作原理是应用转矩传感器和车速传感器分别测出汽车驾驶员施加在车辆转向盘上的操纵力矩和车辆当前的行驶速度（回正时还要用到角度传感器），然后将这两个信号传递到电子控制单元，电子控制单元的微处理器根据所设计好的控制策略和算法，计算出此时车辆所需要的理想助力力矩，再换算为相应的电流，驱动助力电机按该电流运行；该电机产生的助力力矩再经过蜗轮蜗杆减速机构减速增扭后传送到汽车机械式转向系统上，与车辆驾驶者的操纵力矩叠加在一起去克服转向阻力矩，最终实现车辆的正确转向。EPS 弥补了液压助力转向和电动液压助力转向的缺点，具有节能、环保、高效和安全等诸多优点，是未来汽车动力转向系统的发展方向，目前多装置在前轴荷在 900 kg 以下的中小型汽车上。

随着汽车电子技术的不断发展，对汽车设计及控制水平的要求也在不断提高，特别是对汽车的节能性能和环保性能的要求越来越高。比较而言，传统车辆的液压助力转向系统存在的消耗能源和环境污染等缺点已变得越来越明显，已经不能完全满足科技和经济发展的需求。而电动助力转向系统将最新的电力电子技术和高性能的电机控制集成技术应用于汽车转向系统，能比较明显地改善车辆行驶的安全性能和操作稳定性能，有效提高驾驶员驾驶车辆的便捷性和安全性，同时也更加节能和环保。

EPS 与其他助力转向系统相比，其优点体现在以下几方面：

（1）提高了汽车的燃油经济性与环保性。EPS 由于没有液压传动装置，属于典型的"按需供能型"系统，仅仅在需要转向操作时才需要电机提供能量，而在车辆静止时或直线行驶时不消耗多余的能量。与传统的液压助力转向系统相比,装有 EPS 的车辆在各种行驶工况下均可节能 80%~90%。试验表明,装有 EPS 的车辆在不转向情况下,燃油消耗将降低 2.5%;在使用转向情况下,则降低 5.5%。同时,在 -40 ℃ 的低温下,EPS 系统由于不需要预热过程也能够正常地、很好地工作,而传统的液压助力转向系统要等到液压油预热后才能正常工作,所以也节省了能量。EPS 由于没有液压回路,不存在传统液压助力转向系统中液态油的泄漏问题,从而也减少了对环境的污染,完全符合环保的时代要求。

(2) 提高了车辆的助力性。EPS 系统可以根据车辆行驶的不同工况,通过改进助力特性曲线,使助力效果更加精确和理想。另外,EPS 系统还可以通过阻尼控制减少由于路面不平度产生的对车辆转向系统的干扰,保障汽车低速行驶时的转向轻便性,提高汽车高速行驶时的转向稳定性,从而提高车辆行驶的主动安全性。

(3) 使车身质量减轻。与传统的液压助力转向系统相比,EPS 系统的结构更加简单,零件数目也相应减少,因而使车辆质量相对减轻,方便了零件的布置与安装,也降低了车辆行驶时的噪声。

(4) 提高了车辆行驶的安全性。与传统的液压助力转向系统比较,当 EPS 出现故障时,该系统可通过电磁离合器立即切断电动机与减速传动机构的动力传送,并且快速的转入到纯机械转向系统状态。由于车辆由电动机直接提供助力,EPS 系统独立于车辆的驱动系统进行工作,因此只要电动汽车的 DC/DC 变换器不发生故障,即使在车辆未起动或出现其他故障时也能提供助力。另外,EPS 系统还有各种安全保护措施和故障自诊断功能,且使用更可靠,维修更方便。

(5) 缩短了研发和生产的周期。EPS 系统的前期研发时间虽然较长,但完成设计后,只要修改相应的程序即可实现与特定车型的匹配,因而能减少针对不同车型的研发时间。

(6) 改善了转向系统的回正特性。车辆在一定的行驶速度下,当驾驶员转动方向盘一个角度后松开,车辆本身具有回到直线行驶的能力,这是车辆本身的固有结构所决定的。EPS 系统可以对该回正过程进行控制,利用软件在可能的限度内调整设计参数以使车辆的回正特性达到最佳状态。而在传统的液压助转向系统中,汽车设计完成后,其回正特性就已确定,只有改造底盘的机械结构才能改变。

(7) EPS 系统效率更高,使用车辆范围更广,尤其适用于纯电动汽车或燃料电池汽车。EPS 系统自提出以来,就成为今后汽车动力转向系统的发展方向,必将逐步取代现有的机械转向系统、液压助力转向系统和电动液压助力转向系统。

## 4.3.2 电动线控转向系统

### 1. 电动线控转向系统的结构

电动线控转向系统由转向盘总成、转向执行总成和主控制器(ECU)3 个主要部分以及自动防故障系统、电源等辅助系统组成,如图 4-7 所示。

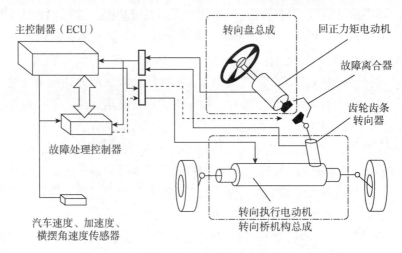

图 4-7 电动线控转向系统

1) 转向盘总成

转向盘总成包括转向盘、转向盘转角传感器、力矩传感器和转向盘回正力矩电动机，其主要功能是将驾驶员的转向意图（通过测量转向盘转角）转换成数字信号，并传递给主控制器，同时接收主控制器送来的力矩信号，产生转向盘回正力矩，以提供给驾驶员相应的路感信息。

2) 转向执行总成

转向执行总成包括前轮转角传感器、转向执行电动机、转向电动机控制器和前轮转向组件等，其功能是接收主控制器的命令，通过转向电动机控制器控制转向车轮转动，实现驾驶员的转向意图。

3) 主控制器

主控制器的功能是对采集的信号进行分析处理，判断汽车的运动状态，向转向盘回正电动机和转向电动机发送指令控制其工作，保证各种工况下都具有理想的车辆响应，以减少驾驶员对汽车转向特性随车速变化的补偿任务，减轻驾驶员负担。同时，主控制器还可以对驾驶员的操作指令进行识别，判定在当前状态下驾驶员的转向操作是否合理。当汽车处于非稳定状态或驾驶员发出错误指令时，电动线控转向系统会将驾驶员错误的转向操作屏蔽，而自动进行稳定控制，使汽车尽快地恢复到稳定状态。

4) 自动防故障系统

自动防故障系统是电动线控转向系统的重要模块，它包括一系列的监控和实施算法，针对不同的故障形式和故障等级做出相应的处理，以求最大限度地保持汽车的正常行驶。作为应用最广泛的交通工具之一，汽车的安全性是首先要考虑的因素，也是一切研究的基础，因而故障的自动检测和自动处理是电动线控转向系统最重要的组成系统之一。

5) 电源系统

电源系统承担着控制器、两个执行电动机以及其他车用电器的供电任务，其中仅前轮转角执行电动机的最大功率就有 500～800 W，加上汽车上的其他电子设备，电源的负担已经相当沉重。所以，要保证电源总线在大负荷下能够稳定工作，电源的性能就显得十分重要，可采用42V供电系统加以解决。

2. 电动线控转向系统的工作原理

传统汽车转向系统是一种机械系统，汽车的转向运动是由驾驶员操纵转向盘，通过转向器和一系列的杆件传递到转向车轮而实现的。电动线控转向系统取消了转向盘与转向车轮之间的机械连接，完全由电能实现转向，摆脱了传统转向系统的各种限制。采用电动线控转向系统不但可以自由设计汽车转向的力传递特性，而且可以设计汽车转向的角传递特性。电动线控转向系统的工作原理是利用传感器检测驾驶员的转向意图，然后通过数据总线将信号传递给ECU，并获得反馈命令；同时也从转向操纵机构获得驾驶员的转向指令，并从转向系统获得车轮情况，从而指挥整个转向系统的运动。电动线控转向系统控制车轮转到需要的角度，并将车轮的转角和转动转矩反馈到系统的其余部分，如转向操纵机构，以使驾驶员获得路感。这种路感的大小可以根据不同的情况由电动线控转向系统控制，将驾驶员的转向意图（通过转向柱上的转向盘角位移传感器输出转向盘的转角信号）转换成数字信号并传递给转向控制器，在转向拉杆上安装一个线位移传感器，利用转向拉杆左右移动的位移量来反映转向车轮转角的大小，即转向控制器根据转向盘转角计算出拉杆的位移量，当转向拉杆的位移量达到所需值时，转向控制器切断转向电动机的电源，转向轮的偏转角不再改变。由于所选用的转向电动机是蜗轮蜗杆式减速电动机，其不能逆向传动，因此转向轮可保持所设定的偏转角不变。为防止电机故障导致不能转向，电动线控转向系统里还需设计行星传动装置，即使是电机发生故障仍能依靠人力实现转向。

### 4.3.3 基于分布式驱动的转向形式

传统汽车转向时，驾驶员旋转方向盘产生转矩，通过转向助力系统放大后传递给方向机，方向机将方向盘的旋转运动转变为转向齿条的直线运动，继而带动与车轮固连的转向节旋转，使转向轮的运动轨迹发生改变完成转向。在此基础上，汽车及一些轮式运输工具发展出多种转向方式，主要包括前轮转向、四轮转向、斜向行驶以及原地转向等，如图4-8所示。

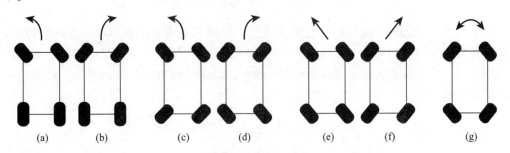

图4-8 转向方式

(a)、(b) 前轮转向左、右转弯；(c)、(d) 四轮异向转向左、右转弯；
(e)、(f) 斜向行驶左、右转弯；(g) 原地转向

1）前轮阿克曼转向

前轮转向是目前绝大多数轮式车辆采用的转向方式，采用前轮转向虽然转向半径较大，但是转向过程中车辆的动态变化大部分都在驾驶员的正向视野范围内，同时前轮转向

相较后轮转向具有更好的高速稳定性和行驶安全性。阿克曼转向几何是由德国工程师提出，用以车辆转弯时协调转向轮转向角度关系，使车轮绕同一转动中心进行纯滚动运动，避免侧向滑动的几何学。

传统前轮转向车辆的转向梯形为机械连接的四连杆，无法在整个转向过程中均满足阿克曼转向几何，大部分时间轮胎都会与地面之间存在侧向力作用产生侧向变形。而四轮毂电机电动汽车可以完全摒弃传统的机械式转向结构，即不用齿轮齿条式转向机带动转向节进行转向，而是采用线控转向，独立地控制每一个车轮的转向角度，从而实现在整个转向过程中一直满足理想的阿克曼转向几何。前轮阿克曼转向二自由度模型如图4-9所示。图中：$\delta_1$表示左前轮转角；$\delta_2$表示右前轮转角；$\delta$表示车辆转角；$V_1$表示左前轮轮速；$V_2$表示右前轮轮速；$V_3$表示左后轮轮速；$V_4$表示右后轮轮速；$V$表示车辆质心速度；$R_1$表示左前轮转向半径；$R_2$表示右前轮转向半径；$R_3$表示左后轮转向半径；$R_4$表示右后轮转向半径；$R$表示质心转向半径；$L$表示轴距；$a$表示前轴到质心的距离；$b$表示后轴到质心的距离；$c$表示轮距；$O$表示车辆质心；$O'$表示瞬时转动中心。

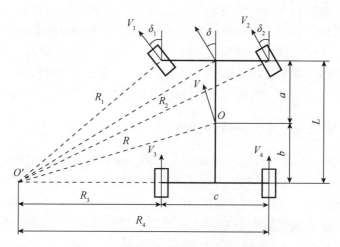

图4-9 前轮阿克曼转向二自由度模型

根据图4-9中的阿克曼转向二自由度模型，以四轮毂电机电动汽车向左转向为例，4个车轮将以不同的转向半径，并以后轴轴线延伸至转向内侧车外某一点$O'$为圆心做等角速度圆周运动，以车身偏转角及车辆的几何参数可以确定车辆的瞬时转向中心，继而运用几何学原理可得

$$R_1 = \sqrt{L^2 + \left(\frac{L}{\tan\delta} - \frac{c}{2}\right)^2} \tag{4-1}$$

$$R_2 = \sqrt{L^2 + \left(\frac{L}{\tan\delta} + \frac{c}{2}\right)^2} \tag{4-2}$$

$$R_3 = \frac{L}{\tan\delta} - \frac{c}{2} \tag{4-3}$$

$$R_3 = \frac{L}{\tan\delta} + \frac{c}{2} \tag{4-4}$$

$$\tan \delta_1 = \frac{L}{R_3} \tag{4-5}$$

$$\tan \delta_2 = \frac{L}{R_4} \tag{4-6}$$

由式（4-1）~（4-6）可得左前轮、右前轮转角与车辆转向角的关系式为

$$\tan \delta_1 = \frac{2L\tan \delta}{(2L - c\tan \delta)} \tag{4-7}$$

$$\tan \delta_2 = \frac{2L\tan \delta}{(2L + c\tan \delta)} \tag{4-8}$$

由瞬心定理

$$\frac{V}{R} = \frac{V_1}{R_1} = \frac{V_2}{R_2} = \frac{V_3}{R_3} = \frac{V_4}{R_4} \tag{4-9}$$

则有

$$V_1 = \frac{VR_1}{R} \tag{4-10}$$

$$V_2 = \frac{VR_2}{R} \tag{4-11}$$

$$V_3 = \frac{VR_3}{R} \tag{4-12}$$

$$V_4 = \frac{VR_4}{R} \tag{4-13}$$

又有

$$R = \sqrt{b^2 + \left(\frac{L}{\tan \delta}\right)^2} \tag{4-14}$$

由上述公式可得 4 个车轮在前轮阿克曼左转向时的速度关系式：

$$V_1 = \frac{V\sqrt{L^2 + \left(\frac{L}{\tan \delta} - \frac{c}{2}\right)^2}}{\sqrt{b^2 + \left(\frac{L}{\tan \delta}\right)^2}} \tag{4-15}$$

$$V_2 = \frac{V\sqrt{L^2 + \left(\frac{L}{\tan \delta} + \frac{c}{2}\right)^2}}{\sqrt{b^2 + \left(\frac{L}{\tan \delta}\right)^2}} \tag{4-16}$$

$$V_3 = \frac{V\left(\frac{L}{\tan \delta} - \frac{c}{2}\right)}{\sqrt{b^2 + \left(\frac{L}{\tan \delta}\right)^2}} \tag{4-17}$$

$$V_4 = \frac{V\left(\frac{L}{\tan \delta} + \frac{c}{2}\right)}{\sqrt{b^2 + \left(\frac{L}{\tan \delta}\right)^2}} \tag{4-18}$$

2）异向转向

异向转向是指低速时四轮车辆的前轮与后轮分别向相反方向偏转相同角度，同时 4 个转向轮仍满足阿克曼转向模型，保证车轮在地面做纯滚动运动。异向转向方式可以获得比两轮转向更小的转向半径，提高车辆在低速时的灵活性，方便汽车驶入车库以及在狭窄的拐角处转向。异向转向应用于车身较长的卡车或导弹运载车，可使它们获得如同小型车的操控及泊车敏捷性。异向转向二自由度模型如图 4-10 所示，图中：$\delta_3$ 表示左后轮转角；$\delta_4$ 表示右后轮转角，其余变量定义同上。

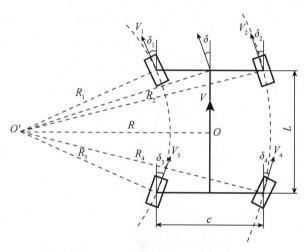

**图 4-10　异向转向二自由度模型**

根据图 4-10 中的异向转向二自由度模型，以向左转为例，4 个车轮以转向内侧车外某一点 $O'$ 做等角速度圆周运动，运用几何学原理可得

$$R = \frac{L}{2\tan\delta} \tag{4-19}$$

$$R_1 = R_3 = \sqrt{\left(\frac{L}{2}\right)^2 + \left(\frac{L}{2\tan\delta} - \frac{c}{2}\right)^2} \tag{4-20}$$

$$R_2 = R_4 = \sqrt{\left(\frac{L}{2}\right)^2 + \left(\frac{L}{2\tan\delta} + \frac{c}{2}\right)^2} \tag{4-21}$$

$$\tan\delta_1 = \tan\delta_3 = \frac{\frac{L}{2}}{\left(R - \frac{c}{2}\right)} \tag{4-22}$$

$$\tan\delta_2 = \tan\delta_4 = \frac{\frac{L}{2}}{\left(R + \frac{c}{2}\right)} \tag{4-23}$$

由式（2-19）～（2-23）可得内外侧车轮转角与车辆转向角的关系为

$$\tan\delta_1 = \tan\delta_3 = \frac{\tan\delta}{\left(1 - \frac{c\tan\delta}{L}\right)} \tag{4-24}$$

$$\tan\delta_2 = \tan\delta_4 = \frac{\tan\delta}{\left(1 + \dfrac{\operatorname{ctan}\delta}{L}\right)} \tag{4-25}$$

由瞬心定理

$$\frac{V}{R} = \frac{V_1}{R_1} = \frac{V_2}{R_2} = \frac{V_3}{R_3} = \frac{V_4}{R_4} \tag{4-26}$$

由上述公式可得 4 个车轮在向左异向转向时的速度关系式为

$$V_1 = V_3 = \frac{V\tan\delta\sqrt{L^2 + \left(\dfrac{L}{\tan\delta} - c\right)^2}}{L} \tag{4-27}$$

$$V_2 = V_4 = \frac{V\tan\delta\sqrt{L^2 + \left(\dfrac{L}{\tan\delta} + c\right)^2}}{L} \tag{4-28}$$

3）斜向行驶

类比异向转向，当四轮转向车辆前轮与后轮同时向同一侧偏转相同角度来实现转向的方式为车辆的斜向行驶。斜向行驶减小了转向时车身与行驶方向的偏转角，可使车辆实现干净利落的变道动作和快速停靠，同时基本保持车辆质心偏角为零，有效降低出现侧滑事故的概率，提高车辆操纵稳定性的同时也提升了车辆的主动安全性能。

汽车斜向行驶时，如果车轮偏转角度达到 90° 则可以实现横向行驶。横向行驶的主要目的是方便车辆在狭小的空间完成侧方位停车，提高车辆侧方停车动作操作便利性的同时缓解了城市停车位紧张的问题。斜向行驶二自由度模型如图 4-11 所示。

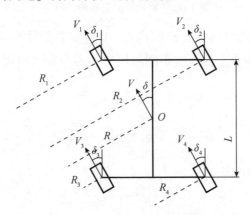

图 4-11　斜向行驶二自由度模型

根据图 4-11 中的斜向行驶二自由度模型，以向左转为例，4 个车轮同时向同左侧等速偏转，运用几何学原理可得

$$R = R_1 = R_2 = R_3 = R_4 = \infty \tag{4-29}$$

4 个车轮转角的关系式为：

$$\delta_2 = \delta_2 = \delta_3 = \delta_4 \tag{4-30}$$

由上述公式可得 4 个车轮在向左斜向行驶时的速度关系式为

$$V_1 = V_2 = V_3 = V_4 = \frac{V}{\cos\delta} \qquad (4-31)$$

4）原地转向

传统前轮转向车辆在进行一次完整的掉头操作时，往往需要占用 3 个或 4 个标准车道，而四轮毂电机电动汽车可以实现传统车辆无法实现的转向方式，其中原地转向是最为典型的代表。原地转向的原理是：车辆最初保持静止状态，4 个车轮分别绕各自主轴转过一定角度后，车身两侧的轮毂电机分别按照设定的相等转速反向旋转，使得整车以一定角速度原地转向，此时整车回转中心与车辆几何中心重合，车辆的理论回转半径为 0。通过原地转向，车辆仅需要非常小的空间便可以实现转向和掉头，提高车辆在停车场或狭窄路段的灵活性和通过性。原地转向二自由度模型如图 4-12 所示。

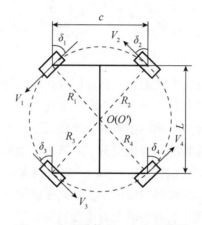

图 4-12　原地转向二自由度模型

根据图 4-12 中的原地转向二自由度模型，以逆时针旋转为例，4 个车轮旋转至车轮轴线相交于车辆几何中心 $O$，然后以车辆几何中心为圆心做圆周运动，运用几何学原理可得

$$R = 0 \qquad (4-32)$$

$$R_1 = R_2 = R_3 = R_4 = \frac{\sqrt{L^2 + c^2}}{2} \qquad (4-33)$$

4 个车轮转角的关系式为

$$\delta_2 = -\delta_2 = -\delta_3 = \delta_4 = \arctan\left(\frac{L}{C}\right) \qquad (4-34)$$

由上述公式可得 4 个车轮逆时针原地转向时的速度关系式为

$$V_1 = V_2 = V_3 = V_4 = 设定值 \qquad (4-35)$$

由上述推导过程可知，车辆在进行前轮阿克曼转向、异向转向、斜向行驶和原地转向时，每个车轮的转角与车辆转向角、每个车轮的速度与车辆质心速度之间均有一定的数学关系。

## 4.4 制动系统以及制动能量回收

目前大多数电动汽车是对原来的燃油汽车进行改装后投入使用,因此有很多地方并不能很好地实现对能量的控制。在燃油汽车中,因为不需要考虑汽车能量的问题,真空泵一直处于运行状态。但是在电动汽车中由于电池电量的限制,不希望真空泵一直处于运转状态。因此,如果在保证安全性的基础上,同时又做到节约能源,就要考虑到电动汽车的真空助力刹车系统。在刹车过程中,驾驶员踩下刹车踏板,起动真空助力装置,这时候需要使用在真空罐中所储存的真空;在刹车过程结束之后,在检测到真空罐中的真空度不能满足要求的时候,起动真空泵将储气罐中的气体抽出,加大真空度以满足下一次的使用。

在汽车的行驶中,频繁的刹车所消耗的能量通常占到汽车总能量的20%~30%,如果能把这些能量部分回收至电池,将大大提升电动汽车的行驶里程数。在燃油汽车中,这种能量回收的意义不大,且需另外增加装置,因此不予考虑。但是在电动汽车中,电机的状态可以由电动机转换成发电机,这就给能量反馈提供了可能性。如何做好能量的回收工作,主要取决于汽车行驶时的驱动力、阻力、汽车的质量和电池组的电压等一系列因素。

### 4.4.1 电动真空助力制动系统

传统内燃机汽车制动系统的真空助力装置的真空源来自发动机进气歧管,真空负压一般可达到0.05~0.07 MPa。对于由传统内燃机汽车改装成的纯电动车或燃料电池汽车,发动机总成被拆除后,制动系统由于没有真空动力源而丧失真空助力功能,仅由人力所产生的制动力无法满足行车制动的需要,因此需要对制动系统的真空助力装置进行改进,而改进的核心问题是具有能够产生足够压力的真空源。为了产生足够的真空,并考虑节能和可靠,在配备一个具有足够排气量的电动真空泵外,还要为电动真空泵电机设计合适的工作时间。一般燃油汽车会在4~5 s内产生-50 kPa以上的真空度,所以电动真空泵也需在4~5 s可产生-50 kPa以上的真空度。

汽车制动系统通常采用真空助力或气压助力,真空泵产生的真空度越大,制动性能越好,驾驶员踩踏板也越省力。因此,在对电动真空助力制动系统电动真空泵的设计或选择上,应尽量使真空度满足制动性能的要求。

真空助力器安装于制动踏板和制动主缸之间,由踏板通过推杆直接操纵。助力器与踏板产生的力叠加在一起作用在制动主缸推杆上,以提高制动主缸的输出压力。真空助力器由带有橡胶膜片的活塞分为常压室与变压室(大气阀打开时可与大气相通),一般常压室的真空度为60~80 kPa。真空助力器所能提供助力大小取决于其常压室与变压室气压差值的大小,当变压室的真空度达到外界大气压时,真空助力器可以提供最大的制动助力。真空泵所产生的真空度大小及速度关系到真空助力器的工作状态,真空泵的容量大小关系到真空助力器的性能,进而影响到制动系统在各种工况下能否正常工作。图4-13为电动真空助力制动系统的基本构成。

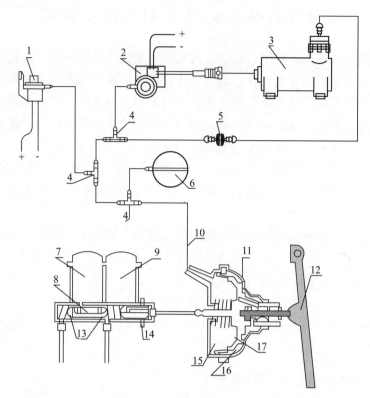

1—压力报警器；2—压力延时开关；3—电动真空泵；4—三通；5—单向阀；6—真空罐；
7—辅助储罐；8—辅助活塞；9—主储罐；10—真空软管；11—真空助力器；12—制动踏板；
13—弹簧；14—主活塞；15—前室；16—后室；17—隔膜。

图4-13 电动真空助力制动系统的基本构成

电动真空助力制动系统的工作原理如下：

(1) 接通汽车12 V电源，压力延时开关闭合，真空泵工作大约30 s后开关断开，此时真空罐内压力大约为-80 kPa；

(2) 当真空罐内压力增加到-55 kPa时，压力延时开关再次闭合；

(3) 当真空罐内压力增加到大约-34 kPa时，压力报警器发出信号。

如果真空泵控制开关有很明显的短时间开启和关闭，说明发生了泄漏。依据电动真空助力制动系统的工作原理，设计间歇性真空发生系统，其基本工作原理为：当驾驶员发动汽车时，12 V电源接通，压力延时开关和压力报警器开始压力自检，如果真空罐内的真空度小于55 kPa，压力膜片将会挤压触点，从而接通电源，真空泵开始工作；当真空度增加到55 kPa时，压力延时开关断开，然后通过延时继电器使真空泵继续工作大约30 s后停止；每次驾驶员有制动动作时，压力延时开关都会自检，从而判断电动真空泵是否应该工作；如果真空罐内的真空度低于34 kPa时，真空助力器不能提供有效的真空助力，此时压力报警器将会发出信号，提醒驾驶员注意行车速度。

电动真空泵也可采用电控单元控制，只要把压力开关换成绝对压力传感器，由控制单元控制继电器即可。目前，一些纯电动汽车具有由真空助力器真空度传感器、整车控制器ECU、电动真空泵工作继电器和真空泵电动机组成的一个闭环真空度控制系统，可保证制动时真空助力器的正常工作。

真空助力器的工作过程可以分为非工作状态、开始工作状态、平衡状态、充分工作状态和回复状态。

（1）非工作状态是指真空助力器处于静止状态，刹车踏板通过恢复弹簧将控制阀与推杆保持在原位置的状态。这时的真空阀处于开启状态，同时空气阀闭合，气室的前部与后部通过气路通道相互连接，并保持相同的真空度，且与空气隔绝。

（2）开始工作状态是指当驾驶员进行刹车动作时，踩下踏板的力在放大之后施加在踏板后部的推杆之上，这个时候真空助力器由于气体、机械的滞后性等因素，还没有处于工作状态。在刹车动作开始之后，驾驶员的踩踏力推动控制阀向前移动，当助力器中的橡胶塞与橡胶反作用盘之间的空隙变小时，踩踏力就通过橡胶反作用盘传递给制动推杆进行制动。由于踩踏力大于弹簧的回位力，因此推动活塞打开空气阀，同时真空阀关闭，气室的前部与后部通道隔绝。此时，气室的前部与后部的压力差作用在活塞上，对主缸的活塞进行动作，但是后部内的压力还没有达到一个大气压。

（3）平衡状态是指在真空阀和空气阀都关闭的情况下，由于助力器中的推杆施加的推力，制动主缸的反作用力，弹簧对活塞的作用力都处于一个平衡的状态。在这个状态下，气室后部的压力依然没有达到一个大气压。

（4）充分工作状态是指当真空助力器处于完全触发的工作状态，此时气室空气阀打开，真空阀关闭，气室前部与后部完全隔绝，制动力最大。

（5）回复状态是指当驾驶员松开刹车踏板之后，在弹簧的拉力下，与踏板相连接的推杆动作，在此作用下，空气阀由打开变为关闭，真空阀由关闭变为打开。此时，制动状态完全解除。

### 4.4.2 汽车制动和电机能量回收

1. 汽车制动和电机能量回收的结构

制动能量回收是电动汽车所独有的，在减速制动（刹车或者下坡）时将车辆的部分动能转化为电能，转化的电能储存在储能装置中，如各种蓄电池、超级电容器和超高速飞轮等，最终增加电动汽车的行驶里程。如果储能装置已经被完全充满，再生制动就不能实现，所需的制动力就只能由常规的制动系统来提供。现在几乎所有的电动汽车都安装了两套制动系统，从而可实现节约制动能、回收部分制动动能，并为驾驶员提供常规制动性能。

一般而言，当电动汽车减速、放松加速踏板巡航或踩下制动踏板停车时，再生制动系统起动。正常减速时，再生制动的力矩通常保持在最大负荷状态；电动汽车高速巡航时，其驱动电机一般是在恒功率状态下运行，驱动力矩与驱动电机的转速或车速成反比。因此，恒功率下驱动电机的转速越高，再生制动的能力就越低。另一方面，当踩下制动踏板时，驱动电机通常运行在低速状态，此时电动汽车的动能不足以为驱动电机提供能量来产生最大的制动力矩，因而再生制动能力也就会随着车速降低而减小。电动汽车的再生制动力矩通常不能像传统燃油汽车中的制动系统一样提供足够的制动加速度，所以在电动汽车中能量回收制动和液压制动系统通常共同存在。不过应该注意，只有当能量回收制动已经达到了最大制动能力而且还不能满足制动要求时，液压制动才起作用。

双制动系统是电动汽车所独有而燃油汽车没有的，能量回收与液压制动之间的协调是问题的关键所在，且应考虑如下特殊要求：

为了使驾驶员在制动时有一种平顺感，液压制动力矩应该可以根据再生制动力矩的变化进行控制，最终使驾驶员获得所希望的总力矩。同时，液压制动的控制不应引起制动踏板的冲击，以免给驾驶员一种不正常的感觉。

利用 ABS 扩展的 ESP 功能实现电动泵油压的提高，这要求 ABS 的 ESP 模块与整车控制系统进行通信，因此可以把再生制动软件写入 ABS 模块驱动油泵、控制摩擦制动和控制制动助力的真空源中。ABS 与整车控制器通信控制再生制动的强度有关。液压制动力矩是电控的，将产生的液压传到制动轮缸上。因此，再生-液压制动系统需要防止制动失效的机构。为了提高系统的可靠性，满足安全标准，一般采用双管路制动，当其中一条管路失效时，另一条管路必须能提供足够的制动力。

为了实现上述要求，再生-液压制动系统的结构设计必须满足相应要求。驾驶员踩下制动踏板后，电动泵使制动液增压产生所需的制动力，制动控制与电动机控制协同工作，确定电动汽车的再生制动力矩和前后轮的液压制动力。再生制动时，再生制动控制回收再生制动能量，并且反充到蓄电池中。电动汽车的 ABS 及其制动比例控制阀（可由 ABS 的扩展功能 EBD 电子制动力分配代替）的作用与传统燃油汽车的相同，其作用是产生最大的制动力。电动泵可以利用 ABS 扩展功能中的 ESP 电子稳定程序的电动供能泵作为压力源。

如前所述，电动汽车上的总制动力矩是再生制动力矩与液压制动力矩之和。它们之间存在设定的分配比例关系，目的是保持最大再生制动力矩的同时为驾驶员提供与燃油汽车相同的制动感。当制动踏板力较小时，只有再生制动力矩施加在驱动轮上，并且与制动踏板力成正比。非驱动轮上的制动力由液压制动提供，液压制动力也与制动踏板力成正比。当制动踏板力超过一定值时，最大再生制动力矩全部加在驱动轮上，同时液压制动力矩也作用在驱动轮上以获得所需的制动力矩。因此，最大再生制动力矩可以保持不变，以便能完全回收车辆的动能。

制动系统因制动造成的管路压力（或制动踏板踏下深度越深）越大，说明经驾驶员判断需要的总制动力矩越大，非驱动轮的制动力矩一直增加。驱动轮的制动力矩也在增加，但摩擦力矩增加得更多，再生制动扭矩不增加，甚至还有减小，这就要求再生制动和 ABS 要协同工作。两前轮独立、后轮低选的轿车刹车系统，制动压力传感器（液压传感器）监测制动系统管路的制动压力（液压或气压），有 ABS 的汽车采用车速和压力传感器（也可是制动踏板行程开关）采集制动状态信号，根据车速算出的加速度值与设定的加速度值比较后进行控制。

例如，某后轴驱动客车利用加速度值限制再生制动的方法为：加速度小于 $0.15g$（不会出现抱死情况，$g$ 为重力加速度）时，后轴进行再生制动能量回收，仅后轴有制动，为纯再生制动工况；加速度介于 $0.15\sim0.4g$ 时，后轴进行制动能量回收，同时利用 ABS 的回油泵加大前轴的液压制动力，能实现制动比例的合理分配；加速度介于 $0.4\sim0.7g$ 时利用 ABS 的回油泵进一步加大前轴的液压制动力，同时减小后轴的制动能量回收；加速度大于 $0.7g$ 时的情况很少，此时后轴的制动能量回收电流过大，电池不能吸收，同时电机会剧烈振动，所以取消能量回收制动，完全采用摩擦制动。

在整个再生制动过程中，车辆的动能不能完全转换为储能器的充电电能。制动时所损失的能量包括空气阻力损失、滚动阻力损失、制动系统损失、电动机损失、转换损失及充电损失等。尽管如此，现代电动汽车采用制动能量回收后仍能节省将近 20% 的能量。

2. 汽车制动和电机再生制动的原理

制动能量回收是电动汽车所特有的制动方式，它是指汽车在运行过程中进行刹车时，电动机变为发电机，将制动能量回收至电池的过程。其原理是在制动时将汽车行驶的惯性能量通过车轮由传动系统传递给发电机，为动力电池充电，实现制动能量的再生利用。与此同时，发电过程中产生的制动力矩又可通过传动系统对驱动轮施加制动，产生制动力。

根据不同的制动要求，汽车的制动方案有不同的结构，结构的选择直接影响能量的回收效率及利用率。

在进行汽车再生制动分析之前，首先要对汽车的制动能量回收概况进行分析，这里分别以美国的 FTP 和高速公路 HFET、欧洲城市循环 ECE-EUDC 以及日本 Japan 10-15 循环工况为例进行分析。据统计数据显示，这 4 种情况下的制动能量所占比例大约为 25%，6%，18%，25.7%。由此可见，无论从哪方面来说，汽车的制动能量在整个汽车的行驶过程中所占的能量比例都是很大的。因此，做好制动能量的回收工作对电动汽车增加行驶里程大有益处。

在研究中发现，汽车回收能量的多少还与制动的方式和回收系统各环节的效率有关。电动汽车的制动方式包括：电气制动、机械制动以及两者的同时作用，即复合制动。其中，机械制动会导致制动能量以热量的形式散失掉，电气制动则能将一部分的制动能量回收到汽车的动力电池组中。能量回收系统各个环节的效率因数主要包括逆变器的效率、电机的效率和蓄电池的充电效率等参数。制动能量回收要综合考虑汽车动力学特性、电机发电特性、电池安全保证与充电特性等多方面的问题，因此要研制出一种既具有实际效用又符合司机操作习惯的系统存在一定难度。

在电动汽车的行驶中，制动情况大致可以分为 3 种情况。电动汽车制动模式的划分对能量的回收工作有很大的帮助，下面简单介绍这 3 种模式。

(1) 纯能量回收制动模式。这种模式目前主要应用在电动汽车缓慢下行的情况,大多是应用于矿山或高山地区的工况,需要的制动力不大,因此可以由电气制动来试验。此外,这种模式的充电电流较小,充电时间长,因此是电动汽车能量回收的最佳模式,限制能量回收的因素主要是电池的 SOC 与当时的电池充电能力。若需要的制动力比较大,电气制动无法满足制动要求时,则需要机械制动与电气制动同时使用,避免发生危险。

(2) 紧急制动模式。这种模式一般是在驾驶员发现危险时进行刹车动作所采用的。在这种情况下,汽车加速度非常大,制动距离要求越短越好。因此,这时电气制动不能满足要求,很大一部分是依靠机械制动在作用。由于在这种模式下汽车的制动时间短,制动力矩大,因此汽车能回收的能量非常少,不过这种情况发生的频率还是比较大,如果能在这种情况下尽可能多地应用电气制动,并且电池同时也能接收大功率的充电电流,能量回收将有很大的提升空间。

(3) 一般制动模式。这种模式的使用工况是典型的城市驾驶。由于汽车在行驶过程中,需要频繁地起停,并且制动力矩也不是非常大,因此这种模式是最适合进行能量回收的模式。采用这种模式进行制动时,驾驶员一般是以比较小的力度踩下踏板,因此电气制动就能满足制动的要求,同时刹车的距离也比较长,这两个因素对于能量回收都是非常有利的因素。所以,这种模式作为汽车能量回收的主要模式具有很高的研究价值。

3. 制动能量回收过程的能量分析

电动汽车的制动能量回收系统是与电池管理系统、车辆行驶系统密切相关的。当驾驶员踩下制动踏板后,由制动踏板将制动行程信号输送到汽车制动 ECU 中,制动 ECU 根据传送过来的信号计算出驾驶员的制动力大小和当时车辆的制动强度。同时,制动 ECU 根据电池充电状态信号、电机输出转矩信号和车轮转速信号等,按预先设定的控制策略进行逻辑判断,决定驱动轮能量回收制动力和前后轮摩擦制动力的大小,并将命令信号传递给电机 ECU 和制动系统执行。电机 ECU 根据制动 ECU 发送出的控制信号,通过控制电机输出电流的大小来使电机的回收制动力矩工作,并与摩擦制动力协调配合以满足驾驶员的制动需求,从而使能量回收制动力矩能按照制动踏板行程的变化而变化。

在这一过程中,汽车的能量首先是从车轮传送到发电机,最后回馈到动力电池组中进行储存。为使制动能量回收系统出色地完成安全制动与回收制动能量的双重任务,对其有如下要求。

(1) 平滑性要求。要使驾驶员在制动时的感觉与在驾驶传统燃油汽车时一样,制动装置所产生的制动力矩应该可以根据驾驶员的制动需求力矩的变化进行变化,最终使驾驶员获得其所希望的总力矩。同时,对电机制动力矩的控制不应引起踏板的冲击,避免给驾驶员一种生硬的制动感觉。

(2) 稳定性要求。要使车辆能够稳定地制动,前后车轮上的制动力必须进行正确的分配。首先,要防止电动汽车制动时出现先抱死的危险情况;其次,要尽量避免前轮停转,从而保证车辆对方向的控制能力;最后,在进行制动时前、后轮均要有足够的制动力矩,以保证充足的制动效能,这就要求在电动汽车中要尽量安装 ABS 系统。

(3)能量回收率要求。为了保证制动平顺性与稳定性的要求,依据现有的科技水平,要尽量提高能量反馈环节的效率,同时改进制动能量回收的方式,从而保证能量的回收率。

## 4.5 悬架系统能量回收

传统汽车在良好路面上行驶时会消耗 20% 左右的能量用于克服空气阻力和路面阻力,而悬架在减振方面损耗掉的能量,是除内燃机自身热损耗和制动能耗之外的另一个重要能耗。在车辆技术电动化、智能化的背景下,悬架技术也发生着改变。馈能悬架是悬架技术发展的重要方向之一,通过馈能悬架技术可以提高汽车的能量利用率,解决部分能耗问题。

传统阻尼器将汽车的振动转化为热能耗散,油液温度的变化会影响阻尼器的工作性能,还会造成资源浪费。如果将这些耗散能量回收利用,则可以降低车辆的能量消耗,有助于提高续驶里程。馈能减振器与传统减振器在工作原理上有较大的区别,即可以实现节约能源和降低排放的目的。馈能减振器的零部件较多,结构较为复杂,技术方面涉及的学科较多,实现产品化具有一定的困难。但随着各种新技术的应用,馈能减振器工程应用逐渐得到保障。

安装馈能减振器的目的是通过相应的能量回收装置,将悬架的垂向动能转化为可存储的能量,主要能量储存形式是电能,也有液压能和气压能。但从汽车产业发展的角度分析,将能量储存为电能是极具前景的一种方式。

### 4.5.1 机电式馈能悬架

机电式馈能悬架是将悬架上下往复的直线运动转换成电机的旋转运动,从而将机械能转换成电能储存起来。现阶段研究的机电式馈能悬架主要包括滚珠丝杠式、齿轮齿条式和曲柄连杆式的馈能悬架。

滚珠丝杠式的馈能悬架将电机、电池和滚珠丝杠机构制成一体,将车体与轮胎的相对直线运动转化为旋转运动带动电机旋转,并将产生的电能储存起来,其结构如图 4-14 所示。

车辆在路面行驶过程中,滚珠螺母沿轴做上下移动,带动螺杆和电机正反转,实现能量回收。

齿轮齿条式馈能悬架用齿轮齿条机构代替传统悬架的油液减振器,其结构如图 4-15 所示。馈能减振器将电机/发电机固定在簧载质量上,齿条固定在非簧载质量上,齿轮与电机/发电机的转子相连,齿条的直线运动将带动发电机发电,并将电能储存起来,实现能量回收。

当车辆在路面行驶时,路面不平度会造成悬架的上下振动,故引起连接车身和车轮的馈能减振器上下端相对位移,馈能减振器提供阻尼力衰减汽车悬架的振动,这时馈能悬架起到作动器的作用。

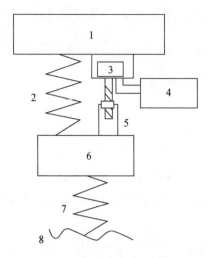
1—簧载质量;2—弹簧;3—电机;
4—充电电路及电池;5—滚珠丝杠机构;
6—非簧载质量;7—轮胎;8—路面。

图4-14 滚珠丝杠式馈能悬架结构

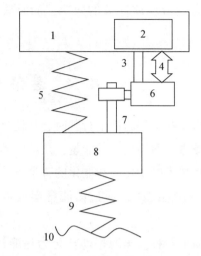
1—簧载质量;2—充电电路及动力总线;3—连接机构;
4—能量;5—弹簧;6—电动/发电机;
7—齿轮齿条机构;8—非簧载质量;9—轮胎;10—路面。

图4-15 齿轮齿条式馈能悬架结构

曲柄连杆式馈能悬架是在传统悬架的基础上增加了一套曲柄连杆机构,该机构可将车轮的往复运动转变成曲柄的旋转运动,进而带动电机发电。

曲柄连杆式馈能悬架由于增加了一套曲柄连杆机构,造成馈能悬架过于臃肿,且机构复杂,安装性较差。曲柄连杆式馈能悬架由于没有取消传统减振器,因此,能量回收效率较低;且由于曲柄连杆机构相应较慢,因此不能及时、有效地缓解路面不平对车身造成的冲击。

### 4.5.2 电磁式馈能悬架

电磁式馈能悬架主要有3种,即电磁线圈感应式馈能悬架、直线电机式馈能悬架和磁流变式馈能悬架。

电磁线圈感应式馈能悬架是利用永磁体和线圈构成的能量回收装置代替传统的液压减振器,其结构如图4-16所示。当车轮和车身相对振动时,永磁体会上下移动切割线圈(相当于线圈在磁场中切割磁感线)从而产生电能,并通过整流器总成将交流电变成直流电,储存在蓄电池当中。

电磁线圈感应式馈能悬架的缺点为:受线圈和磁极安装、布置的影响,可提供的阻尼力范围较小;由于磁极和线圈所占空间较大,安装性较差;磁极间气隙较大,进而导致励磁线圈和馈能线圈的铜损很大,馈能效率低;当路面冲击过大时,会造成磁极相互碰撞,导致损坏悬架。

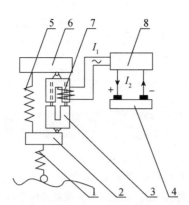

1—轮胎等效弹簧；2—非簧载质量；3—励磁永磁体；4—蓄电池；
5—悬架弹簧；6—簧载质量；7—馈能线圈；8—整流器总成。

图 4-16 电磁线圈感应式馈能悬架结构

直线电机式馈能悬架是用直线电机代替传统的减振器，其结构如图 4-17 所示。直线电机式馈能悬架相较于电磁感应式馈能悬架少了整流桥、线圈永磁体等中间装置，将车身和车轮之间相对运动的振动能量直接换成电能储存起来。同时，由于直线电机内部的线圈切割磁感线，带电的线圈同时提供给悬架必要的阻尼力，衰减车身振动。

直线电机式馈能悬架相较于电磁线圈式馈能悬架结构更紧凑、安装性更高，但直线电机较旋转电机漏磁通大，阻尼力小，功率因素及效率等电气性能较低，故直线电机式馈能悬架的馈能效率一般，且价格较为昂贵。

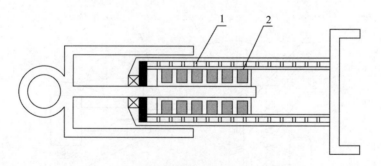

1—磁铁；2—内置线圈。

图 4-17 直线电机式馈能悬架结构

磁流变式馈能悬架是采用磁流变液来提供可控阻尼力的半主动悬架，其结构如图 4-18 所示。在外加磁场条件下，磁流变液能够在几毫秒的时间内从自由流动状态转变为半固体状态，这个过程具有快速、可逆和可调的特性。

磁流变液属可控流体，是智能材料研究中较为活跃的一个分支。磁流变液是由高磁导率、低磁滞性的微小软磁性颗粒和非导磁性液体混合而成的悬浮体。这种悬浮体在强磁场作用下呈现出高黏度、低流动性的宾汉体特性；在零磁场条件下呈现出低黏度的牛顿流体特性。磁流变液式馈能悬架具有可实现精确的时间控制，可提供连续可逆变化的阻尼力，低电压和低功耗，以及较高的稳定性和耐久性等优点，但其结构较为复杂，且价格昂贵。

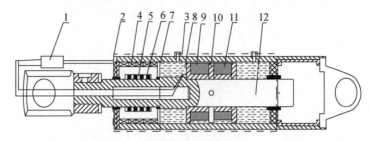

1—电能调理模块；2—磁感应模块；3—磁流变减振模块；4—电磁感应线圈；5—背铁；6—永磁体；
7—防漏磁材料；8—磁流变液；9—阻尼通道；10—活塞；11—励磁线圈；12—活塞杆。

图 4-18　磁流变液式馈能悬架结构

### 4.5.3　压电式馈能悬架

压电式馈能悬架是用压电材料将悬架的振动能量转化为电能，由于压电材料构造简单，故布置形式相对灵活，便于安装。目前，研究比较多的压电式馈能悬架主要包括悬臂梁式馈能悬架和滚动压迫式馈能悬架。

悬臂梁式馈能悬架将压电元件一端固定在馈能元件的壳体上，一端为自由端，且与凸轮接触，其结构如图 4-19 所示。当汽车在不平路面行驶时，车桥相对于车身的振动通过齿轮齿条传动转换为凸轮轴的转动，凸轮轴带动凸轮旋转，从而使凸轮凸角推动压电元件产生弯曲振动。由于压电元件具有正压电效应，因此可将机械能转换为电能，并通过电能储存电路进行储存，同时压电元件产生阻尼力。

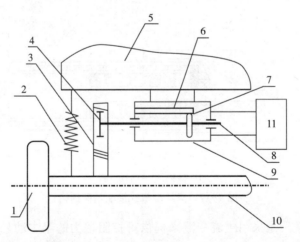

1—车轮；2—弹性元件；3—齿条；4—齿轮；5—车身；6—压电元件；7—凸轮；
8—凸轮轴；9—外壳；10—车桥；11—电能存储电路。

图 4-19　悬臂梁式馈能悬架结构

滚动压迫式馈能悬架与悬臂梁式馈能悬架的主要区别在于前者在传统减振器的旁边并联了一套馈能装置，其结构如图 4-20 所示。普通的减振器还是起到衰减振动的作用，压电元件起到能量回收的作用。

1—外缸；2—活塞杆；3—滚珠套筒；4—电流变弹性体；5—压电套；6—内缸。

图 4-20　滚动压迫式馈能悬架结构

滚动压迫式馈能悬架利用滚珠轴套压迫若干压电套组合，将上下的振动转换为单向的压迫，具有机械整流的功能，可以俘获更多的能量且控制方便。而且，这种压电俘能装置占用空间小，可以在结构上与阻尼器并联，减少减振器体积和增加减振器的有效行程。

### 4.5.4　液压式馈能悬架

液压式馈能悬架的减振器是由传统油液减振器改造而成的，其工作原理是将传统悬架系统中阻尼元件耗散的热能转化为供车上液压耗能组件使用的液压能，其结构如图4-21所示。

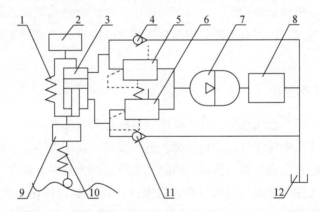

1—悬架弹簧；2—簧载质量；3—液压缸；4—单向阀 A；5—馈能功率调节器 A；6—馈能功率调节器 B；
7—蓄能器；8—悬架弹簧；9—非簧载质量；10—轮胎等效弹簧；11—单向阀 B；12—液压油箱。

图 4-21　液压式馈能悬架结构

与传统油液减振器类似，液压式馈能悬架的减振器由阀系节流产生阻尼力，由于油液在移动当中会耗散大部分振动能量，因此能量回收效率较低。液压式馈能悬架虽具有工作可靠等优点，但其需要增加很多附加质量，从而增加油耗，并且对元件的精度要求高，成本相对昂贵。

### 4.5.5　电液式馈能悬架

电液式馈能悬架是在液压式馈能悬架的基础上增加了一套电力转换机构，将蓄能器中的液压能转换成电能储存起来，其结构如图4-22所示。

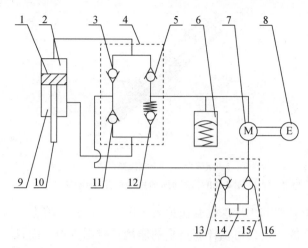

1—活塞；2—无杆腔；3—第二单向阀；4—液压整流桥；5—第一单向阀；6—蓄能器；7—液压电动机；
8—直流发电机；9—有杆腔；10—活塞推杆；11—第三单向阀；12—第四单向阀；13—第五单向阀；
14—油箱；15—容积变换桥；16—第六单向阀。

图4-22 电液式馈能悬架结构

当汽车在不平路面行驶时，电液式馈能悬架中的减振油通过由4个单向阀组成的液压整流桥后，带动电动机做旋转运动，进而带动电机发电。电液式馈能悬架不仅具有液压式馈能悬架稳定性好的优点，还有电磁式馈能悬架高效的特点，并能使油液单向流动，增大了液压电机的寿命。

### 4.5.6 优缺点分析

前面总共提到5类馈能式悬架，其中机电式馈能悬架效率普遍不高，增加的机械结构较大，布置困难，动作响应缓慢且结构复杂，造价较高，实用性不强；液压式馈能悬架虽然稳定性要高于机电式馈能悬架，且提供的阻尼力范围较大且易于调节，但是由于增加了液压管道以及馈能元件，导致其结构复杂，且大部分振动能量转化为热能耗散在空气中，导致其能量回收效率较低；压电式馈能悬架相比于前两种悬架，构造相对简单，易于安装，便于系统模块化、集成化和微型化，但由于其悬架的振动频率远低于压电元件的谐振频率，故馈能效率不高，其尺寸、材料等对压电元件的能量转换也有着很大影响；电磁式馈能悬架更具有发展潜力，其用能量转换装置取代了传统液压减振器的位置，结构相对简单、能量回收效率高，并且操作方便，但其发电机会随着车辆在不平路面上行驶时振动方向的变化不断改变旋转方向，这会导致发电效率降低，而且还会大大缩短发电机的使用寿命；电液式馈能悬架结合了液压式馈能悬架和电磁式馈能悬架的优点，其主要特点和优点如下。

（1）通过设置由液压单向阀组成的液压式整流桥，可将车身的上下往复振动转变为液压电动机的单向转动，从而带动发电机进行单向旋转，避免了发电机和液压电动机双向旋转造成的能量损失，并且提高了发电机的使用寿命，降低了馈能悬架的制造成本。

（2）相比于传统的油液式悬架由阻尼小孔提供的阻尼力，电液式馈能悬架的阻尼力由液压电动机、发电机和馈能电路等关键部件来提供，相应地减少了液体与油液管路中元件的摩擦，从而减少摩擦产生的热损失，提高了油液式悬架的使用寿命。

（3）通过调节馈能电路上的负载电阻，可以实现阻尼力的连续无级可调。优先满足悬架的动力学性能，再考虑馈能悬架的能量回收。由于系统中液力蓄能器和液力传递的作用，系统趋于平稳，即使遇到地面激励幅度较大的情况，阻尼力也不会突然变化。

（4）通过在馈能电路上设置负载电阻，可以实现半主动或主动控制，根据路面信息和车身位移信号调节负载电阻，从而实时调节该减振器的阻尼特性，可以显著提高悬架特性，同时改善车辆的行驶平顺性和操纵稳定性。

# 第五章 车身与轻量化

## 5.1 纯电动汽车车身概述

### 5.1.1 电动汽车车身特点

汽车车身约占汽车总质量的30%左右，其轻量化可以大大减轻汽车自重，这一点对于纯电动汽车尤其重要。汽车车身主要由车身本体、开启件（各种门、窗、行李箱和车顶盖等）、各种座椅、内外饰附件和安全保护装置（保险杠、安全带、安全气囊等）组成。根据纯电动汽车的续航要求，汽车车身的外形应尽可能缩小其迎风面积来降低空气阻力，并采用轻型高强度材料来减轻汽车自身的质量。车内各个部件的布局也相当重要，由于电动汽车主要是通过柔性的电缆来传递动能，即减少了大量刚性的机械连接部件的动能传递，因此电动汽车各部件布置具有较大的灵活性，并且动力电池组也可分散布置，或作为配重物来布局。纯电动汽车各个部件总体布局的原则是：符合车辆动力学对汽车重心位置的要求，并尽可能降低车辆重心高度。特别是对于采用轮毂电动机驱动实现"零传动"方式的电动汽车，不仅去掉了发动机、排气消声系统和燃油箱等装置，还省去了变速器、驱动桥及所有传动链，既减轻了汽车自重，又留出了许多空间，其结构发生了很大的变化。因此，车辆的整体结构布局时需要重新设计，并全面考虑各种因素，与传统的内燃机汽车有很大的区别。

由于电动汽车增加了动力电池的质量，故必须考虑安装动力电池部位的车架强度，同时为了方便动力电池的充电、维护及更换，还要考虑动力电池的安装方法和安装位置的方便性。对环境温度有要求的动力电池还需要考虑其散热空间及调温控制，为确保安全，还需采取密封等预防措施，以防车辆发生撞击事故时电解液泄漏伤及人身，且应具有防火等措施。

目前，电动汽车车身的制造工艺、材料等还是基于传统汽车车身工艺在短期内不会出现大的变革。不过随着纯电动汽车数量的上升，其对车身轻量化的需求可能促进新材料和新工艺的发展。

### 5.1.2 新材料应用的发展趋势

轻量化技术是各类汽车发展的重要方向之一。车身轻量化是指通过合理使用汽车轻质材料以及优化汽车总成、零部件结构的设计和制造工艺等方法，在强度和刚度得以保证、汽车满足安全碰撞法规的前提下，通过降低整车质量，达到提高能源利用率、降低能源消耗、减少污染物排放及增加续驶里程的目的。

相关研究报告指出，传统燃油汽车的自重每减少10%，燃油的消耗可降低6%~8%，排放降低4%。对于纯电动汽车，由于电池负载，为了满足其续航要求，未来汽车材料技术发展的主要方向是轻量化、环保和可回收再利用技术。因此，汽车新材料的应用发展态势主要体现在以下几方面。

1. 钢铁材料仍占据主导地位

在今后很长一段时期内，钢铁材料在汽车材料中所占的比例将会保持相对稳定，但是其内部结构将会发生变化，主要变化趋势是高强钢和超高强钢的用量将大幅度增加，而中、低强度钢和铸铁的比例则会逐步下降。高强钢是一种具有很大竞争力的汽车轻量化新材料，与其他材料相比在耐腐蚀性能、抗碰撞性能以及成本等方面具有很大的优势。今后，高强钢将会成为汽车钢铁材料的主要发展方向之一。

2. 铝及其合金材料在汽车中的应用范围将进一步扩大

铝是应用较早且技术日趋成熟的轻量化材料，在汽车中的用量呈现不断增长的趋势。汽车中应用的铝目前主要以铸件为主，而铝冲压件、铝锻件以及铝板在汽车中的用量较小。

3. 高分子材料用于车身

由于纯电动汽车的使用特点，高分子材料可能将大量运用于其车身制造，但成本较高。随着化工技术的进步与电动汽车的发展，碳纤维车身的特点为其大量应用提供了可能。

## 5.2 纯电动汽车与轻量化

### 5.2.1 纯电动汽车轻量化的必要性

在汽车诞生初期，车身是非常轻的，这主要受制于发动机功率。例如，卡尔·本茨发明的第一台汽车其发动机功率仅551 W，如此小的牵引功率自然不能采用沉重的车身，而实际上该车正是采用的橡木车架。相较于内燃机汽车，纯电动汽车对轻量化有着更高的要求。虽然汽车行业经历了数次轻量化热潮，但内燃机汽车自身动力特性导致其对轻量化缺乏内在的"热情"。但对于纯电动汽车，在安全性能保证的前提下，车身结构每减轻一分都可提高续航能力，也能携带更大功率输出的动力电池。

续驶里程短、充电时间长是制约纯电动汽车快速发展的重要因素之一，而且目前电池技术的发展也处于瓶颈期，因此想要从动力电池方面来大幅度提高纯电动汽车的续驶里程存在一定难度。此外，整车质量也会影响续驶里程，汽车越重，在行驶中消耗的能量越多，续驶里程就会减少。因此，在保证汽车安全性和车身强度的情况下，减轻车身的质量，可以使纯电动汽车的续驶里程得以增加。与燃油汽车相比，纯电动汽车在结构上取消了发动机、变速器、油箱等结构，但是增加了动力电池。研究表明，汽车动力电池质量占整车质量比重越大，其续驶里程越大，因此纯电动汽车为达到续航能力的要求，电池系统的总体都非常重。根据某车型的数据，动力电池的质量为 550 kg，占到整车整备质量的 28%，有些车型的动力电池甚至超过整车总质量的 30%。注意：纯电动汽车的减重还可以使其携带更多的电池，这样就不能单纯地像传统内燃机汽车那样考虑轻量化与经济性的关系。由于车身、电池及其附加装置等增加了整车的质量，因此对这些关键部件的轻量化技术的研究显得尤为重要。相较于传统汽车而言，纯电动汽车的轻量化技术研究更为迫切，需要通过轻量化设计来平衡动力电池增加的质量。

电动汽车与传统燃油汽车相比，在结构上最大的区别是动力电池组的存在，目前纯电动汽车常用的动力电池为锂离子蓄电池，为达到续航能力的要求，电池系统的总体质量都非常高，甚至占整车总质量的 30%～40%。在同一个车型并且车身尺寸、功率相同的情况下，电动车要比传统燃油车重很多。

另外在行驶的过程中，传统的燃油汽车由于燃油的逐渐消耗，汽车的总体质量会随之降低，但是电动汽车在一次充电的有效行驶周期内，其质量并不发生任何变化，因此电池组的质量对于汽车的续航能力有很大的影响。基于目前电池组技术及其研究的现状，暂时可以通过降低电池系统配件质量达到汽车轻量化的目的，但大幅度降低电池系统本身质量的技术还在研究之中。因此，传统和简单意义上的汽车轻量化措施以及电气化技术还不能满足纯电动汽车性能的要求。

另一方面，电动汽车车身轻量化可以保持原有或实现更优越的汽车整体性能，保证零部件、结构和车身的力学性能（强度和刚度）要求及安全性要求，减轻车身及整车质量，提高电动汽车的续航能力。这需要根据设计要求分析零部件或具体结构的材料及性能，并进行力学分析、设计计算及状态模拟，综合分析人机工程、工业设计、成本效益等诸多因素，才能确定相应的生产工艺。轻量化的研究对电动汽车的发展来说势在必行，只有实现了轻量化才能降低开发成本，提高性能，从而满足市场需求。

近年来，轻量化在我国汽车行业得到了快速发展，电动汽车轻量化不仅是一种新材料或一项先进技术，而且是车型研发的一项重要技术指标，面对材料成本高、工艺不成熟等问题，需要加强技术改进来降低材料成本，提高材料利用率，研发更优良的新型材料，引进国际先进设备，掌握先进制造工艺等。

## 5.2.2 车身轻量化的途径

目前电动汽车轻量化的实现主要有3种途径：（1）优化车身结构设计；（2）使用轻量化材料；（3）采用新型制造工艺。

在传统车型的演变过程中经过不断研究开发，车身结构设计日趋完善，提升空间已相对狭窄。现阶段，国内外实现汽车轻量化更具潜力的途径是使用轻量化材料和采用新型制造工艺。

如前所述，实现车身轻量化的最简单、最直接的方式就是使用轻量化材料，但是研发一种新型轻量化材料的试验周期相对较长。轻量化新型材料的应用需要突破的关键技术有以下几点：材料变性、材料复合和虚拟试验技术。材料变性是指保持并利用材料有利于轻量化技术实现的固有优点，通过物理或化学手段改变其不利于轻量化实现的某个或几个性能，在材料的轻量化、力学性能和安全性能等方面，达到最优化的参数组合。就结构轻量化方面而言，与传统燃油汽车相比，纯电动汽车没有发动机的存在，因此发动机相关构件不作为轻量化的研究内容。另外，由于在行驶的过程中，纯电动汽车并不像燃油汽车那样会产生大量的热能，因此散热结构及部件也不作为轻量化的研究内容。优化设计是将数学中的最优化理论与工程设计相结合，轻量化研究的最终目的并不是简单的减轻车身质量，而是整车结构的安全性，技术难点是在实现车身轻量化的同时提高车身结构的抗弯强度、抗扭强度、侧翻强度和碰撞吸能等特性。

就目前轻量化材料应用而言，大多数是采用高强度优质钢、各种合金等金属材料和加强工程塑料、碳纤维等非金属复合材料来实现车身的轻量化，经常进行轻量化设计的车身结构部分有车门外板、前机盖、行李箱盖以及传统燃油汽车的散热水箱、冷凝器等。

例如，纯电动汽车悬架、发动机罩以及电机壳体等均可通过采用合金材料实现轻量化，采用该类材料可减轻40%~50%的质量。另外就是碳纤维等新型材料，在汽车众多轻量化材料中，碳纤维材料具有质量轻、强度高、抗冲击和耐腐蚀等特点。同时，碳纤维复合材料比重不到钢的1/5，但强度却是钢的8倍，并拥有比金属材料高5倍的能量吸收能力，因此，具有优越的安全性能。碳纤维材料可大幅度减轻汽车质量，达到55%~60%的减重。

目前，大多数汽车最基本的构成材料为钢，汽车上的重要零件绝大部分也是用钢制成的，因此使用轻量化材料代替钢可直接降低汽车质量。为了减轻质量，首先可选用高强钢，高强钢是一种屈服强度介于210~510 MPa，抗拉强度介于270~700 MPa的合金钢，其用在汽车车身结构上既可以保证安全性能又可以提高轻量化水平。与传统汽车的低碳钢相比，采用高强钢可减轻15%~25%的汽车质量。此外，还可选用低密度的材料，如铝合金、镁合金和复合材料等。

车身轻量化的关键是基于合适材料的合理结构设计，电动汽车的轻量化要求车身大量采用金属与塑料的组合，车身多用薄板材料桁架结构或带芯三明治结构。另外，塑料、复合材料、橡胶和胶粘密封剂等非金属材料已广泛应用在汽车发动机、动力系统、传动系统、燃油系统、汽车车身、底盘、内外饰件、保险杠和电子组件等部位，并进一步向结构件、功能件的方向发展。这就需要先进的制造工艺，将这些不同材料进行连接组合，主要是焊接工艺、机械连接工艺和粘接技术。

## 5.2.3 考虑全生命周期的车身轻量化

需要注意的是，汽车轻量化虽然能够有效降低使用阶段的能耗和排放，但如果全面考虑材料获取、材料加工、零部件加工制造、整车装配、使用和回收利用的全生命周期，轻量化并不一定节能减排，成本也可能增加。

评价汽车轻量化效果不能仅仅关注轻量化汽车运行使用阶段的情况，应从整个汽车生命周期的各个阶段予以综合考虑，须进行汽车轻量化全生命周期多目标优化。针对此问题，轻量化设计阶段须协同考虑轻量化后的全生命周期能耗、环境排放和成本变化，达到在轻量化的同时汽车全生命周期的能耗、环境排放减少和成本不增加的目标。

轻量化是降低汽车能耗、减少排放的最有效措施之一，近年来世界各大汽车生产厂家、钢铁协会和铝业协会等组织先后开展了多项汽车轻量化项目的研究。尽管实现轻量化的技术路线不同，但轻量化目标都是相同的，主要通过设计、材料和工艺3个方面的工作来实现。

综上所述，轻量化虽然减少了汽车使用阶段的能耗排放，但在材料获取阶段、加工制造阶段、回收利用阶段乃至全生命周期的能耗及排放能否降低，生产成本是否增加尚未得出准确结论。但如果没有考虑材料获取阶段、加工制造阶段和回收利用阶段的能耗、排放和成本的影响，势必夸大节能减排效果，甚至造成全生命周期不节能减排。

因此，应通过全生命周期评价与多目标优化相结合的方法对汽车材料轻量化全生命周期过程中的材料消耗、能源消耗、环境排放和成本进行多目标优化，达到在保证产品性能的前提下进行轻量化，同时全生命周期的能耗、环境排放减少和成本不增加的目标。此外，应在早期设计阶段寻找汽车轻量化的最佳绿色解决方案，为企业开展汽车轻量化评价和指导绿色设计提供理论依据。

本书提出的在轻量化设计阶段协同考虑轻量化后的全生命周期能耗、环境排放和成本变化，并进行轻量化全生命周期多目标优化研究的方法和结果可以为相关企业开发具有真正节能减排价值的汽车轻量化产品提供量化参考依据。

## 5.3 车身轻量化设计

就车身结构方面，电动汽车车身的轻量化设计与传统燃油汽车车身的轻量化设计存在共性，本节只对一些典型轻量化设计进行概述。为了在保证刚度的前提下实现轻量化，结构件应采用图5-1所示的典型轻量化结构设计，尽量采用闭口截面，关键承载件采用加强筋设计。

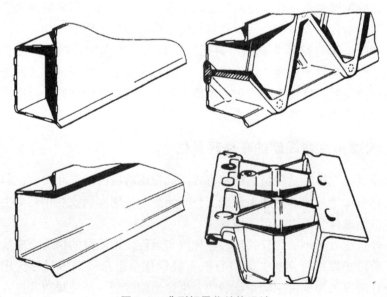

图5-1 典型轻量化结构设计

图 5-2 为金属与塑料复合结构车门设计，采用这种三明治的塑料夹芯结构设计可以实现轻量化。

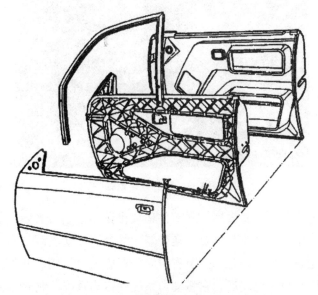

图 5-2　金属与塑料复合结构车门设计

由于轻量化目的是节能，因此综合考虑车身结构、材料和外形的节能设计才是轻量化的终极设计。因为纯电动汽车动力装置以及冷却系统改变，所以其外形空气阻力系数更低。图 5-3 为奥迪汽车的第一台全铝车身，其中车身质量仅为 191 kg。

图 5-3　奥迪全铝车身

轻量化除了车身结构这类平动零部件的轻量化，更为关键的是转动部件的轻量化。如图 5-4 所示，碳纤维传动轴除了减轻质量，关键是还减小了转动惯量，可以更进一步实现节能。

图 5-4 碳纤维传动轴

随着纯电动汽车技术的不断发展,零部件集成化设计已成为必然趋势。研究纯电动汽车电驱动系统的一体化,即将驱动电机、逆变器、减速器等新能源汽车部件集成一体,可实现轻量化和小型化的目的,同时达到节省空间降低成本等作用。此外,轮毂电机的应用也推进了电驱动系统的轻量化发展,它将动力系统、传动系统、制动系统都整合安装在车轮内,可进一步减轻汽车的质量。

## 5.4 轻量化车身材料

车身结构优化目前已经相对成熟,因此要进行更深层次的轻量化设计,主要是对新材料的利用。传统燃油汽车经过数次轻量化浪潮,使高强钢、铝合金、镁合金和复合材料等轻量化材料的研究受到广大车企的重视,与之对应的激光拼焊、热成型、液压成型和辊压等工艺也得到了深入研究和广泛应用。

### 5.4.1 高强钢材料

随着汽车工业产销规模的扩大和燃油经济性需求的增长,社会对汽车节能、环保、安全的关注度日益提升,汽车轻量化就是应对现代汽车工业发展需求的有效技术措施。汽车轻量化是指在保证汽车产品安全使用的前提下,轻量化设计、轻量化材料和轻量化制造技术在汽车产品上的集成应用。高强钢作为汽车轻量化的主要材料,备受汽车及相关行业的关注。传统的高强钢和先进高强钢的主要区别在于它们的微观结构,传统的高强钢是单相铁素体钢,碳锰钢潜在含有一些珠光体;先进高强钢主要含有铁素体、珠光体或渗碳体之外的显微组织,如马氏体、贝氏体、奥氏体和残留奥氏体,这些显微组织足以产生独特的机械性能。

在汽车材料组成中,钢铁占有很大比重,目前平均占整车材料的 50% 以上。可以说,在过去、现在乃至于今后相当长的时间内,钢铁都将是汽车组成的基本材料。如图 5-5 所示,高强钢板占车身框架的 36%,采用的 980 MPa 和 1.5 GPa 级的高强钢板大大增强了正面和侧面的碰撞安全性。

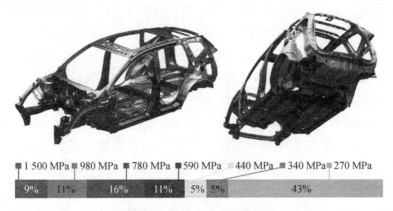

图 5-5 高强钢在车身的应用

虽然铝合金、镁合金以及复合材料都比钢轻，并且其中的许多材料可以为部件强化提供条件，但钢铁目前在汽车材料中仍然占主导地位。与铝合金相比，钢铁材料具有以下优势：

(1) 高的弹性模量：钢的弹性模量为 210 GPa，铝合金的为 70 GPa。
(2) 高的抗疲劳性能：在相同强度水平，铝合金约为钢的 1/2。
(3) 好的成型性能：铝合金的成型性约为钢的 2/3。
(4) 高的硬度：与钢相比，铝合金的硬度较低。
(5) 低的热导率：钢的热导率约为铝合金的 1/4。
(6) 铁磁性：钢是铁磁性的，铝是顺磁性的。
(7) 高应变率敏感性：钢具有正的应变率敏感性，即随着应变率的提高，钢的强度和吸能性都将提高。铝合金是应变率不敏感材料，因此不适合做抗撞击零部件。

为了在与其他种类材料的竞争中保持优势地位，扩大高强钢在汽车上的应用范围，巩固高强钢在汽车用材料中的主导地位，未来高强钢的技术开发将紧密围绕降低成本、减轻车辆自重的要求来展开，重点是新一代先进高强钢（板、管材）的开发、先进的成型技术研发和进一步研发超细晶粒钢等。

## 5.4.2 铝合金材料

目前，采用轻质材料制造汽车车身是实现车身轻量化最有效的手段。由于铝合金具有质轻、比强度高、耐蚀、易加工以及回收成本低等优点，因此用其代替传统钢铁制造汽车车身是各国汽车制造商针对汽车轻量化所采取的有效措施之一。一般来说，采用铝合金板材代替传统的钢板制造的汽车内外板可使整车质量减少 10% 左右。

相关研究表明，多材料结构设计不仅能够改进汽车的性能，同时还能显著降低汽车质量，因此多材料结构设计将会成为今后汽车车身结构的研究热点。目前，汽车车身材料主要以高强钢、镁、铝以及塑料为主。而要实现多材料轻量化的结构设计，就必须要做到"合适的材料用在合适的部位"。其中，铝主要应用于汽车车身内外板、车身框架等。

纯铝是一种银白色的轻金属，具有较高的导电性和导热性，密度小、塑性好、容易成型加工和回收利用。由于铝具有优良的性能、良好的生产工艺性和高的材料再生性，因此通过铸、锻、冲压等工艺，可以将其制造成多种汽车零部件。铝合金应用于汽车，与钢相比具有更低的密度（密度为2.7 g/cm³，而钢的密度为7.87 g/cm³），更高的碰撞能量吸收率和更好的导热性能。当铝合金应用于散热器或交换器时，其导热性能尤为突出。铝代替传统的钢材制造汽车，可使整车质量减轻30%～40%，制造发动机可减重30%，铝制散热器比相同的铜制品轻20%～40%，铝制车身比传统钢材制品轻40%以上，铝制车轮可减重30%左右。汽车阻力几乎都与车身自重相关，如果整车减轻10%，可降低油耗10%～15%。由此可见，采用铝合金代替传统钢材制造汽车可以显著减轻汽车质量，从而实现节能减排的目的。

铝合金作为工业上应用最为广泛的质轻、有色金属材料之一，自身具有许多独有的特性，能够赋予汽车许多优良的性能。为了进一步提高汽车节能、降耗、环保、安全和舒适等性能，现代汽车广泛采用了铝合金材料。数据显示，2015年铝镁合金在车身及闭合件中的应用相比于2007年提高了3倍。目前，世界耗铝量的16%以上用于汽车制造工业，有些工业发达国家已超过20%，甚至达25%，并且其用量还将进一步增长。

为了提高纯铝的强度及其综合性能，人们通常将纯铝与其他金属进行合金化，同时进行适当热处理来改善性能，从而获得综合性能优异的合金材料。研究表明，铝合金材料不仅能够保留纯铝质量轻等优点，同时还能显著提高材料的强度，使得铝合金材料的比强度大大超过很多合金钢，从而成为一种理想的结构材料。铝合金材料密度低，且强度接近或超过优质钢，塑性好，可加工成各种型材，具有优良的导电性、导热性和抗蚀性，目前已经广泛应用于机械、建筑、汽车以及航空工业等领域，其使用量仅次于钢。与其他传统材料相比，铝合金材料用于汽车领域具有明显的优势，如能够达到轻量化的目的，减少汽车能耗，降低汽车尾气的排放，同时还能够改善汽车的行驶性能，提高汽车的舒适度以及安全性。

目前，铝材已经广泛应用于汽车结构件和非结构件，每辆车的铝材用量也在不断增加。图5-6为铝合金汽车车身。

图5-6　铝合金汽车车身

统计数据表明，2019年欧洲乘用车单车用铝量179.2 kg，其中铝铸件116 kg，铝薄板

34 kg，铝挤压件 19 kg，铝锻件 10.2 kg；2019 年欧洲乘用车总用铝量将接近 300 万吨，其中铝铸件 193.6 万吨，铝薄板 56.7 万吨，铝挤压件 31.7 万吨，铝锻件 16.9 万吨。目前，在汽车车身中大量应用的是铝合金，以变形铝合金为例，它的合金元素主要包括硅（Si）、铁（Fe）、锰（Mn）、铜（Cu）、铬（Cr）、锌（Zn）、镁（Mg）和钛（Ti）等。变形铝合金一般占汽车总用铝量的 1/3 左右，目前主要用于汽车的冷却系统、车身材料和底盘等部位。汽车散热器、汽车空调器的蒸发器和冷凝器等主要是用复合带箔材及管材；车身顶盖、车身侧板、挡泥板、地板，以及底盘等则是多用板材、挤压型材。

### 5.4.3 碳纤维复合材料

随着石油资源短缺和环境压力的不断增大，使得汽车工业向轻量化方向发展。在此大背景下，作为汽车轻量化主流轻质材料之一的复合材料及其制造技术也得到了快速发展。复合材料在汽车中的用量一直呈增长态势，它是由两种或两种以上化学性质或组织结构不同的材料，通过物理或化学的方法在宏观或微观上组合而成的材料。复合材料是多相材料，主要包括基体相或增强相，基体相是一种连续相，它把改善性能的增强相材料固结成一体，并起传递应力的作用；增强相起承受应力（结构复合材料）和体现功能（功能复合材料）的作用。

复合材料具有质量轻，比强度、比模量高，减重效果显著，抗疲劳性能好，减震性能良好和高温性能好等优点。目前，复合材料在汽车上的外饰件到内饰件，半结构件到结构件都有应用，主要包括立柱饰板、保险杠、车身面板、车门、车窗、车顶、车身底护板、座椅骨架、传动轴和板弹簧等。

在车用复合材料中，纤维增强树脂基复合材料是汽车车身轻量化最广泛使用的材料，其增强相纤维材料主要有玻璃纤维、碳纤维、硼纤维、芳纶纤维、碳化硅纤维和天然纤维。

在众多的纤维增强树脂基复合材料中，碳纤维在比重和力学性能上与其他纤维材料和轻质金属材料相比具有很大的优势。碳纤维是一种主要由碳原子组成，直径为 0.005～0.010 mm 的细长纤维，它是一种由有机纤维或低分子烃气体等原料在惰性气体保护下，经高温（1 500 ℃左右）碳化而成的纤维状碳化合物，其碳含量在 90% 以上。碳纤维中碳原子以微观晶体形式沿纤维轴向键合在一起，这种纤维的取向特点，使其在轴向具有极高的强度和弹性模量。另一方面，相对于钢而言，碳纤维又具有低密度（1.8 g/cm$^3$ 左右）的特点，因此它是轻量化汽车设计的理想材料之一。

碳纤维具有高比强度、高比模量、低密度、耐高温、抗烧蚀、耐腐蚀、耐疲劳、热膨胀系数小、抗蠕变、高电导和热导性能、自润滑和生物相容性好等一系列的优异性能。作为一种高性能纤维，碳纤维既具有碳材料的固有特性，同时又兼具纺织纤维的柔软性和可加工性，因此它是先进复合材料最重要的增强材料。以碳纤维作为增强相的先进复合材料不仅能够作为结构材料承载负荷，而且还可以用作功能材料拓展其应用领域。

自 20 世纪 60 年代碳纤维材料诞生以来，它首先被应用于军事航天领域。例如，碳纤维增强复合材料被用来制造飞机和航天器的零部件、赛车车身、汽车板簧和驱动轴等质量轻且强度高的组件。近年来，碳纤维复合材料成为汽车轻量化车身研究与开发的重要方向之一。随着碳纤维加工工艺的革新，产量的提高，成本的不断降低，纯碳纤维复合材料"黑车身"已成为汽车界热点议题之一。

如图5-7所示，宝马i3电动汽车采用碳纤维取代了车体材料中过去最常用的钢铁材料，其质量仅为传统金属材料车身的1/4，但能实现足够的强度和耐久性。

图5-7　宝马i3电动汽车的碳纤维车身

## 5.5　轻量化工艺

### 5.5.1　工艺革新

纯电动汽车大范围使用轻量化材料，除了受材料本身成本限制外，还受这些材料用作车身的生产制造工艺影响，采用先进的制造技术是实现轻量化的重要途径。例如，激光拼焊属于焊接的一类，采用激光拼焊可将不同材质、不同厚度的钢材、铝合金等材料自动拼合和焊接形成一块整体板材。激光拼焊技术能减少零部件的数量、提高材料利用率、减少工厂的生产流程和成本及设备的投入。

目前，激光拼焊技术已广泛应用于车身制造，如车身侧围采用激光拼焊，则不再需要加强筋及附属的生产工艺，零部件数量和整车质量会减少。在车门处，激光拼焊的应用减轻了部件质量，提高了车门部件的稳定性，省略了接缝处密封措施，提升了环保性。

此外，还有热成型技术。当前高强钢作为重要的轻量化材料在汽车上广泛应用，但是钢板强度越高，则越难成型，尤其是一些超高强钢，常规冷冲压成型工艺基本无法完成，而热冲压成型可解决该类问题。热冲压成型是一项专门用于汽车高强钢板冲压成型的新技术，也是轻量化生产的重要技术，它具备回弹性好、成型精度高、高延展率和高强度等特点，同时具备极好的碰撞安全性，因此被应用在汽车横梁和保险杠等零件的生产制造上。

作为新能源汽车未来的发展方向，纯电动汽车对轻量化生产工艺具有最为迫切的需求。目前，纯电动汽车实现轻量化的主要手段是采用轻质材料代替传统的钢制材料，如铝合金、镁合金、碳纤维和高强度塑料等。特斯拉 Model S 即采用了大量铝合金材料。

铝合金材料的制造连接工艺与传统汽车车身的制造工艺区别很大，对于镁铝合金材料之间的连接而言，因为铝合金热容小、导热和导电率高，其表面易与铜元素发生化学反应，所以采用传统电阻点焊工艺连接时，会造成焊接不到位、电极寿命短和接头质量不稳定。由此可见，传统的连接工艺已经无法满足日益增长的轻量化需要了。本节主要阐述以铝合金为代表的轻量化材料在纯电动汽车上的应用，并根据一些行业领先的纯电动汽车厂家的生产过程，介绍几种新型连接技术的特点。

轻量化要求正促使车身材料的应用和结构设计向着多元化发展，但由于异种材料间理化性能的差异，彼此在连接时难以形成高质量的接头，这就需要寻找合适的连接方法来应对这种挑战。目前，电动汽车车身制造的连接技术可分为焊接工艺、机械连接工艺和粘接技术。焊接工艺一般属于热连接工艺，常见的包括电极带式电阻点焊、熔化极惰性气体保护焊、冷金属过渡技术、激光焊接技术和搅拌摩擦焊 5 种；机械连接工艺属于冷连接工艺，常见的包括自冲铆连接、螺栓连接、无铆钉铆接和热熔自攻丝铆接；对于粘接而言，主要以结构胶粘接技术为主，纯粘接工艺的应用相对较少。

### 5.5.2 焊接工艺

**1. Delta Spot 电极带式电阻点焊**

Delta Spot 电极带式电阻点焊的原理是在焊接时，将电极带放置在工件与电极之间，电极压住电极带与工件接触，电极带在一个焊点完成时会自动转到下一个焊点处，并重复上述焊接过程，如图 5-8 所示。Delta Spot 电极带式电阻点焊的优点是电极和铝材料不直接接触，电极头不需要打磨，从而延长了电极寿命，提高了焊接效率并且保证了焊接质量；同时电极带会将焊接产生的氧化物清理干净，避免焊接材料飞溅造成部件损坏。目前，该焊接工艺已被成功应用于保时捷、特斯拉某些车型的制造，在特斯拉某车型车门生产线中，一条电极带的使用寿命达到 4 500 个焊次，每个车门有 20 个焊点，焊接该车型一个车门所需时间 100 s，因此一个 Delta Spot 电极带式电阻点焊机每天能够焊接超过 650 个车门，若适当调整还能实现不同类型车门的焊接工艺。

图 5-8 Delta Spot 电极带式电阻点焊

**2. 熔化极惰性气体保护焊**

熔化极惰性气体保护焊工艺采用的是可熔化的焊丝与焊件之间的电弧作为热源来将母

材金属熔化,并在焊接过程中输送惰性气体(氩气或富氩气体)保护焊接熔池,使焊丝、母材金属免收周围空气的有害作用。相比而言,常见的二氧化碳保护焊具有强烈的氧化性,而熔化极惰性气体保护焊在惰性气体的保护下氧化性极低甚至能达到零氧化,这使其不但可以焊接碳钢、高合金钢,而且还可以焊接许多活泼金属及其合金。宝马某车型就大量采用了此种焊工艺生产的全铝副车架。

3. 冷金属过渡技术

冷金属过渡技术指的是在数字控制方式下,使焊丝的输送过程变为间断送丝。该工艺能够根据焊接电弧的生成时间变化来调整焊接电流,不仅能完成铝合金、镁合金等轻质材料连接,而且能实现铝与钢等异种材料的焊接,由于冷金属过渡技术焊接质量高、焊缝美观,已被国内外众多电动车厂家采用,尤其是在车罩、车门和天窗等对外观要求高的部位。特斯拉 Model S 的全铝车身制造就大量使用了这一焊接工艺。

4. 激光焊接技术

激光焊接是利用高能量密度的激光束作为热源,用极短的时间在被焊处形成一个高温热熔区,使材料蒸发并形成熔融金属小孔,激光移开后会留下空隙并于冷凝后形成焊缝。激光焊接相较于电阻点焊而言,能量更集中、熔化的材料少、需要的总热量小,因此焊接变形小,焊接速度更快。激光焊接技术主要应用于汽车拼焊板焊接、动力电池焊接、齿轮焊接、安全气囊内胆焊接和保险杠焊接等方面。例如,比亚迪某车型车身的焊接及蔚来某车型车门内板和前后纵梁的焊接就采用了激光焊接技术。此外,大众、宝马、丰田等各大汽车生产商相继在车身中采用了激光焊接技术,包括汽车安全气囊内胆、汽车车门和前后纵梁、汽车保险杠、动力电池和变速箱齿轮的焊接等。

5. 搅拌摩擦焊

搅拌摩擦焊是指利用高速旋转的焊具与工件摩擦产生的热量使被焊材料局部塑性化,当焊具沿着焊接路径向前移动时,形成致密的固相焊缝。根据焊接种类的不同,可将搅拌摩擦焊分为搅拌摩擦缝焊和搅拌摩擦点焊。长城某纯电动汽车就成功采用了搅拌摩擦点焊技术,该技术主要运用于铝合金、镁合金等轻金属结构领域,除了具有常规摩擦焊的技术优点外,还具有接头热影响区残余应力较低、焊接板件不易变形;在焊接过程中不需要添加焊丝;焊铝合金时不需要提前除去合金表面的氧化膜;不需要保护气体;成本低等优点。但是,在焊接结束将探头提出板件时,焊缝端头会形成一个工艺凹孔,该孔会大大降低接头承载面积,从而削弱其力学性能,虽然能够通过金属回填对焊缝进行修补,但是修补过程需要复杂的控制系统和较长的工艺时间。

搅拌摩擦点焊工艺是在线性搅拌摩擦焊的基础上发展起来的一种新型固相连接技术,可以很好地用于连接金属与聚合物或金属与复合材料。该工艺的设备主要包括压紧环、套筒、搅拌针 3 种非损耗性工具,当压紧环固定好工件后,套筒和搅拌针可以彼此独立移动和旋转,如图 5-9 所示。

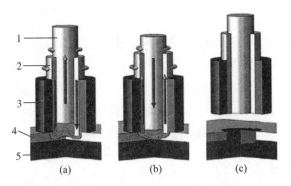

1—搅拌针；2—套筒；3—压紧环；4—金属；5—复合材料。

**图 5-9　搅拌摩擦点焊工艺的设备**

(a) 套筒下扎使金属熔化；(b) 搅拌针下压填充；(c) 接头固化

为了满足轻量化和安全性，混合车身中广泛应用了铝合金和高强钢。但是铝合金与高强钢的物理性能存在显著差异，且 Fe 在 Al 中的固溶度极低，这给铝合金和高强钢异种金属的焊接带来极大的困难，焊接接头中容易出现缩孔、裂纹等缺陷，焊缝中会形成硬脆的金属间化合物，大幅度降低接头强度。对于铝合金和高强钢这两种异种材料的焊接，目前激光复合焊和搅拌摩擦点焊可以在一定程度上避免上述问题，如图 5-10 所示。由于激光束焦点的直径非常小，会产生一个非常窄的熔池，因此可以实现非常高的焊接速度。但由于熔池的尺寸与焊接深度和焊缝宽度成比例，因此激光焊接不能自如地应对接缝宽度与激光束直径相差较大的情况。而气体保护电弧焊的能量密度较低，可以在材料的表面上形成较大的光斑，对各种接缝宽度都可以产生良好的焊接效果，因此结合激光焊和气体保护电弧焊的激光复合焊可以解决了这一焊接难题，在汽车工业中得到广泛应用。

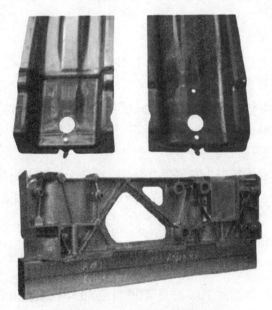

**图 5-10　铝合金和高强钢的焊接**

6. 超声波点焊

超声波点焊是利用超声波的高频振荡能和标准气压使焊件搭接面上产生振荡,引起材料接触点发生塑性变形软化而实现连接的固态连接技术,其原理是在静压力作用下,将弹性振动能量转变为工件界面间的摩擦功、形变能及有限的温升,使得工件焊接区域的原子被瞬间激活,两相界面处的分子相互渗透,最终实现焊件的固态相连。

超声波点焊具有焊接时间短、局部加热温度高、低能耗和易于自动化等优点。

### 5.5.3 机械连接工艺

1. 自冲铆连接工艺

自冲铆连接工艺是通过液压缸或伺服电机提供动力将铆钉穿透上部板材,并与底部板材可靠互锁从而形成稳定连接的技术,整个工艺过程包括夹紧、冲裁、扩张和成型4个阶段。自冲铆连接工艺操作简单,不需要前期预冲孔,板材表面无须预处理,工作效率高,易于实现自动化,非常适合铝合金、塑料、高强钢等异种材料以及各种复合材料之间的连接,克服了传统铆接工艺外观差、效率低和工艺复杂等缺点,并且能耗低无污染,更重要的是由于该工艺无须在板材上加工预置孔,因此缩短了铆接时间,提高了生产效率。目前,自冲铆连接工艺已成功运用于蔚来、宝马、奥迪、凯迪拉克等品牌电动汽车的全铝车身及铝、钢混合车身的连接中。宝马某车型整车制造过程中,采用了30种铆钉,共2 453个铆点,可与300种以上板件匹配;美洲虎铝制车身连接中自冲铆铆钉的使用已达3 000个以上。

影响自冲铆接头质量的重要因素包括材料的特性(厚度、强度和延展性)、铆钉几何形状和强度,以及模腔深度等。

2. 螺栓连接工艺

螺栓连接工艺是一种广泛使用的可拆卸的铝合金连接工艺,相较于自冲铆连接工艺,其结构设计、拆装和连接更加方便可靠。

螺栓作为最常用的紧固件,根据受力形式可分为抗拉螺栓和抗剪螺栓。抗拉螺栓适用于传递轴向载荷,但对孔的加工精度要求较高;抗剪螺栓则适用于传递垂直于螺栓轴线的载荷,靠螺栓杆剪切和挤压传动。

按安装状态可将螺栓连接分为有预紧力螺栓连接和无预紧力螺栓连接。无预紧力螺栓连接常应用于起重吊钩、悬挂螺栓等,这是由于其在安装时螺母无须拧紧,螺栓只有在承受载荷时才受力;有预紧力螺栓连接应用较为广泛,如汽车轮毂。雷克萨斯某车型后防撞梁与车身纵梁就采用了螺栓连接。

3. 无铆钉铆接工艺

无铆钉铆接工艺是由德国的TOX公司于20世纪80年代末提出的,相对于传统的汽车行业连接技术,其具有低能耗、无排放和疲劳强度高等优点,目前被很多电动汽车生产厂商广泛应用。粗到如汽车车身、表面覆盖件及整车零部件的连接,细到奥迪的车灯导板、宝马的车顶窗等都有无铆钉铆接工艺的影子。

无铆钉铆接工艺流程如图5-11所示，其工作原理是在无铆钉铆接机的强高压作用下，使两板件发生塑性变形，从而使其在挤压处镶嵌互锁，达到将板件点连接起来的目的。

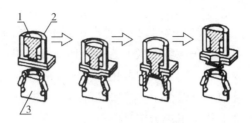

1—冲头；2—压边圈；3—模具。
图 5-11　无铆钉铆接工艺流程

无铆钉铆接工艺有两种常见的形式：直壁整体下模和分体下模，如图5-12所示。直壁整体下模就是将模具设计成一个结构简单的整体件；分体下模就是使金属材料与冲头接触时在金属作用下产生侧滑，使其能充分形成塑性镶嵌，进而形成强度较高的连接。例如，上汽通用和上汽大众的某车型的发动机罩和后备厢盖就充分采用了无铆钉铆接工艺。

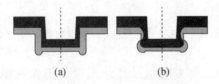

图 5-12　无铆钉铆接的两种接头形式
（a）直壁整体下模；（b）分体下模

4. 热熔自攻丝铆接工艺

热熔自攻丝铆接是借助高速旋转的螺钉产生的巨大轴向力使待连接板件软化，从而旋入待连接母材，最终在板材与螺钉之间形成结合螺纹，并凭借螺纹将自攻丝拧紧来实现铆接的一种连接工艺，工艺过程可分为4个阶段：冲孔、螺纹成形、攻丝和拧紧。热熔自攻丝铆接工艺属于单向连接，其优点是：无须提前钻孔，连接简便，易拆卸，变形空间小，因此可以用来连接铝镁合金、超高强钢等基本所有车身材料连接板件。其缺点是：由于攻丝需要拧穿材料，穿孔出的材料会使防腐蚀能力下降；对夹具的刚度要求较高；螺钉的成本、高质量大，若大面积使用会增加车身自重。因此，热熔自攻丝铆接工艺一般用于车身板材、型材与梁类件以及铸镁铝件之间的连接。奥迪某新车型上就采用了700处以上热熔自攻丝铆接。

### 5.5.4　胶粘接工艺

胶粘接工艺是通过胶粘剂与被连接件之间的物理化学反应将被连接件连接成整体的工艺，具有减振、隔音效果好、胶接结构质量轻、表面光滑美观，以及不会损伤纤维组织等优点。胶粘接工艺很好地突破了传统焊接工艺的技术瓶颈，被广泛应用于车身轻量化设计中。特别是针对单向复合材料在应用过程中不允许出现应力集中的问题，胶接接头中的胶黏剂可以促使应力分布均匀，进而为单向复合材料结构件在高载荷下的使用提供了有利途径。实际应用中为了更好地发挥胶接技术的特点，应选择具有较低固化温度和与母材热膨胀系数相近的胶黏剂。

在目前电动车制造中，采用胶粘接工艺可使汽车具有良好的物理性能，如抗应力集中、密封性、减震性等，因此它在众多连接工艺中别具一格。在连接处使用结构胶可以避免不同金属复合材料的直接接触，能够减轻电化学腐蚀反应。但是胶的疲劳强度和耐热性是限制其大量应用的工艺难题，所以在一些豪华品牌轿车的制造中，将胶粘接工艺和自冲铆连接混合形成的复合连接工艺应用较为广泛。例如，捷豹某车型用胶量长达150 m，通过上述复合连接工艺成功使车身连接强度增大到纯铆接工艺的2倍左右。

随着新能源汽车的不断发展，未来对纯电动汽车的轻量化要求也会越来越高。通过对目前国内外电动汽车市场上各连接工艺现状的分析，如何提高自身的工艺技术，乃至开发一种全新的连接工艺是所有汽车制造商提高核心竞争力的目标。只有加快铝合金等材料轻量化连接技术的开发，才能突破工艺瓶颈，为纯电动汽车的轻量化设计提供更多的技术方案。

## 5.6 动力电池系统轻量化

为了满足轻量化的要求，动力电池及其外围设备不仅在电化学性能方面，而且在框架、箱体、插头、电缆和车辆集成方面也面临着新的挑战。前几节分别从设计、材料和制造技术层面分析了如何通过减轻车身质量实现轻量化，但对纯电动汽车而言，如何做到动力电池系统的轻量化也是目前需要研究的内容。车载动力电池包轻量化技术是指在保证电气安全、碰撞安全及性能要求的前提下，可通过相应技术手段降低整个动力电池包的质量，如模组架采用注塑框架结构，应用铝型材料的动力电池下箱体，热管理系统简化和应用碳纤维、玻璃纤维动力电池包上盖等。另外，还可以将电动汽车的底盘和电池包结构进一步集成优化。

目前，电动汽车使用的电池大多数是锂离子蓄电池。锂离子蓄电池主要由正极材料、负极材料、电解液和隔膜等组成。单体电芯通过串、并联方式实现高电压和高能量的电池系统，过重的电池系统使电动汽车的续航能力与传统燃油汽车相比明显不足。因此，寻找高比能量电池系统是目前研究的主要方向，也是实现电动汽车动力电池系统轻量化的主要途径。

实现动力电池系统轻量化可从3个方面展开：(1) 提高单体电芯的能量密度；(2) 减轻动力电池系统配件质量；(3) 优化动力电池系统设计。从材料应用角度而言，减轻动力电池系统配件质量是目前可实现的有效技术，减轻动力电池系统配件质量也能提升动力电池系统的能量密度。动力电池系统的主要配件是动力电池箱，它是电动汽车的"心脏"，是动力电池的载体，并对保护动力电池的安全起关键作用，于是动力电池箱需要满足密封性能、防腐性能、抗振性能、耐冲击和碰撞等功能。在减轻动力电池箱质量的过程中，可选取高强度、低密度性能的材料，通常使用高强钢、铝合金、碳纤维或环氧树脂复合材料等，保证其基本的物理化学性能，同时也降低其质量，以满足实际应用的需要。

动力电池系统占据电动汽车整车质量的 18%~30%，降低动力电池系统的质量对提高电动汽车的续驶里程有着重要作用。本节主要论述目前动力电池系统的质量现状以及轻量化发展策略，并从电芯、模组、动力电池箱上盖、动力电池箱下箱体和热管理等部件的材料、结构研究轻量化方案。同时研究动力电池系统的轻量化结构。从动力电池系统与其内部部件和其他附件的集成优化设计，进一步到动力电池系统与底盘的综合轻量化设计方案，最终提出并展望电池底盘的新轻量化模块部件，提高车身的强度及刚性的同时彻底取消动力电池箱。

### 5.6.1 动力电池系统轻量化现状

较传统燃油汽车而言，电动汽车多出了核心的电池、电机和电控这 3 个系统，其中动力电池系统占整车整备质量的 18%~30%。电动汽车的续驶里程越大，其电池质量占整车质量的比重越大。续驶里程较大的雪佛兰 Bolt、奔驰 EQC、捷豹 I-pace 及特斯拉 Model 3 等车型的动力电池系统质量占比均超过了 26%，因此对新能源汽车的动力电池系统进行轻量化开发就显得尤为重要。

纯电动汽车由于动力电池系统质量占比太大，因此不得不对电池系统进行轻量化优化开发。例如，Nissan Leaf 第一代、第二代、第三代电池系统含电量分别为 24 kW·h、30 kW·h、40 kW·h。其系统整包质量分别为 272 kg、293 kg、303 kg。在同等电量下每代动力电池系统均实现了不断减重。大众 e-Golf 第二代含电量为 35.8 kW·h，质量为 314 kg，与第一代含电量为 24.2 kW·h 的动力电池质量几乎相同。电动汽车中轻量化开发较优秀的如特斯拉 Model 3，其动力电池系统包含 80.5 kW·h 的电量，质量仅 478 kg，整车整备质量已经和同级别轿车无异。如图 5-13 所示，特斯拉 Model 3 动力电池系统各主要部件中，质量最大的是电芯本体，其次为动力电池箱下箱体、动力电池箱上盖、BMS 集成部件等。对特斯拉 Model 3 动力电池系统拆解后称量各部件质量进行质量统计，电芯占据整个电池系统质量的 62.8%，其余部件为 37.2%。

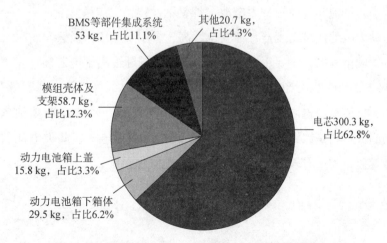

图 5-13 特斯拉 Model 3 动力电池系统各部件质量占比

考虑用更小质量的电池系统存贮更多的电量,除了提高电芯能量密度之外,还需要降低除电芯中发生电化学反应的正极、负极、隔膜和电解液以外其他所有部件的质量,如电芯壳体、模组壳体、铝片、胶水、线束、连接片、动力电池箱下箱体及动力电池箱上盖等。关于动力电池系统的具体结构,将从动力电池系统的各个部件、模块系统地论述如何通过材料替代、优化设计以及动力电池系统与底盘集成方案对电动汽车动力电池系统进行轻量化开发。

特斯拉 Model 3 的动力电池系统能量密度达到了 168 W·h/kg,但动力电池系统成组率在 60%~65% 之间;捷豹 I-Pace 的动力电池系统能量密度为 147 W·h/kg,动力电池系统成组率为 56%。如此低的动力电池系统成组率让再次降低非电芯部件质量、大幅提升动力电池系统轻量化水平有了理论的实现空间。

要想进一步对动力电池系统进行轻量化开发,则必须配合优秀的轻量化设计方案。动力电池系统的轻量化设计大体符合轻量化设计开发的原则,即薄壁化、中空化、尺寸优化、拓扑优化和集成模块化设计等。板材的薄壁化可以配合加强筋来满足强度要求;型材的薄壁化可以配合特定优化的断面来满足强度要求,如集成化设计在挤出铝型材电池包中可以将冷却板集成在箱体下型材板中,吊耳也可以由侧壁型材一次挤出成型。

### 5.6.2 电芯的轻量化

整车轻量化可以通过轻量化系数来评价,该系数是整备质量、投影面积、扭矩和油耗等系数的复杂函数值,在业界内暂无权威的计算方法。目前,可以用电芯能量密度来简单评价电芯的轻量化水平,即电芯能量密度(质量能量密度)越高,其轻量化水平越高。电芯的能量密度直接决定整个动力电池系统能量密度的上限,提升电芯能量密度也是提高动力电池系统能量密度最有效的办法。汽车市场批量化生产应用的动力电池体系主要有两种:磷酸铁锂动力电池和三元锂动力电池(镍钴锰及镍钴铝体系)。

磷酸铁锂动力电池能量密度低,但安全性高,多用于专用车及客车;三元锂动力电池能量密度大、续驶里程高,主要用于乘用车。目前,国际锂离子电芯能量密度最高的是图 5-14 所示的松下 21700 圆柱 NCA 体系电芯。21700 电芯从尺寸以及电池容量上都比 18650 电芯要大很多,这样就使得同等电池容量下对电芯需求量更少。21700 电池依然是三元锂动力电池,其阴极材料是镍钴铝酸锂(NCA)。相比方块形电池,此类电池虽然能量密度高,但稳定性较差,需要有较为出色的 BMS(电池管理系统)支持。

图 5-14　松下 21700 圆柱 NCA 体系电芯

特斯拉公司的目标是续航（电量）要以每年 5% 的速度增加，从当前动力电池组的迭代情况来看，这个目标基本实现。除作为入门级配置的 60 kW·h 外，70 kW·h、85 kW·h 均已分别升级为 75 kW·h 和 90 kW·h，100 kW·h 和 120 kW·h 的动力电池组也将进入选配清单。目前，60 kW·h 仍然作为入门配置存在，以促进特斯拉的销量。

图 5-15 为特斯拉动力电池组的内部构造，可以肯定的是在动力电池组电量的增加过程中，动力电池组的结构是没有改变的。

图 5-15　特斯拉动力电池组的内部构造

60 kW·h 内部有 14 个动力电池组，每个电池组内含 384 个电芯，共由 5 376 个电芯组成；85 kW·h 由 16 个动力电池组组成，每个电池组内含 444 个电芯，共由 7 102 个电芯组成。

加上动力电池组在内，Model 3 的总质量与传统燃油汽车相当，这意味着特斯拉动力电池组变轻了。Model 3 动力电池组的质量比原来 Model S 85D 动力电池组减轻了 15%，比顶配 Model S/X P100D 动力电池组轻 6%，即在同样电池容量下，Model 3 动力电池组的质量更轻。Model 3 动力电池组能够实现轻量化主要有以下几个原因。

首先是 Model 3 使用的 21700 电芯将正极材料中所需钴的含量降低到 10% 以下，低于其他动力电池生产商生产的下一代NCM811电池中钴含量（即钴含量为10%），这种突破使得特斯拉对钴的需求量减少了59%。在2012年，特斯拉每辆车需消耗11 kg的钴，到2018年，每辆车仅消耗4.5 kg的钴。特斯拉通过提高电芯正极中镍的含量来实现对动力电池组的减重。不断增加镍的比例减少钴的比例，使整个动力电池组的质量降低，也会带来电池性能的提高，续驶里程的增加，同时对电动车加速还有一定程度的增幅。

如图5-16所示，特斯拉Model 3动力电池组由四个比例不同的模组构成，其中两个模组由25个电池单元构成，另外两个模组由23个电池单元构成。每个电池单元有46个21700电芯，Model 3总共有4 416个21700电芯。如图5-17所示，特斯拉Model S 85D的动力电池组共有16个模组，每组有444节，约由7 104节18650电芯组成。由此可见，Model 3电芯数量少于Model S 85D，这也使Model 3动力电池组占用空间更小，质量更轻。

图5-16　特斯拉Model 3动力电池组

图5-17　特斯拉Model S 85D动力电池组

为了实现电芯轻量化，特斯拉Model 3电池组正负极连接结构进行了精巧的设计。图5-18是特斯拉在专利中公布的电池连接结构图，圆柱形是单体电池，左侧的树枝状铝片是整个动力电池组的负极部分，右侧树枝状铝片是正极。连接电池正极的铝丝通过超声波焊接在电池正极正中心的位置，连接电池负极的铝丝则连接在单体电池正极同一侧最外沿的负极上，也就是图上黑色部分，这部分的宽度只有1.5~2.0 mm，同样使用超声波焊接。然而由于电池正面可供连接的负极部分实在太窄，负极铝丝的超声波焊接成功率在Model 3量产初期较低，动力电池组的产能严重受到制约。

解决方法主要是两个：一是电池之间的聚合物在焊接之前就填充到位，保证各个电芯的结构稳定性；二是采用更好的焊接机，提高焊接精度。如此费时费力地解决负极连接的工艺问题就是为了减重。

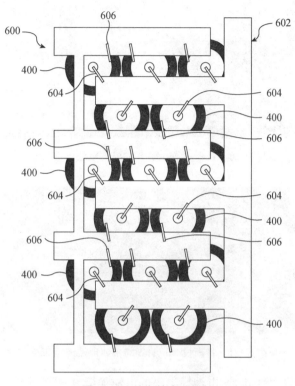

图 5-18　特斯拉电池连接

图 5-19 为传统单体电池连接工艺，图 5-20 为特斯拉 Model S 的单体电池连接工艺，图 5-21 为特斯拉 Model 3 的单体电池连接工艺。

图 5-19　传统单体电池连接工艺

图5-20 特斯拉Model S的单体电池连接工艺

图5-21 特斯拉Model 3的单体电池连接工艺

图5-20中的特斯拉Model S电池模组里的电池连接方式与图5-19所示的传统单体电池连接相比已经是革命性改变，传统单体电池连接只是通过简单粗暴的电流短路方式把铝片上的$n$（$n$为2的倍数）个点融化到电池正负极上，但这种连接方式提供不了单个电池的断路保护功能。图5-20所示的特斯拉Model S的电芯则通过电池两侧的铝丝与一整块铝片连接，在单个电池电流过大的情况下可以提供断路保护，也提供了维修时的补焊能力。

从特斯拉Model 3的单体电池连接工艺中可以看到，正负极连接片从一整片变成了布局在动力电池组两侧，而非电芯正反面的树枝状连接片，即原先是2个面的铝片变成了1个面，同时还更细更轻。如果单纯以一整个面的铝片来计算，那么这部分的减重又是几千克。这一设计带来的另一个好处则是散热，电池反面不需要连接电极之后就可以直接与绝缘导热底板接触，甚至安装额外的底部散热管路，提高电池热管理能力。

动力电池组大幅减重之后，Model 3的安全性并没有因此下降，美国公路安全保险协会（IIHS）给予了Model 3正面碰撞预防测试最高评级。在一起交通事故中，一辆Model 3与其他车辆发生碰撞后又撞向水泥隔离墩并翻滚多次，在车头部分严重受损的情况下驾驶舱保持完整，且电池没有起火。当然，特斯拉对Model 3动力电池组的安全保证远不止车身底盘的超高强钢材。为了应对极端撞击情况下电池受损之后出现的热失控现象，Model 3动力电池模组的正负极覆盖材料上设计了很多"预留泄压孔"，这些泄压孔使用了更加脆弱的材料。当单个或多个电芯结构被破坏，喷出炙热气体时，泄压孔能及时溶解，把热失控电池散热的高温气体及时排出，以免影响其他电池，这个设计有些类似坦克上的弹药舱泄压门。

综上而论，特斯拉 Model 3 在动力电池组减重方面追求的是极致的轻量化，这就需要相应工艺的跟进，才能满足这些要求。

### 5.6.3　电芯模组的轻量化

电芯模组是包含若干电芯的一个电池模块，其作用是吸收电芯内部产生的应力及冲击，如由于温度变化导致电芯产生的热胀冷缩和充放电导致的电芯体积变化等。

动力电池模组架本质上是一种支架系统，负责安装单体动力电池。目前，我国市场上所流通的锂电池系统普遍以模组架结构为主，即在 1 个模组架内安装 12 只或 6 只电芯，每 6 只电芯配 1 个采样板，并配以保险原件、接插件和 BMS。模组架以往所使用的结构主要为钣金冲压结构和钣金焊接结构，现阶段普遍采用注塑框架结构，大幅减轻了模组架的质量，同时也提高了安装的标准化水平。

电芯模组形状多为方形，主要由上盖、侧板、绝缘板、下塑料支架、上塑料支架和铝片等部件构成，其轻量化开发可以从模组壳体和结构的轻量化设计及电芯优化排布入手。壳体材料如前文所述，可以通过采用全铝合金或采用 7 系高强度铝合金并降低材料厚度来进行轻量化。

电芯模组结构轻量化设计及电芯优化排布，可以通过改进模组和热管理系统的设计来缩小电芯间距，或者采用错位排布来提升空间利用率，最大限度地利用空间。电芯模组内电芯的安装使用全塑料外框架，能最大限度减轻质量。在考虑安全的前提下，可使用密度很低的灌封胶解决电芯模组层级的传热问题。电芯模组其他部件中，如汇流排由铜替换为铝进行减重，并且可以进行挖孔设计，既减轻了质量，也起到了保险作用。电芯模组的尺寸可以由车企高度定制化，同时减少模组的数量可以大幅降低模组壳体及其他附件质量，如特斯拉 Model 3 的动力电池系统仅采用 4 个模组。目前，越来越多的车企采用 VDA 标准模组，以降低成本、提高电池匹配的灵活性。对于电芯模组轻量化而言，各电池厂商统一标准的电芯模组更利于后续轻量化材料、工艺的大规模推广。

### 5.6.4　动力电池箱的轻量化

电池包的核心是动力电池箱，此外还包括充电系统、冷却系统、壳体或盖子、控制系统和高压连接系统部件。作为电池包的重要组成部分，动力电池箱的作用非常重要，既要有足够的防撞性，还要有很好的耐腐蚀性和散热性。动力电池箱是电动汽车高度定制化的零部件，也是动力电池系统中除电芯外质量最重的组件，有"T"字形、"土"字形和方形等，一般放置在汽车地板下方的安装支架上。动力电池箱分为上盖和下箱体两部分，用螺栓或者其他连接方式连接，中间被密封胶垫隔开达到 IP67 防护等级。

纯电动汽车所使用的动力电池箱应当满足以下几方面的要求：在动力电池自燃或车辆发生碰撞的情况下，需防止气体、火、烟、液体进入驾驶舱内；为插接器、传感器、线束和熔丝预留足够的空间；人员触电防护应达到相关标准要求；防护等级应在IP67以上。

传统纯电动车通常采用由钣金冲压或钢板焊接而成的电池箱体，并进行涂装处理，再喷涂防石击胶。钢板材质的箱体具有生产工艺简单、结构强度高及防护性能好等方面的优点，缺点是质量较大。相比于钢板材料来说，铝合金材料具有耐腐蚀性能好、散热性强、质量轻等方面的优点。常见的动力电池箱下箱体结构有型材焊接结构和铸铝结构两种。其中，型材焊接结构具有强度高、型材适应性好、质量轻等方面的优点，缺点是焊接变形大、焊接强度有减弱趋势、型材焊接性差；铸铝结构的应用优势并不突出，并且存在质量减轻不明显、机加工量大、壁厚大等方面的劣势。但随着焊接技术的不断进步，超声波焊接、摩擦焊接技术的不断成熟，铝型材的焊接问题已经得到了有效的解决，并且正在逐步应用于动力电池包的制造领域。近年来，碳纤维增强复合材料、SMC模压、塑料注塑及玻璃纤维增强材料开始应用于动力电池包制造领域。其中，最被看好的是碳纤维增强复合材料和玻璃纤维增强材料，这两种材料具有耐腐蚀性好、机械强度高及质量轻等方面的优点。非金属复合材料相比于铝合金材料来说，在强度和体积相同的情况下，能够减轻质量达30%~50%。然而，这种两材料也存在高速尖锐冲击易破坏、热传导性能较差等缺陷，一般用来制造上盖。

通过对动力电池箱下箱体选材来进行轻量化开发。对比铝、钢、钛板材下箱体的材料指数，以及相同刚性、稳定性下不同材料厚度可知，采用铝合金板材下箱体在刚度不变的情况下，替代钢材能减重40%。电芯的能量密度目前存在技术瓶颈，提高动力电池系统能量密度的主要手段是继续减小非电芯部件的质量，动力电池箱减重首当其冲。

1. 动力电池箱上盖轻量化

动力电池箱上盖位于动力电池系统上方，不承受侧面及底面的冲击，也不支撑整个动力电池组的质量，仅仅起密封作用。将电池模组密封于整个箱体中，达到IP67或其他标准的密封效果。动力电池箱上盖前期采用冲压钢板，如Nissan Leaf、BMW I3、Tesla Model 3均采用0.8mm厚的冲压钢板。也可采用深冲铝合金板进行轻量化开发，较钢板有明显减重，使用厚度1.5~2mm铝合金上盖替代冲压钢板可以减重20%~30%，但铝合金上盖在冲压性能上受到极大限制。若下箱体有足够的强度和刚性，上盖可以采用轻质增强塑料替代金属的方法进行轻量化，缺点是其电磁适用性以及低熔点会造成较大的安全隐患。选择厚度为3mm的聚丙烯玻璃纤维增强复合材料来代替1mm厚的冲压钢板，减重可以达到50%左右。全铝车身的奇瑞小蚂蚁eQ1的动力电池箱上盖也采用了PP+LGF材料来进行进一步的减重。动力电池箱上盖虽然为非主要承力部件，但也可以发挥辅助提升箱体强度的作用。因此，上盖可采用碳纤维加强箱体强度以及进一步减重。

通过对比研究1.5mm厚铝板、1.5mm厚碳纤维加强筋结构及0.5mm厚碳纤维+3mm厚铝蜂板+0.5mm厚碳纤维3种结构方案发现，第三种方案较铝合金可以减重31%。由于碳纤维成本较高，以及聚丙烯、尼龙基材复合材料的强度偏低，目前绝大部分塑料上盖采用SMC复合材料模压而成。SMC是玻璃钢的一种，主要原料由专用纱、填料及各种助剂组成，密度为1.75~1.95 g/cm$^3$，厚度一般为2.5mm，较冲压钢板可以减重20%~

30%。较铝合金上盖而言,虽并没有明显的减重效果,但是 SMC 模压工艺可以制造深度非常大的上盖,可大大减小下箱体的高度,降低下箱体的质量,从而间接降低整个箱体的质量。因此,单双层模组排布的箱体以及单层模组排布的箱体越来越多地采用模压 SMC 制造箱体上盖,上盖高度可以与下箱体高度达到较大的比例。某车型动力电池箱上盖材料及质量见表 5-1。

表 5-1 某车型动力电池箱上盖材料及质量

| 上盖材料 | 密度/(g·cm$^{-3}$) | 厚度/mm | 质量/kg |
| --- | --- | --- | --- |
| 钢板 | 7.90 | 0.8 | 15.7 |
| 铝板 | 2.70 | 1.8 | 12.1 |
| SMC | 1.85 | 2.5 | 11.5 |
| PP+GF | 1.10 | 3.0 | 8.2 |

一般来说,铝板上盖较钢板上盖减重 23%,SMC 上盖较铝板上盖减重 5%,PP+GF (聚丙烯+玻璃纤维) 上盖较铝板上盖减重 32%。长安 C206 车型模压 SMC 上盖如图 5-22 所示,其质量为 10 kg。

图 5-22 长安 C206 模压 SMC 上盖

在对动力电池包结构进行优化设计的过程中,可以采用形状优化、形貌优化及尺寸优化等方式。其中,形状优化与尺寸优化需要改变结构件的形状和增加结构件的厚度。然而,在结构件厚度增加的情况下,电池整体质量也会随之增加,进而对整车的续航能力与动力性能造成负面影响。对结构形状进行调整有可能会干涉到尺寸位置相对固定的其他零部件,进而造成其他方面的问题。出于对以上几项问题的考虑,需要采用形貌优化设计方法,在不对尺寸的表面起筋方式和结构件整体形状进行调整的基础上,对动力电池包整体结构和性能进行优化。设计者在设计结构件的过程中,需要重点对动力电池包箱体进行优化设计。上箱体与其他结构件之间的连接相对简单,可设计区域广,有利于加强筋的形成。

2. 动力电池箱下箱体轻量化

动力电池箱下箱体承担着整个动力电池组的质量以及自身的质量,并需要抵挡外部的冲击，保护电池模组及电芯，是电动汽车重要的安全结构件。动力电池箱下箱体的材料一般为钢、铝、增强塑料。采用冲压、焊接工艺成型的钢制动力电池箱下箱体，能够提供非常好的强度及刚性，成本也相对较低，但是质量较大。早期电动汽车，如 Nissan Leaf 就是采用的钢制电池箱体。但低成本、质量大的钢制电池箱体大大制约了动力电池系统的能量密度，影响电动汽车的续航，故传统钢制动力电池箱下箱体现在已经基本被淘汰。冲压铝板动力电池箱下箱体较钢板动力电池箱下箱体能明显减重，但是由于其拉延深度及振动、冲击强度不足等问题，需要结合车身、底盘进行集成设计来达到轻量化的目的。

铝压铸动力电池箱下箱体相较于钢制动力电池箱下箱体有较多的优势，如能够灵活地设计其形状和壁厚，能集成电池箱体侧壁吊耳、冷却通道以及其他部件整体压铸成型等。但是铝压铸电池箱体尺寸偏小，从而限制了其在大型电动车上的使用，它更多地用于 PHEV（插电混合动力汽车）车型。图 5-23 为大众 Golf GTE 插电混动压铸动力电池箱下箱体，重 16.7 kg；图 5-24 为宝马 X5 插电混动动力电池箱下箱体，重 9.2 kg。

图 5-23　大众 Golf GTE 插电混动压铸动力电池箱下箱体

图 5-24　宝马 X5 插电混动动力电池箱下箱体

随着消费者对续航的要求越来越高，电池电量也越来越大，电池箱体的尺寸也相应地变得更大。目前，车企普遍使用铝挤出型材、采用搅拌摩擦焊工艺成型动力电池箱下箱体底板，并与 4 块侧板焊接成型为动力电池箱下箱体总成，如图 5-25 所示，其优点是较钢制电池箱体能减重 30% 以上，相较铝压铸电池箱体而言能成型尺寸更大的电池箱体，适应较大的车型。铝型材成本较低，能提供较大的强度及刚性。制约铝型材电池箱体最大的技术难点是连接技术以及尺寸控制问题。现在的主流铝型材采用普通 6063 或 6016，拉伸强度基本在 220~240 MPa 之间。同时，可以采用强度更高的挤出铝型材，如 Constellium 的 HSA6 等材料，拉伸强度可达到 400 MPa 以上，较普通铝型材动力电池箱下箱体能再减重 20%~30%。

图 5-25 某车型铝型材料动力电池箱下箱体总成

越来越多的机构正在研究塑料动力电池箱下箱体，用碳纤维和环氧树脂复合材料替代 Q235 下箱体，在不减小强度的情况下，可以减重 64%；采用碳纤维 T300 增强型树脂 5208 对金属电池箱体进行材料替换并优化结构，模拟分析能满足电池箱体相关强度性能，能将铝电池箱体质量由 41.2 kg 降至复合材料箱体的 23.8 kg，减重达到 42%；采用新型创新的泡沫铝复合三明治材料开发的 5 mm 厚的三明治板满足耐热、静态力学等试验，采用该材料制作能装载 20 kW·h 电量的电池下箱体，较当前水平能减重 10%~15%。现代汽车公司为了进一步降低金属动力电池箱下箱体的质量，开发了增强塑料动力电池箱下箱体，它以 PA6 为基材，受制于碳纤维高昂的成本，同时混入碳纤维和玻璃纤维，并不断变化两种纤维的含量，但总含量比例不低于 40%，并在满足疲劳强度、冲击、强度等性能下最终得出最优材料组分，质量由冲压钢材下箱体的 35 kg 减少到 24 kg，减重达到 31%。

### 5.6.5 热管理系统轻量化

热管理系统通常包括冷却系统和加热系统，其中冷却系统通常包括直接传导系统、空气冷却系统以及液体冷却系统。由于锂离子蓄电池在车辆慢行或低速充电的状态下，升温幅度普遍不超过 10 ℃，出于对空间布局和制造成本等方面的考虑，通常不设置降温系统。在汽车快速充电或高速运行的状态下，动力电池的温度可能达到 20 ℃ 左右，通过导体散热就能够有效控制。因此，小型乘用车很少设置冷却系统。在纯电动汽车冷起动或环境气温较低的情况下，需要通过加热系统为电池保温。锂离子蓄电池并不具备良好的低温充放电性能，若环境温度低于 -5 ℃，将会大幅缩减锂离子蓄电池的有效容量。另外，锂离子蓄电池的放电性能也一定程度上会受到低温环境的影响，从而大幅缩减车辆的续驶里程。在气温较低的北方地区，通常需要为动力电池包配备保温系统或预加热系统，基本的预加热形式一般包括自身电源预先加热、外来电源预先加热、整车存放于温暖房间充电及动力电池组电热膜包覆 4 种。可供选择的保温系统形式有电池包外包覆保温层和电池模组保温层两种。保温系统和加热系统会占据电池包空间，一定程度上降低了电池包能量密度；整车温暖环境和外来加热一定程度上影响了整车使用的便利性；自身电源加热会缩短续驶里程，大量耗费电能，这是当前纯电动车在我国北方地区应用的主要障碍。热管理系统的轻量化，要求设计者在成本允许的情况下降低系统质量，根据汽车使用区域的环境温度确定是否设置加热系统，是否通过金属导体传热的方式达到冷却降温的效果。铝合金和钢板材料均具有良好的导热性，而铝材质价格较低并且质量更轻，可用来制作动力电池箱下箱体，比如型材铝焊接结构和铸铝结构，冷却效果均十分理想。

电池在充放电及正常运行时均会放出热量，同时锂离子蓄电池在低温时使用会对其造成不可逆的损害。基于以上两点，动力电池系统需要配备热管理系统对电池进行散热和升温。早期电动汽车采用空气为热传递介质，如 Nissan Leaf 采用自然冷却方式，无电机冷却液，大大降低了动力电池系统质量。但目前的电动汽车随着电池能量密度、续航及充放电速度的大幅提升，空冷已经完全不能满足安全需求，需要采用液冷热管理系统。液冷热管理系统包含冷却介质、压缩机、冷凝器和水冷板等，其中水冷板面积大、质量大，需要轻量化开发。目前的大部分水冷板为口琴管式水冷板，铝挤出成型，壁厚在 2 mm 以上；新型吹塑水冷板为铝吹塑成型，壁厚较口琴管式水冷板减小一半，可减重50%。水冷板与动力电池系统壳体集成一体化也是较明显的轻量化措施，该措施取消了大面积的模组外水冷板。将水冷结构集成到动力电池箱下箱体中，如将冷却通道集成到箱体下板铝型材断面结构中，箱体内模组的冷却回路可以通过 CFD 流体模拟等措施进行优化设计，在满足所需的热交换情况下，大幅度减小回路长度，也能降低回路内冷却介质的质量，达到轻量化目的。

### 5.6.6 动力电池系统与底盘集成化

我国电池制造商宁德时代在其最新的公司技术路线规划中指出，在电芯能量密度没有突破性进展的情况下，动力电池系统的能量密度在 2022—2023 年要达到 230 ~ 265 W·h/kg，需要与整车厂配合开发底盘与电池包高度集成的新电池结构部件。美国能源局联合斯坦福大学进行了电池底盘的研究，使电池底盘能成为一个整体作为汽车的结构件。电池底盘新部件的研发成功将电动汽车整车质量降低了 40% 以上，并取消了传统的电池箱体，优化了底盘及相关部件的结构，能替代车体底部部分结构件吸收汽车冲击及碰撞能量。该结构使电动汽车取消了动力电池系统壳体，大大降低了动力电池系统的质量。动力电池系统与底盘集成一体化并且可灵活延伸其结构，以便更改携带电池的电池底盘也在研究中。

动力电池系统用于存贮电量、保护电芯及相关附件，为电动汽车提供电能。它不承受任何的车身载荷或吸收相应的碰撞能量，一般悬挂于汽车底盘下方。动力电池系统包括动力电池组、汇流排、软连接、保护板、外包装和塑胶支架等辅助材料，与底盘形成了位置高度重合区域，这也是电动汽车较传统汽车重的主要原因。因此，电动汽车的底盘和动力电池系统进行集成优化对电动汽车的轻量化开发有重要作用。特斯拉 Model S 的电池模组采用全新三明治蜂巢结构设计，并且将动力电池系统底盘的两根纵梁以及动力电池箱下箱体的加强横梁均采用此种结构替换。在没有降低弯曲刚性和扭转刚性的情况下，Model S 的底盘和动力电池系统集成设计实现了整车 350 kg 的减重。宝马非承载式车身结构的 I3 电动车，其底盘承担了车身结构强度及保护动力电池系统的作用，大幅降低了电池箱体的载荷。宝马 I3 电池箱体的底板和侧壁均采用铝板替代铝型材拼焊而成，大幅降低了电池系统壳体的质量。I3 虽然并没有取消动力电池系统壳体，但是也引领了越来越多的机构对底盘电池集成化进行研究。特斯拉 Model 3 提供了一个新的轻量化设计思路，其动力电池系统做到了极致减重，没有采用铝型材，直接采用 3.2mm 铝板冲压成型为 2 150 mm×1 450 mm×103 mm 形状的浅托盘，并且托盘四周没有其他侧壁模块；采用 0.8 mm 冲压钢板作为上盖，直接与下托盘螺接、点焊构成整个电池箱体，使装有 80.5 kW·h 的动力电池系统仅重 478 kg，相较于 85 kW·h 的特斯拉 Model S 85D 减重了 15%，另外相较于 80 kW·h 奔驰 EQC 的 650 kg 及 95 kW·h 的奥迪 e-tron 的 715 kg 都有大幅减重。特斯拉 Model 3 之所以能够如此大胆地减重动力电池系统，大幅缩减动力电池系统的防撞击边框，是因为其优化了车身的防撞设计，使对动力电池系统的碰撞冲击传导至车身的高强度热成型钢结构件上。

如图 5-26 所示，特斯拉 Model S 设计有一个专门用于保护动力电池的动力电池壳，重达 124.74 kg，相当于动力电池包质量的 1/4。

图 5-26　特斯拉 Model S 的动力电池壳

但是在图 5-27 所示的特斯拉 Model 3 的动力电池包上去掉了这个设计，也就是说动力电池组质量减少了 124.74 kg。

图 5-27　特斯拉 Model 3 的动力电池包

如图5-28所示，在Model S上高强钢应用很少，因为有"厚重"的动力电池壳为动力电池组提供安全保护。

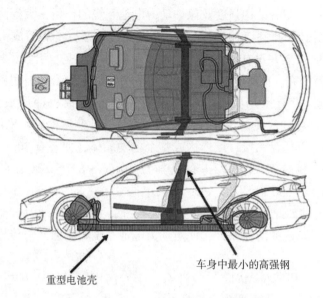

图5-28 高强钢在特斯拉Model S车身的应用

但是在图5-29所示的特斯拉Model 3上，高强钢的使用率大大提高，且主要分布在车身以及安置电池的部分。

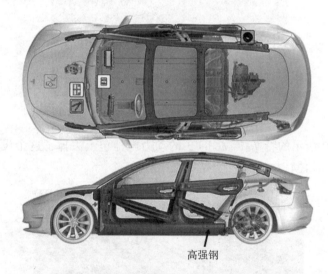

图5-29 高强钢在特斯拉Model 3车身的应用

图5-30为特斯拉Model 3侧面碰撞车身传力路径，这种车身设计采用安全的笼型结构，可对应所有侧面碰撞。顶盖中横梁采用超高强钢，而B柱及边梁则均采用热成型材料，主要保证侧面碰撞的传力。

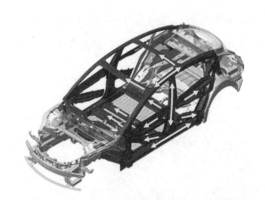

图 5-30 特斯拉 Model 3 侧面碰撞车身传力路径

特斯拉 Model 3 动力电池包未设计侧向支撑结构，侧碰（包括 POLE 碰）电池防护主要由车身结构提供。图 5-31 为特斯拉 Model 3 横向撑结构，动力电池包与门槛间距约为 40 mm，POLE 碰撞时动力电池包有一定挤压风险，因此动力电池包上下板均设计了弯折特征，控制 POLE 碰撞的变形模式。底部的动力电池包基本被超高强钢所包围，其安全问题交还给了车身，且动力电池组的安装位置基本覆盖了乘员舱，因此原本在车身底部围绕起来保护成员的高强钢结构同时也保护电池，而动力电池包结构组件只用于承载动力电池包自身质量。特斯拉 Model S 动力电池包的保护壳就重达 125 kg，而特斯拉 Model 3 的动力电池包去掉了这部分质量中的大部分。

图 5-31 特斯拉 Model 3 横向撑结构

如图 5-32 所示，特斯拉 Model 3 车身后部设计了 3 个"环形"框架，形成了封闭的传力结构。后部防撞环形框架中，第一层环形框架主要采用铝材，是储物和溃缩吸能区域；第二层环形框架主要采用高强钢板，主要保护电机在后部碰撞中的安全，同时后副车架对其进行了双重保护；第三层环形框架也采用高强钢板，主要是对动力电池包进行安装及保护。

后保险杠总成整体采用活连接结构，可在低速碰撞后进行维修，撞梁本体采用"目"

字型铝材,轻量化的同时可保证有效溃缩,防撞梁在 $X$ 方向超出后行李箱盖 50 mm,可保证行李箱盖在后部低速碰撞时的安全性。特斯拉 Model 3 的这种结构可对应后部的多种碰撞。

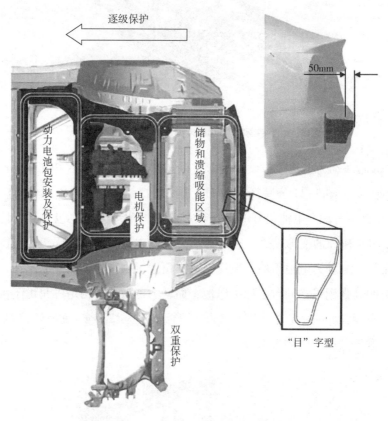

图 5-32 特斯拉 Model 3 车身后部防撞环形框架

有学者还提出都市模块化车型(UMV)概念,将下车身结构分为正面碰撞区域、可延伸的底板区域(集成电池底盘)和后碰撞区域,如图 5-33 所示。

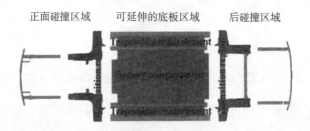

图 5-33 都市模块化车型结构下车身结构

在 UMV 结构车体中,可以任意延伸电池底盘的长度和替换前后防撞模块,由此可打造不同尺寸的微型车、A 级车和货车等。该结构需要动力电池系统与底盘的高度集成才能实现灵活改变车身尺寸及携带电量,轻量化效果显著。

动力电池系统轻量化对新能源汽车整车轻量化有着重要作用，可以通过不断降低非储能部件的质量来实现。对于壳体包装部件而言，需要进一步减薄壳体厚度，以及加大研究高强塑料进行以塑代钢、铝的轻量化开发策略等；对于电芯模组层级，不仅仅需要降低模组壳体质量，更需要对电芯模组进行优化设计，加大空间利用率。动力电池箱是除电芯之外最重的部件，在普遍采用铝合金下箱体和增强塑料上盖的情况下，需要不断对其结构进行优化设计，降低壁厚并辅助以加强筋结构。减小下箱体高度和动力电池箱整体高度，加强对塑料下箱体的开发研究，能大幅降低箱体质量。宝马 I3 及特斯拉 Model 3 电池结构的出现，让人们对动力电池系统与底盘进一步高度集成模块化设计开发有了更多的研究。未来，电池底盘一体化结构能使动力电池包不再是仅仅只有存储和保护电芯模组的作用，而是作为整车的结构件，提高整车的弯曲强度和扭转刚度。电池底盘能大幅减少动力电池箱的部件，后期将彻底取消电池箱体，电芯模组直接存贮于电池底盘中，这将大大降低电动车动力电池系统的质量，对其轻量化有重要意义。

## 5.7 纯电动汽车轻量化设计案例

下面以纯电动汽车的代表特斯拉 Model 3 的车身对轻量化设计为例进行说明。轻量化的前提是安全性能的保证，图 5-34 是特斯拉 Model 3 对应碰撞法规示意图。

如图 5-35 所示，特斯拉 Model 3 在正面碰撞过程中，机舱主要有 3 条传力路径：①吸能盒+纵梁；②下横梁+副车架；③ Shotgun（汽车安装前翼子板的纵梁，在机舱的最外侧）。

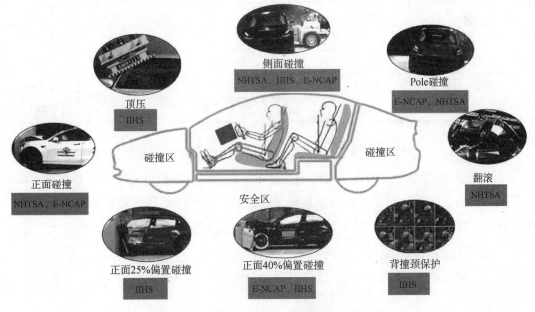

图 5-34　特斯拉 Model 3 对应碰撞法规示意图

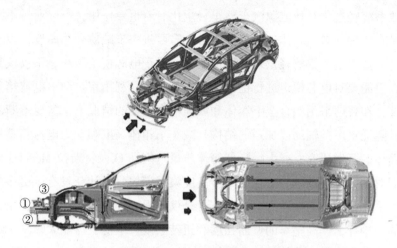

图 5-35 特斯拉 Model 3 正面碰撞传力路径示意图

路径①作为主要传力通道，有效传力至门槛边梁；路径②下横梁可以在高速碰撞过程中通过副车架有效传力至纵梁。特斯拉 Model 3 作为纯电动汽车区别于传统汽车车型设计，传统汽车车型中底板上的传力纵梁在车辆电动化的过程中被取消，由动力电池包内两根纵梁进行了替代，保证了碰撞力的有效传递及电池安全。路径③中 Shotgun 在 $X$ 方向与纵梁基本平齐，作为第三条传力路径避免了传力过程中的失效。

表 5-2 为特斯拉 Model 3 与竞品车型吸能空间对比，特斯拉 Model 3 设计特点是在短前悬的状态下做到吸能空间最大化。

表 5-2 特斯拉 Model 3 与竞品车型吸能空间对比

| 车型 | Model 3 | 竞品 1 | 竞品 2 | 竞品 3 | 竞品 4 |
|---|---|---|---|---|---|
| 整备质量/kg | 1 800 | 1 800 | 1 900 | 2 410 | 1 900 |
| 前悬/mm | 840.0 | 967.5 | 895.0 | 930.0 | 930.0 |
| 轴距/mm | 2 875 | 2 750 | 2 807 | 2 922 | 2 790 |
| 吸能空间/mm | 663 | 431 | 494 | 457 | 396 |

如图 5-36 所示，特斯拉 Model 3 机舱布置紧凑，电子扇冷凝器模块斜置在机舱前部，采用水平倾斜 38°布置，可降低 $Z$ 方向高度要求，最大化保留前行李箱空间和散热；后驱布置使前机舱空间较为充足；机舱布置集中在后部，与纵梁的折弯特征相对应，相辅相成。因此，预估特斯拉 Model 3 即使在四驱状态下，吸能空间也有良好的表现。

图5-36 特斯拉 Model 3 前机舱吸能空间示意图

如图5-37所示,特斯拉 Model 3 吸能策略整体思路是前段轴向压溃,后段弯折变形。吸能盒为主要吸能区,长度达到了230 mm,远高于同类车型。变形模式为轴向压溃,其前防撞梁吸能盒设计考虑了不同平台的拓展,采用模块化设计可对应不同前悬碰撞,同时吸能盒断面采用"田"字型铝材,抗弯能力强,在轻量化的同时能确保吸能盒轴向充分压溃。

纵梁变形模式区别于国内传统车型,主要为折弯变形,通过布置3个折弯点达到吸能作用,折弯通过纵梁的特征及加强板的形状来控制。

特斯拉 Model 3 的纵梁采用较为普通的薄壁梁结构,但其结构和材料均进行了优化设计。

首先,特斯拉 Model 3 的纵梁截面尺寸加大(见表5-3),高于同等整备质量的车型,使得纵梁的截面系数达到较高的水平。表中:K01 表示前纵梁的位置;$H$表示前纵梁截面高度;$L$表示前纵梁截面宽度;$t$表示前纵梁结构的壁厚。

其次,纵梁内外板及加强板材料采用了超高强钢及热成型钢,提升了纵梁的单位截面力,对应高速碰撞中纵梁的折弯,即正面碰撞中纵梁截面强度也高于对比车型,确保了纵梁的吸能比。

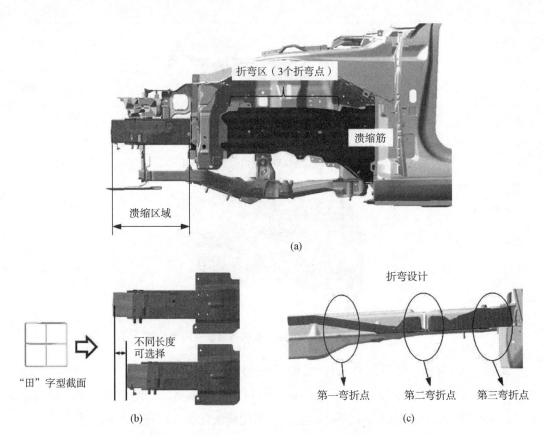

图 5-37 特斯拉 Model 3 前机舱吸能策略示意图
(a) 前段轴向压溃区；(b) 吸能盒"田"字截面图；(c) 后段弯折变形区

表 5-3 前纵梁前段截面尺寸对比表

| 车型 | Model 3 | 本田艾力绅 | 奔腾GLC260 |
|---|---|---|---|
| K01 | $t=1.5$ / $t=1.5$ | $t=1.8$ / $t=1.8$ | $t=1.8$ / $t=1.6$ |
| 整备质量/kg | 1 875 | 1 860 | 1 850 |
| 轴距/mm | 2 875 | 2 900 | 2 973 |
| $H$/mm | 1 518.0 | 107.6 | 133.9 |
| $L$/mm | 83.0 | 91.2 | 61.5 |
| 与Model 3断面系数比较1/(%) | — | 93.78 | 79.09 |
| 与Model 3断面系数比较2/(%) | — | 83.11 | 91.03 |
| 与Model 3面积比较/(%) | — | 102.10 | 103.11 |

截面尺寸加大的同时会导致质量的提升，为此特斯拉 Model 3 纵梁内外板均进行了减薄处理，保证了整车的轻量化。

前纵梁因避让轮胎包络采用了外八字设计，因此在正面和偏置碰撞过程中其根部易内倾折弯。如图 5-38 所示，特斯拉 Model 3 把前横梁布置在纵梁最薄弱的根部，与左右前纵梁形成环形结构，与侧支撑梁相互支撑，控制前纵梁的折弯趋势。

侧支撑梁采用了更为结实的三角形腔体结构，保证纵梁有效传力至门槛梁。

特斯拉 Model 3 在前机舱碰撞受力位置空腔填充 CBS 发泡材料，可增加强度、提升刚度，同时能传递碰撞力，并降低噪声，提升轻量化，总质量仅为 0.02 kg。

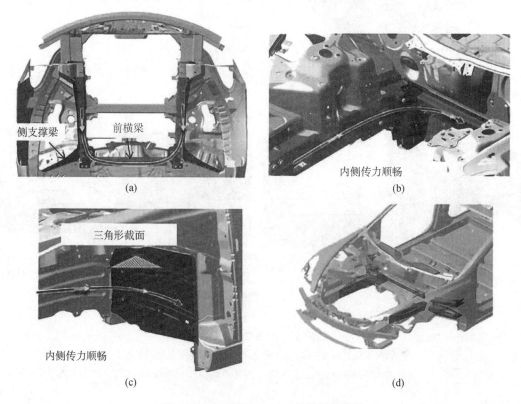

图 5-38　特斯拉 Model 3 纵梁根部结构
（a）前纵梁传力；（b）前纵梁内侧传力；（c）前纵梁外侧传力；（d）发泡材料分布

前围板下部独特的设计是特斯拉 Model 3 区别于传统车型的一个亮点。如图 5-39 所示，三角腔体可使底板尽可能向前延伸，加大电池容量的同时也给动力电池包提供安装点，腔体斜面均采用热成型钢材，提升了碰撞强度。

但这种设计也带来了一定弊端：因布置占用了轮胎空间，所以前围板整体后移，前排人体及人体脚部空间随之后移，最终导致特斯拉 Model 3 轴距虽然长，但是后排乘坐空间并不突出。

在整个碰撞过程中，副车架吸能作用是必不可少的。如图 5-40 所示，副车架与车体安装部位采用了可脱落结构，碰撞过程中副车架可及时与车体分离，减少对纵梁变形的干扰，使纵梁变形更充分。预估四驱时，副车架脱开会拉动电机向下运动，减少电机对乘员舱的挤压。此外，在副车架臂正反两个方向均设计了压馈筋，通过特征的形状来控制副车架折弯。

副车架这种设计保证了正面高速碰撞中的电池安全,避免了副车架直接挤压动力电池包和高压附件装置。

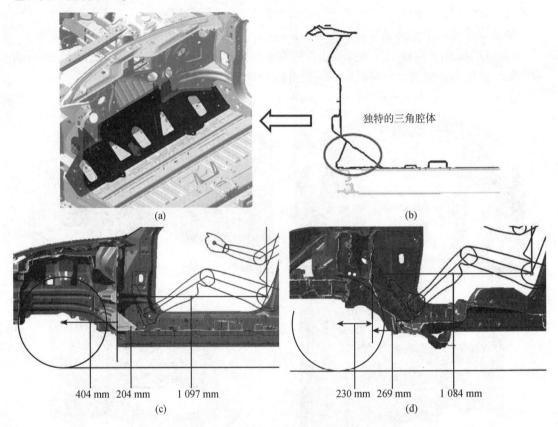

图 5-39 前围板下部结构

（a）前围板下部布置；（b）前围板下部三角形腔体结构示意图；
（c）特斯拉 Model 3 前围板下部尺寸；（d）某车型前围板下部尺寸

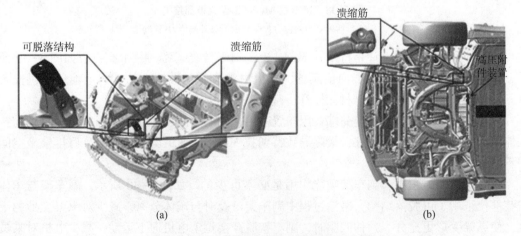

图 5-40 副车架可脱落结构与溃缩筋示意图

（a）副车架可脱落结构与溃缩筋位置；（b）溃缩筋与高压附件装置的布置

特斯拉 Model 3 的 40% 偏置碰撞主要对应 E-NCAP 和 IIHS 的试验要求，当速度为 64 km/h 的试验车撞击壁障时，传力路径与正面碰撞基本一致，但变形会更为严重。壁障会对轮胎造成严重挤压，使其发生一定转向及后退，进而撞击车体，造成人员伤害。

特斯拉 Model 3 的偏置碰撞设计较为独特，重点在前防撞梁、A 柱和门槛等位置进行了优化设计。如图 5-41 所示，前防撞梁本体设计两条纵向压溃筋，位置处于车宽 40%，可在偏置碰过程中更好地控制前防撞梁变形模式；如图 5-42 所示，驾驶舱内部左右设计了支撑板结构，采用热成型材料，横向截面采用结实的三角形截面，与外支撑梁相互呼应，形成"8"字形腔体结构；同时腔体内部填充发泡材料增加强度，当发生高速碰撞，壁障撞击轮胎时，可阻挡轮胎向乘员舱内的侵入，减少车体被入侵时向后的变形量；该结构也能有效保护动力电池包在碰撞时不受到过度挤压。

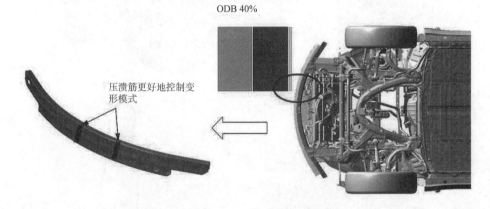

图 5-41　前防撞梁压溃筋示意图

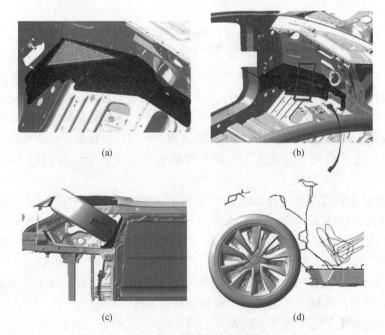

图 5-42　驾驶舱内部结构

（a）支撑板横截面；（b）支撑板布置示意图；（c）偏置碰撞中轮胎撞击车体和电池包；（d）"8"字形腔体结构

Shotgun 作为机舱主要传力路径之一，由上下两层钣金形成封闭型腔体，外板采用高强钢板，内板采用超高强钢板，整体弧度采用"拱形"以避让轮胎包络，由于"拱形"结构也导致 Shotgun 从前至后截面变化为：大→小→大，如图 5-43 所示。

偏置碰撞过程中 Shotgun 与正面碰撞一样通过折弯变形进行吸能，最大折弯位置就是腔体最小位置（图 5-43 中 B-B）；同时腔体内通过内置三角形支撑板来控制变形模式。

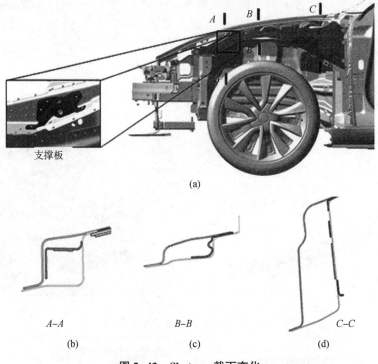

图 5-43 Shotgun 截面变化
(a) Shotgun 示意；(b) 中等折弯；(c) 最大折弯；(d) 最小折弯

40% 偏置碰撞对纵梁及乘员舱挤压更为恶劣，特斯拉 Model 3 对应该碰撞在 A 柱进一步进行了补强设计，如图 5-44 所示，图中 $t$ 为车身部件的板材厚度。内板及加强板均采用屈服在 1 000 MPa 以上的热成型材料，同时钣金料厚均高于同类车型，以减少偏置碰撞过程中车门框架的变形量，该作用同样适用于 25% 偏置碰撞；在门槛内板位置，该车型采用的是超高强钢板，贯通至 A 柱前部，与纵梁、外侧支撑板形成有效连接，使得纵梁的碰撞力有效传递。

IIHS 的 25% 偏置碰撞是目前要求较为苛刻的试验之一，车辆碰撞安全性能评估结果主要由车体结构评估结果决定，即车辆的结构耐撞性决定了车辆的碰撞安全性能。据了解，在 25% 偏置测试中，特斯拉 Model 3 的表现优异，除了副驾驶 25% 小面积偏置碰撞时主驾驶侧小腿和脚部只获得良好（A）以外，其余细分项目均为优秀（G）。

图 5-45 为特斯拉 Model 3 碰撞试验结果，对于该结果可从以下几个方面进行分析：
(1) 轮胎受到严重挤压发生破裂，轮胎应是主要传力路径之一；
(2) A 柱上边梁变形不明显，因为 A 柱采用热成型钢板，强度较好；
(3) A 柱上铰链有变形，但不严重，考虑铰链加强板起到了增强作用；
(4) A 柱下部及门槛区域变形严重，并向后侵入了驾驶舱，但无人员伤害；

(5)前纵梁变形不明显,考虑纵梁不在25%碰撞壁障重叠区域,未起到传力作用;

(6)连接板虽有变形,但结构尚完整,考虑未在25%碰撞壁障重叠区域或重叠量较少,仅受Shotgun牵扯作用力;

(7)Shotgun变形严重,考虑是碰撞传力路径之一。

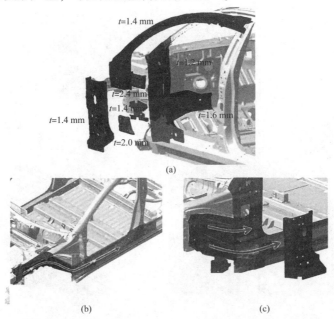

**图5-44 车身A柱及门槛结构**

(a)起高强钢材分布;(b)纵梁传力路径;(c)纵梁、A柱支撑处传力路径

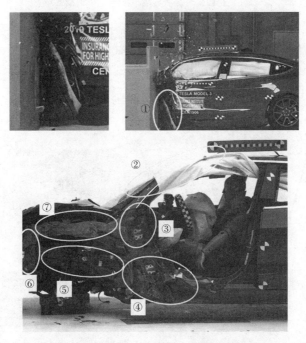

**图5-45 特斯拉Model 3碰撞试验结果**

如图 5-46 所示，前纵梁避开了碰撞区域，巨大的冲击力通过 Shotgun、轮胎、悬架传递到 A 柱及门槛梁。下防撞梁与壁障重叠量较少，部分冲击力也会通过副车架传递到动力电池包纵梁。特斯拉 Model 3 增加了横向传力通道，在 Shotgun 与纵梁之间通过连接板进行焊接，使一部分碰撞能量转化为侧向动能，减少了作用在乘员舱上的能量。

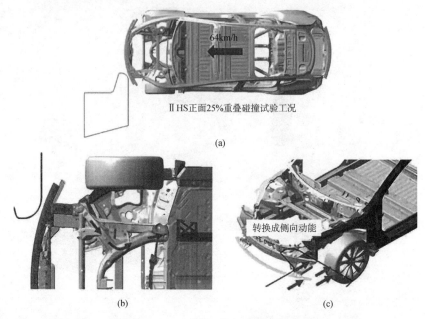

**图 5-46　特斯拉 Model 3 正面 25% 偏置碰撞传力路径示意图**
（a）ⅡHS 正面 25% 重叠率碰撞试验工况；（b）正面 25% 偏置碰撞 Shotgun 传力路径；
（c）正面 25% 偏置碰撞车身侧向传力路径

如图 5-47 所示，壁障在撞击到轮胎时，前悬后下摆臂总成发生折弯，导致轮胎会发生轻微转向，这是考虑轮胎避免直接撞击 A 柱造成 A 柱后退量过大而进行的设计。但轮胎发生转向后会撞击动力电池包，造成动力电池包局部变形，因此坚固的动力电池包也是特斯拉 Model 3 抵抗碰撞的一个手段。

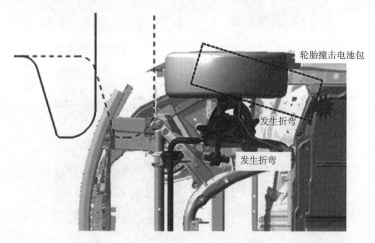

**图 5-47　特斯拉 Model 3 正面 25% 偏置碰撞轮胎变形示意图**

如图 5-48 所示,特斯拉 Model 3 的前防撞梁及下部副梁横向尺寸均进行了增加。对比传统车型,其前防撞梁超出吸能盒约 230 mm,增加尺寸主要对应 25% 偏置碰壁障的重合量。

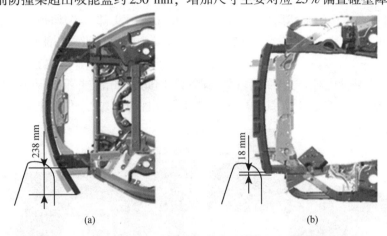

**图 5-48　特斯拉 Model 3 前防撞梁超出吸能盒长度与传统车型对比**
(a) 特斯拉 Model 3;(b) 传统车型

如图 5-49 所示,从 Shotgun 俯视图看,前部采用 31.5°夹角设计,当车体撞击壁障时,撞击力 $F$ 分解为 $F_0$ 与 $F_1$,$F_0$ 沿 Shotgun 传力至 A 柱,$F_1$ 传至炮塔,同时对车体产生一定横向动能,使得壁障避开乘员舱,保证乘员安全。炮塔与壁障有重合量,故周边零件均采用高强钢板进行补强,提升了乘员的安全性,采用这种材料也是特斯拉 Model 3 试验合格的一个原因。Shotgun 与纵梁、A 柱、连接板形成封闭环,连接板与前纵梁连接在一起,其下部连接副车架。这种封闭环大大增加了车身的侧向刚度,同时封闭环零件均采用超高加强板与热成型钢材料,即使在刚性壁障挤压下也保证了 Shotgun 的耐撞性。

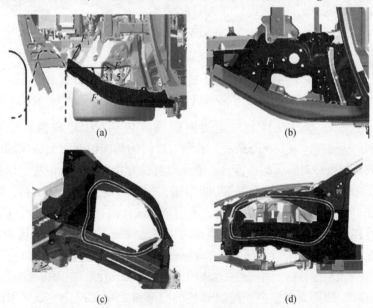

**图 5-49　Shotgun 结构示意图**
(a) 带有夹角的 Shotgun 分解碰撞力;(b) 炮塔采用高强度钢板抵抗变形;
(c) 环形结构增加侧向刚度;(d) 环形结构增加侧向刚度

如图 5-50 所示，顶盖中的横梁采用超高强钢，而 B 柱及边梁则均采用热成型材料，主要保证侧面碰撞的传力。但是 B 柱与顶盖中的横梁未形成封闭环形结构，有一定的错位，这种设计主要考虑的是特斯拉 Model 3 在人机布置时头部与横梁间隙不足，导致顶盖中的横梁存在一定后移，由于侧面碰撞中最终由顶盖中的横梁传递的能量较少，因此也是可以接受的。

另外，POLE 碰撞中对上边梁的考察更为严苛，因此这种错位并不是十分有利，如果头部空间满足的情况下，尽量还是要保证顶盖中的横梁与 B 柱的连贯性，保证连续的传力结构。

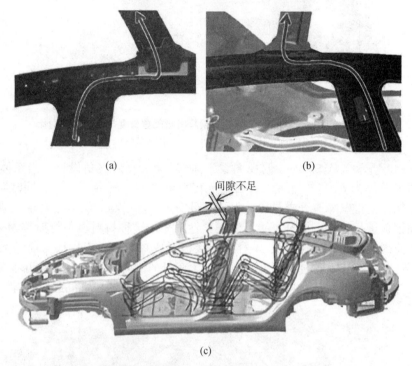

图 5-50 特斯拉 Model 3 顶盖中的横梁传力路径示意图
（a）B 柱及顶盖中横梁传力示意图 1；（b）B 柱及顶盖中横梁传力示意图 2；（c）特斯拉 Model 3 人机布置示意图

特斯拉 Model 3 在车门设计上对应侧面碰撞（包括 POLE 碰撞）也有以下亮点：如图 5-51 所示，从侧碰区域对比图来看，前门、后门的防撞钣金与侧碰区域的重叠量接近 50%，可以有效抵御壁障对乘员的伤害；防撞梁布置位置相对靠下，但覆盖面积较其他车型增大约 15%，形状为常见的"冲压帽式"防撞梁，材质为高强铝合金材料，厚度为 2 mm。防撞梁与车身止口的重叠量为前门 125 mm，后门 78 mm，相对其他车型为中上等水平，可使防撞梁与车身连接强度得到有效提升，在侧碰时更好地保证车门与车身的传力顺畅性。上部的外腰线加强板布置在碰撞区域上部，为 1.6 mm 厚的铝合金材料零件，远高于常规车型的 0.9 mm 厚。从位置及料厚分析，外腰线加强板也是应对侧面碰撞、正面碰撞的主要结构之一。

特斯拉 Model 3 的侧面碰撞主要控制 B 柱的变形模式来实现，主要采用两种方式：一是 B 柱内板与加强板均采用 TWB 工艺，即内板采用相同厚度不同强度的材料，加强板采用相同材料不同厚度的工艺，保证上部强度均高于下部，如图 5-52 所示；二是 B 柱加强板下部设计了诱导变形结构，以控制 B 柱变形模式达到设定要求，如图 5-53 所示。

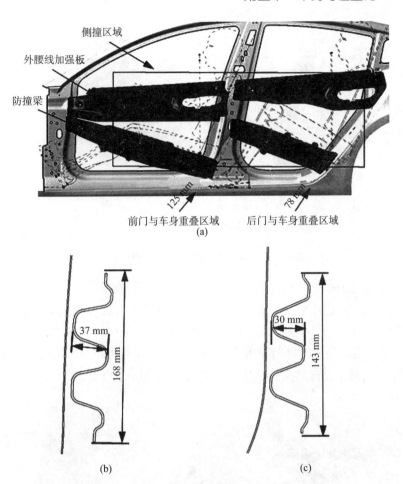

**图 5-51 车门防撞梁结构示意图**
(a) 车门侧碰区域对比图；(b) 前门防撞梁截面；(c) 后门防撞梁截面

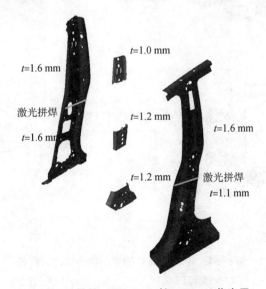

**图 5-52 特斯拉 Model 3 B 柱 TWB 工艺应用**

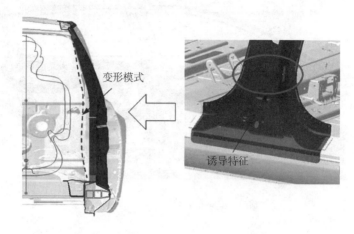

图 5-53 特斯拉 Model 3 B 柱诱导特征

按照 E-NCAP 中的柱撞试验条件，对 Model 3 进行侧面 75°、32 km/h 柱撞分析。如图 5-54 所示，门槛梁则为主要变形吸能区，其中门槛内板外板均采用高强钢板材料，而门槛加强板则采用"目"字形挤压铝材，极高地提升了门槛的承载能力，可对应包括 POLE 碰撞在内的侧面碰撞，同时可起到轻量化的作用；门槛与底板座椅横梁错位焊接，座椅横梁处于柱状碰撞器碰撞路径范围，可有效抵抗乘员舱的变形。

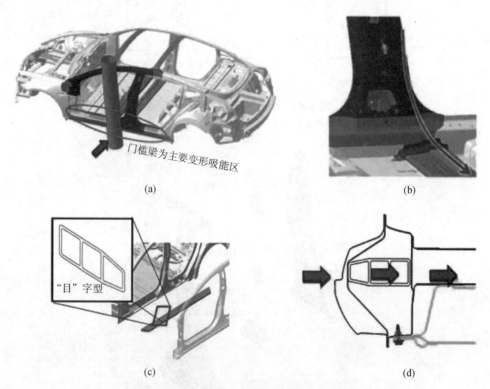

图 5-54 应对 POLE 碰撞门槛处结构示意图
(a) 门槛梁变形吸能区；(b) 门槛内板力传递示意图；
(c) "目"字形门槛加强板；(d) 门槛与底板座椅横梁的错位焊接示意图

对于电动汽车，柱撞试验除了考虑乘员安全外还要考虑电池的安全问题（动力电池包受柱撞挤压有可能起火燃烧）。特斯拉 Model 3 动力电池包设计未做侧向支撑结构，侧面碰撞（包括 POLE 碰撞）的电池防护主要由车身结构提供。

如图 5-55 所示，动力电池包与门槛间距约为 40 mm，POLE 碰撞时动力电池包有一定挤压风险，因此动力电池包上下板均设计了弯折特征，以控制 POLE 碰撞的变形模式。

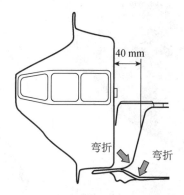

**图 5-55　侧面碰撞电池包处结构示意**

对于后部碰撞，特斯拉 Model 3 后部为铝材，考虑铝纵梁的吸能效率要优于钢纵梁，整车压溃量全部集中在后防撞梁和后纵梁后端部分，如图 5-56 所示。

后纵梁断面 $Z$ 方向的高度高于传统车型，且为"日"字形结构，轴向刚度大，压溃时能吸收更多的能量，并有较好的轴向压溃稳定性。特斯拉 Model 3 的这种结构可应对后部的多种碰撞。

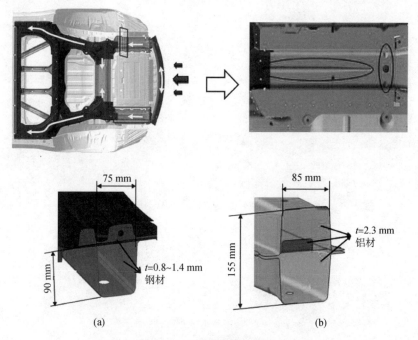

**图 5-56　后纵梁结构示意图**
（a）传统车型后纵梁及其截面；（b）特斯拉 Model 3 后纵梁及其截面

针对顶压问题，目前国际上测试车辆翻滚，车辆对乘员的安全保护主要有跌落测试、动态翻滚，以及国内所做的车顶静压试验。

特斯拉 Model 3 为应对以上这些试验，在 B 柱上部增加加强板，边梁内两层加强板一体成型，可对应 4.5 倍以上的整备质量重力，如图 5-57 所示。

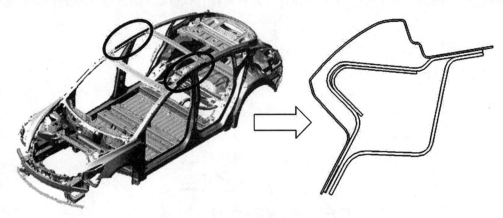

图 5-57　B 柱上部加强板结构示意图

# 第六章 电气与电子设备

## 6.1 整车控制系统

在电动汽车中，整车控制系统决定了驾驶员操控电动汽车的舒适性和便利性，替代了传统汽车动力系统的部分控制功能，决定了电动辅助部件的精细化管理，实现了整车信息的仪表显示和数据采集。整车控制系统的开发质量在很大程度上影响了整车性能，随着电动汽车关键技术的提高，整车控制系统日臻完善。高性能的整车控制系统可以极大地提高电动汽车的整体性能。纯电动汽车的控制系统比较复杂，具有多个控制器，并且车辆结构形式多样，如集中电机结构、多电机结构和轮毂电机结构等；驱动方式也存在多样化，如前驱、后驱和四驱等。

纯电动汽车整车控制系统一般包括：整车控制器（Vehicle Control Unit，VCU）、电机控制器、电池管理系统、电动汽车组合仪表和车载网络系统等。其中，整车控制器是整车控制系统的核心。整车综合控制系统根据驾驶员的操作（油门、刹车等），结合汽车当前的状态解释出驾驶员的意图，并根据各个单元的当前状态做出最优协调控制。整车控制系统应具备以下基本功能：

（1）能够根据车辆运行工况和控制策略，协调控制下层控制器工作，使整车性能指标得到改善；

（2）能够实现驾驶员的驾驶意图，并采用相应的控制策略，实现驱动、再生制动功能；

（3）能够根据动力电池组荷电状态和行驶工况，协调电机控制器与电池管理系统，实现动力电池组的各种保护措施，提高动力电池的安全性和寿命；

（4）负责整车高压防护、漏电检测、故障诊断及处理等功能。

图 6-1 为某纯电动汽车整车控制系统的结构示意，该纯电动汽车是后轮驱动，左后轮和右后轮分别由两个轮毂电机驱动，整车控制器采集驾驶员的操作信号和汽车传感器发送

的信号进行分析计算,向两个轮毂电机控制器发送控制指令,间接控制两个后轮的转速,实现整车的行驶控制。驾驶员的操作信号包括:加速踏板信号、制动踏板信号、挡位信号和方向盘转角信号等;汽车传感器信号包括:纵向加速信号、横向加速信号、横摆角速度信号和4个车轮的转速信号等。

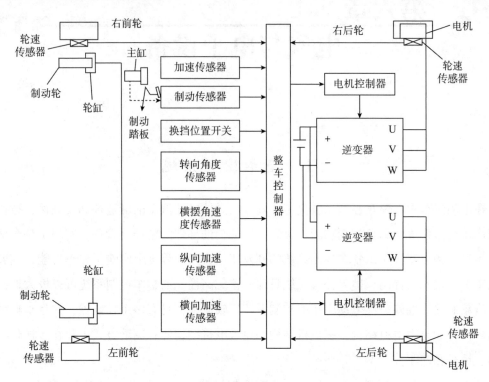

图 6-1　某纯电动汽车整车控制系统的结构示意图

作为由传统汽车到纯电动汽车的过渡,混合动力汽车因其低油耗、低排放的优势越来越受到人们的关注。与传统汽车不同,混合动力汽车的整车控制系统中不仅包括发动机管理系统、ABS系统,而且还增加了整车控制器、驱动电机管理系统、电池组管理系统、高压管理系统、智能仪表显示系统和监控/标定系统等。整车控制器从各类传感器和CAN总线上获取驾驶员的驾驶操作和车辆的运行状态,完成对整车动力系统的能量管理和力矩分配,再通过CAN总线与其他控制单元交换信息和传输控制指令;另外,喷油继电器和电子节气门变更为由整车控制器直接控制,以此来完成对发动机的起、停和负荷控制。图6-2为混合动力电动汽车整车控制器及控制系统的结构示意。

纯电动汽车整车控制系统方案如图6-3所示,可以从两个角度对其进行分析:整车供电控制和整车信号控制。

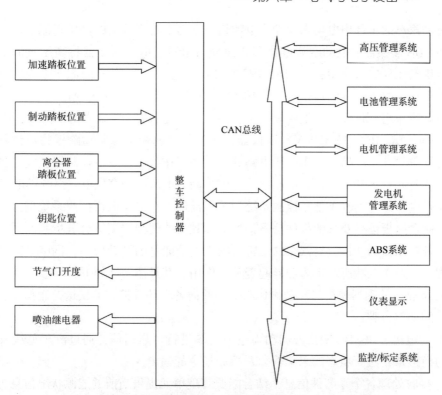

图 6-2 混合动力电动汽车整车控制器及控制系统的结构示意图

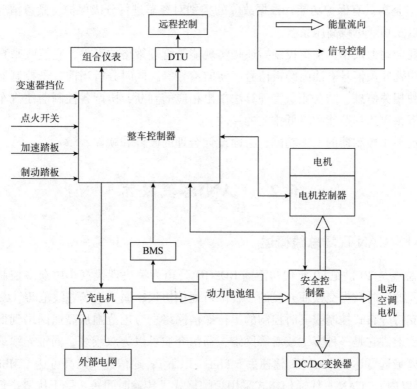

图 6-3 整车控制系统方案图

纯电动汽车的全部用电均来自动力电池组。动力电池组输出的高压直流电流入电机逆变器、DC/DC变换器、电动空调电机和转向助力电机。电机逆变器将高压直流电变为三相交流电供给驱动电机使用；DC/DC变换器将高压电转变为12 V的低压电为辅助电源供电，辅助电源为整车低压电器供电。使用12 V供电的有制动系统、ABS系统、数据传输单元、电动汽车组合仪表、电池管理系统、整车控制器和安全控制器等。此外，12 V蓄电池还连接一个DC/DC（12 V/5 V）变换器，用于给加速踏板和制动踏板的角位移传感器供电。打开点火开关一挡，整车低压电路处于预备工作状态，各个控制器上电并进行初始化和自检；打开点火开关二挡，高压系统上电，动力电池组为高压电气系统供电。

整车控制器是电动汽车整车控制系统的核心部件，它采集电机控制系统信号、加速踏板信号、制动踏板信号及其他部件信号，根据驾驶员的驾驶意图综合分析判断后，监控下层的各部件控制器的动作，对汽车的正常行驶、电池能量的制动回馈、网络管理、故障诊断与处理，以及车辆状态监控等功能起着关键作用。其具体功能如下：

（1）接收、处理驾驶员的驾驶操作指令，并向各个部件控制器发送控制指令，使车辆按驾驶员的期望行驶；

（2）与电机、DC/DC变换器和动力电池组等进行可靠通信，通过汽车总线（以及关键信息的模拟量）进行状态的采集输入及控制指令的输出；

（3）接收处理各个零部件信息，结合能源管理单元提供当前的能源状况信息；

（4）对系统故障进行判断和记录，动态检测系统信息；

（5）对整车具有保护功能，根据故障的类别对整车进行分级保护，紧急情况时可以关掉发电机以及切断母线高压系统。

对于混合动力汽车，整车控制器还是实现能量管理策略的部件，它接收来自驾驶员行为单元的钥匙开关信号、油门踏板信号、转向信号等，同时分析当前各子控制器传递上来的车辆行驶相关信息，结合能量管理算法做出相应的判断，协调各控制器使汽车工作在最佳的工况下，以达到节能和降低排放的目的。

要实现整车控制器的上述功能，必须设计合理的硬件和软件。

## 6.2　CAN总线技术

### 6.2.1　CAN现场总线概述

CAN总线是20世纪80年代初德国BOSCH公司为解决现代汽车中众多控制单元、测试仪器之间的实时数据交换而开发的一种串行通信协议，属于现场总线范畴。CAN总线是一种有效支持分布式控制或实时控制的串行通信网络，应用范围从高速网络到低速容错网络，从本质上讲它是一种多主或对等网络，通信介质可以为双绞线、同轴光缆或光纤。直接通信距离最远可达10 km（传输速率5 kbit/s以下）；通信速率最高可达1 Mbit/s（通信距离40 m以内）。CAN总线通信格式采用短帧格式，传输时间短，受干扰概率低，同时也保证了通信的实时性。

## 6.2.2 电动汽车内 CAN 总线网络拓扑结构的选择与比较

网络的拓扑结构是指网络中节点的互联形式，按照几何图形的形状可将其分为 5 种类型：总线型拓扑、环形拓扑、星形拓扑、网状拓扑及树状拓扑，这些形状也可以混合构成混合拓扑结构。按照 CAN 总线协议，车内 CAN 总线可以是任意拓扑结构。网络拓扑结构对网络的性能、可靠性和通信费用都有很大影响。下面分别对 5 种常见的拓扑结构进行介绍。

1. 总线型拓扑

总线型拓扑结构如图 6-4 所示，是由单根电缆组成，该电缆连接网络中所有节点。单根电缆称为总线，它只能支持一个通道，所有节点共享总线的全部带宽。在总线网络中，当一个节点向另外一个节点发送数据时，所有节点都将侦听数据，只有目标节点接收并处理发给它的数据后，其他节点才能忽略该数据。总线型拓扑结构很容易实现，且构建成本低，但拓展性较差，当网络中节点增加时，其网络性能将下降。此外，总线网络的容错能力较差，总线上的某个中断或故障将会影响整个网络的数据传输。

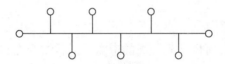

图 6-4 总线型拓扑结构

2. 环形拓扑

如图 6-5 所示，在环形拓扑结构中，每个节点与两个相邻的节点相连接使整个网络形成一个环，数据沿着环向一个方向发送。环中的每个节点如同一个再生和发送信号的中继器，它们接收环中传送的数据，再将其转发到下一个节点。与总线型拓扑结构相同，当环中的节点增加时，响应时间变长，网络性能也将下降。单纯的环形网络拓扑结构非常不灵活，而且不易扩展，单个节点或一处电缆发生故障也会造成整个网络瘫痪。因此，一些 CAN 总线网络采用双环结构以提供容差。

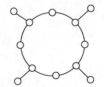   

图 6-5 环形拓扑结构　　　　　　图 6-6 星形拓扑结构

3. 星形拓扑

星形拓扑结构如图 6-6 所示，网络中的每个节点通过一个中央设备（如集线器）连接在一起。每个节点通过点对点连接到中央节点，任何两个节点之间的通信都通过中央节点进行。一个典型的星形拓扑结构所需要的电缆一般会稍多于环形拓扑结构和总线型拓扑结构。CAN总线采用星形拓扑结构将有很多方面的优点，如：

(1) 系统没有支线的概念，不存在支线反射现象；

(2) 网络布线简单，工作量少；

(3) 各节点相互独立，一个节点的故障不会影响整个系统的工作；

(4) 各节点可以实现"即插即拔"，而不用增加额外的软硬件工作。

因此，在车内进行通信时大多采用这种结构。

4. 网状拓扑

在网状拓扑结构中，每两个节点之间都是相互连接的。由于每个节点都是互连的，对两个节点的数据传输提供了多条通道，因此这种拓扑结构是最具有容错性的网络拓扑结构。其最大的缺点就是成本高，每个节点与其他节点相连需要大量的专用线路。为缩减开支，可采用半网状结构。所谓半网状结构就是关键节点采用网状结构，次要节点采用星形或环形拓扑结构，目前应用得比较广泛。星形网状拓扑结构可以很容易地移动、隔离或与其他网络连接，易于扩展。

5. 树状拓扑

树状拓扑结构如图6-7所示，其适应性很强，应用范围广，对设备的数量、数据率和数据类型没有太多的限制，可以达到很高的带宽。树状结构在单个总线中应用不多，多把树状拓扑结构和总线型拓扑结构或星形拓扑结构连接到一起。树状拓扑结构非常适合分主次、分等级的管理系统。

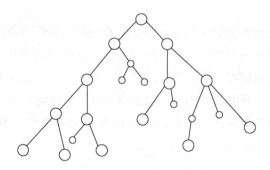

图6-7 树状拓扑结构

## 6.3 V型模式开发

### 6.3.1 传统整车控制器的开发

传统整车控制器的开发一般包括以下几部分内容：

(1) 根据功能要求确定设计目标、设计系统结构；

(2) 由硬件工程师设计并制造硬件电路；

(3) 由控制工程师设计控制方案;

(4) 由软件工程师采用手工编程的方式实现控制规律;

(5) 用真实控制对象或测试台架对系统进行集成测试。

(6) 根据测试结果进行硬件电路及控制规律的修改。

实际上,传统整车控制系统的设计过程往往存在一定的盲目性。因为只有在整个系统形成样机后,才能进行集成控制系统的闭环测试,而很多问题在产品开发的后期阶段才逐渐凸显出来,由此造成了很大的麻烦,具体情况如下。

(1) 在对控制规律的控制特性或控制效果缺乏把握的情况下,已经制造了硬件电路,一旦设计方案不能满足要求,就需要进行反复的修改,从而增加开发成本,延长开发时间。

(2) 手工编程会产生代码不可靠的问题。在测试过程中如果出现问题,很难确定是控制方案不理想还是软件编码错误。此外,手工编程费时费力,需要等很长时间才能再次对控制方案进行验证和测试,如果方案不合适,就意味着前期的投入浪费,开发风险很高。

(3) 即使软件编程不存在问题,如果在测试中发现控制方案不理想需要进行修改,则又要开始新一轮的改进工作。大量的时间又将耗费在软件的修改和调试上。

### 6.3.2 现代整车控制器的开发

为了提高产品开发的效率,减小上市风险,同时也减轻工程师的工作量,提出了V模式的开发流程。该流程的特点是开发、编程或测试工作都是在同一环境下进行,开发过程的每一步都可以得到验证,从而加速开发进度和简化开发流程,技术人员也可以快速地把自己的思想变成现实并可以尽早消除错误。

V型模式将计算机支持工具贯穿于控制系统开发测试的全过程。计算机不仅可以辅助控制系统设计,进行方案设计和离线仿真,还可用于实时快速控制原型、生成产品代码和硬件在环测试。"V"代表"Verification"和"Validation",从而就形成一套严谨完整的系统开发方法。V模式开发流程一般包含功能需求定义和控制方案设计、快速控制原型(RCP)、生成产品代码、硬件在环仿真、系统标定5个阶段,如图6-8所示。

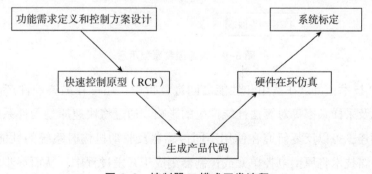

图 6-8 控制器 V 模式开发流程

1. 功能需求定义和控制方案设计

在传统方法中，要用大量文字说明来阐述这一过程，存在文字说明模糊性及理解性的错误。因此，在现代方法中对系统的详细说明采用模型的方式，控制方案的设计也不再采用传统的先将对象模型简化，再根据经验进行手工设计的方式，而是用 MATLAB/Simulink 等计算机辅助建模及分析软件建立准确的对象模型，并进行离线仿真，对控制算法和被控对象模型的正确性进行初步验证，从而避免了传统设计过程中，设计方案因对象过于简化而无法满足实际要求的尴尬局面。其中，被控对象的模型主要模拟车辆在行驶过程中的动态行为，控制器模型对被控对象的行为状态进行控制。

2. 快速控制原型

按 V 模式开发流程设计方案，方案设计结束后，无须等待硬件工程师制造电路板或软件工程师进行手工代码编程，而是利用计算机辅助设计工具自动转换为代码，并下载到一种具有通用功能的硬件开发平台中，称之为原型硬件，这就是快速控制原型（Rapid Control Prototype，RCP）。使用原型硬件连接被控对象，进行控制方案的验证，可快速实现控制系统的功能，如图 6-9 所示。这里生成的代码不是最终下载到产品 ECU 的代码，而只是适用于原型硬件的代码。

原型硬件中（包括实际系统中）可能含有的各种 I/O 设备、软件及硬件中断，可以利用计算机辅助试验测试管理工具软件进行各种测试，以检验控制方案对实际对象的控制效果，并在线优化控制参数。此时，即使模型需要较大修改，也只需要很短的几分钟时间。这样，在最终实现控制方案之前，就可以基本确认最终方案和效果，避免过多的资源浪费和时间消耗。

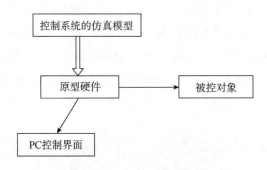

图 6-9 快速控制原型示意

使用 RCP 技术，可以在费用和性能之间进行折中；还可在最终硬件产品投产之前仔细研究离散化及采样频率等对算法性能产生的影响。通过将快速原型硬件系统与所要控制的实际设备相连，可以反复研究在使用不同传感器及驱动机构时系统的性能特征。此外，还可以利用旁路技术将原型电控单元或控制器集成于开发过程中，从而逐步完成从原型控制器到产品型控制器的顺利转换。

RCP 技术的关键在于代码的自动生成和下载，且必须有良好易用的建模、设计、离线仿真、实时开发及测试的工具才能加快设计和实验的开发循环过程，将错误及不当之处消除于设计初期，减少设计费用。

3. 生成产品代码

当控制系统模型确定后，需要将模型转换为针对产品 ECU 的代码。产品代码生成有人工编程和自动生成两种方式，传统的人工编程很容易引入缺陷，速度较慢；现代开发方法可自动生成大部分代码，生成代码的运行效率不低于手工代码的 10%，内存占用量不超过手工代码的 10%。对大多数工程师而言，如果能够加快开发速度，损失代码的部分实时运行效率也是可以接受的，而且机器自动编码，很容易避免人为的各种错误。利用软件直接生成产品级的代码可以在任何时候都保证模型和代码之间的高度一致性，即同样的模型在任何时候都会生成同样的代码，代码生成是确定的，从而保证最高的代码效率。代码生成的每一步都可以通过内嵌的测试工具来测试，因此可以对代码进行早期验证，以避免因代码缺陷造成的损失。

4. 硬件在环仿真

有了控制产品的初样，还必须对其进行全面综合的测试，特别是故障情况和极限条件下的测试，以确认产品是否符合实际指标的要求。如果用实际的控制对象进行测试，很多环境条件都无法实现，即便能实现，也要付出高昂的代价。对汽车电控单元的测试包括不同车型、不同路况和不同环境（雨、雪、风、冰等）下的测试，如果用真实的汽车必然要花费相当长的时间，付出高昂的测试费用。例如，在覆盖积雪的路面上进行汽车防抱死装置（ABS）控制器的测试就只能在冬季有雪的天气进行。此外，如果为了缩短开发周期，需要在控制器闭环运行环境不存在的情况下（如控制对象与控制器并行开发）对产品进行测试，传统的样机试验方法则不再适用。

为了解决这个问题，在控制器性能验证阶段，把实际的控制器和用来代替真实环境或设备的仿真模型一起组成闭环测试系统，用模型产生的信号来替代实际的物理信号，对控制器做出"欺骗"，这样就可以在实验室环境下完成对控制器的性能测试，从而大大降低开发费用，缩短开发周期。这种测试方法叫作"硬件在环（Hardware in Loop，HIL）仿真"，所谓"硬件在环"是指在仿真测试中使用的是真实的控制器，并且难以建立数学仿真模型的部件（如液压系统、电力系统）仍可以以实物形式保留在测试系统中。现在，许多控制工程师都把硬件在环仿真测试作为替代真实环境或设备的一种典型测试方法。

图 6-10 为硬件在环仿真的基本组成部分。在实时仿真处理器上运行仿真模型软件，通过 I/O 接口板将仿真结果转化为实际的物理电信号，再将仿真出来的"实际物理信号"连接到真实的控制器上进行"欺骗"，以验证控制器的控制性能。

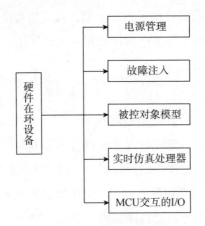

图 6-10 硬件在环仿真的基本组成部分

5. 系统标定

集成测试后期，需要根据产品的具体使用条件和产品类型，对控制器中的控制参数进行调整，寻找出一组优化的参数，这一过程称为标定。标定的过程不改变 ECU 程序算法，而只通过修改功能算法的参数值，来将控制器的控制和诊断功能调整到最佳的状态。通常是用大量的试验来优化控制参数，包括极限条件下的应用。标定过程一般先在台架上进行，然后再进行整车的标定。

## 6.4 空调系统

汽车空调的主要功能就是使车厢内的温度、湿度、空气清洁度及空气流动性保持在让人感觉舒适的状态。在各种季节、天气及行驶条件下，电动汽车也应使车厢内保持舒适状态，以给车内人员提供舒适的驾驶和乘坐环境。拥有一套节能高效的空调系统对电动汽车开拓市场也是至关重要的。

汽车空调作为保证汽车舒适性的重要组成之一，可为汽车提供取暖、除霜和制冷等功能。其中，取暖系统可使乘客在天气寒冷的冬天着装轻便，为车窗提供除雾和除霜，保证乘坐舒适性和驾驶安全性；制冷系统则通过制冷和除湿，使乘员在炎热的夏天乘坐舒适，驾驶员保持警醒，并允许关闭车窗以防止粉尘等污染物进入车内；同时，空调系统通过换气过程还能提供除尘、除臭的功能。因此，不论是燃油汽车，还是电动汽车，空调系统都是必不可少的。但是电动汽车和燃油汽车的空调系统动力来源不同：燃油汽车是靠发动机带动空调压缩机进行制冷，由发动机产生的余热来进行采暖和除霜，而电动汽车的空调系统没有可利用的发动机余热，因此制冷和采暖、除霜都要由动力电池来提供能量，从而使续驶里程进一步减少。为解决这一问题，优化并合理匹配电动汽车的空调系统就显得尤为重要。

### 6.4.1 电动汽车空调的制冷方式

汽车空调对车厢内部空气的调节首要是调节其温度，通过制冷来降低空气温度。根据电动汽车的特点，对于纯电动汽车来说，目前可以选择的制冷方式主要有热电制冷和电动压缩机制冷。

1. 热电制冷空调系统

热电技术从20世纪50年代末发展起来，其理论基础是珀尔帖效应和赛贝克效应，其工作原理是：N型和P型半导体通过金属导流片连接，当电流由N极通过P极时，电场使N极中的电子和P极中的空穴反向流动（其中产生的能量来自晶格的热能），在导流片上吸热，在另一端放热，产生温差。热电技术因为其独特的优点而得到了较广泛应用，解决了许多特殊场合的空气调节问题，满足了人们在特种场合的需要，目前该技术已经应用到汽车冰箱、核潜艇空调器、宇航员及坦克乘员的空调服等方面。

热电堆制冷量随工作电流及冷热端温差变化而变化，因此可以通过调节冷却器或散热器的工作电压改变其工作电流，从而改变其制冷量来控制车内的送风温度。

热电技术具有很多符合电动汽车的使用特点，与传统机械压缩式空调系统相比，热电制冷空调系统具有以下特点：

(1) 热电元件工作需要直流电源；

(2) 改变电流方向即可产生制冷、制热的双重效果；

(3) 热电制冷片热惯性非常小，制冷时间很短，在热端散热良好并且冷端空载的情况下，在不到1 min，制冷片就能达到最大温差；

(4) 调节组件工作电流的大小即可改变制冷速度和温度，温度控制精度可达0.001 ℃，并且容易实现能量的连续调节；

(5) 在正确设计和应用条件下，热电制冷效率可达90%以上；

(6) 组件的体积小、质量轻、结构紧凑，有利于减小电动汽车的整车装备质量；

(7) 热电制冷空调系统可靠性高、寿命长并且维护方便；

(8) 热电制冷组件没有转动部件，因此无振动、无摩擦、无噪声且耐冲击。

对于电动汽车的热电制冷空调系统，其冷却器及散热器均由若干组热电堆组成，如图6-11所示。冷却器位于传统汽车空调系统蒸发器的位置，用于除去被调节空气的热量及水分，并将热量传给系统中的载热介质；散热器则位于传统汽车空调系统冷凝器的位置，吸收冷却器释放给载热介质的热量，并将该热量排放到大气环境中。传递热量的载热介质可以采用乙二醇与水的混合物，与汽车水箱中使用的工质相同，价格便宜且没有任何污染。另外，由于热电制冷效率的大小取决于热电堆冷热端的温差，而强化热端的散热与强化冷端的冷量散发有利于降低热电堆冷热端的温差，故在车内外热电堆处均采用了风扇进行强制对流,以增加冷量的传递和提高制冷效率。

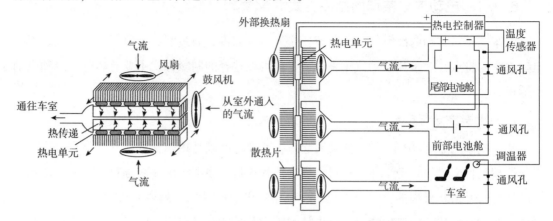

图 6-11　电动汽车的热电制冷空调系统示意图

热电制冷空调系统中常见热电元件由 4 种元素构成,锡、碲为主要成分,还有少量的硒、锑。在这四种元素中,锡、硒及锑的来源广、储量大,但碲元素的可用量有限,其主要来源是炼铜废料,因此其可利用量与工业对铜的需求量密切相关。大约有 10% 的碲元素用于半导体的生产,其中大部分用于制作热电材料。如果这 10% 的碲元素全部用来制造热电堆,最多可做出 800 万组热电堆。如果热电制冷空调系统能够产生与现有的蒸汽压缩式空调装置相同的舒适水平,那么每辆汽车约需要 400 组热电堆,这样每年大约能为 2 000 辆汽车安装热电空调。因此,热电空调的生产及应用还受到碲产量的制约。

2. 电动压缩机制冷空调系统

对于电动汽车以及其他拥有高压电源的汽车来说,均可以采用电动压缩制冷空调系统,该系统的基本原理为:动力电池组的直流电经逆变器驱动空调电机,带动空调压缩机旋转,从而形成制冷循环,产生制冷效果。电动压缩机制冷空调系统相对于传统汽车空调系统改变量较小,在结构上只是压缩机驱动动力源由发动机变为了驱动电机,对于传统汽车空调系统与电动汽车空调系统其结构上的不同如图 6-12 所示。

目前被认为最成功的混合动力车型制冷系统为丰田 Prius 的制冷系统,该系统采用的就是电动压缩机制冷空调系统,传统空调系统的压缩机由曲轴通过皮带驱动,而 Prius 轿车的电动压缩机由空调逆变器驱动,该空调系统可以在发动机不起动的情况下正常运行,制冷迅速,满足乘员的舒适性要求。该电动压缩机比传统室内空调电动压缩机来说具有质量轻、体积小的特点。

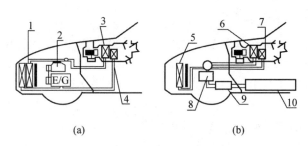

1—冷凝器；2—压缩机；3，6—蒸发器；4—热水芯；5—外部冷凝器；
7—冷凝器；8—电动压缩机；9—变频器；10—电池。

图 6-12 电动压缩机制冷系统

（a）传统汽车空调系统；（b）电动汽车空调系统

## 6.4.2 电动汽车空调的制热方式

目前，热泵电动汽车空调已经有了一定的基础，日本本田纯电动车就采用了电驱动热泵型空调系统。此外，在特别寒冷的地区使用时，部分车型顾客可以选装一个燃油加热器采暖系统。

日本电装（DENSO）公司开发了采用 R134a 制冷剂的电动汽车热泵型空调系统，其在热泵系统的风道中采用了车内冷凝器和蒸发器的结构。电装公司在近些年还开发了一套 $CO_2$ 热泵型空调系统，该系统也采用了在风道内设置蒸发器和冷凝器两个换热器的方案，与采用 R134a 制冷剂的系统不同的是当系统为制冷模式时，制冷剂同时流经内部冷凝器和外部冷凝器。

为了减少空调对蓄电池电能的消耗，美国 Amerigon 公司开发了空调座椅，这种空调座椅上装有电热泵，其作用是通过需要调温的空间之外的水箱转移热量，从而实现需要调温的空间制冷或制热。这种空调座椅除了节能还可以改善驾驶、乘坐的舒适性，比较适合在电动汽车上配套使用。

电动汽车和传统汽车的驱动动力不同，使得它们的空调系统也有很大的区别：电动汽车没有用来采暖的发动机余热，不能提供作为汽车空调冬天采暖用的热源，电动汽车的空调系统必须自身具有供暖的功能，即要求采用热泵型空调系统。同时，压缩机也只能采用电动机直接驱动，结构上与现有的压缩机形式不完全相同。由于用来给热泵空调系统提供动力的电池主要是用来驱动汽车的，空调系统的能量消耗对汽车每充一次电的行程影响很大。如果电动汽车仍采用现有效能比较低的空调系统，将耗费 10% 以上的电功率，这就意味着要在增加电池的制造成本和降低电动汽车的驱动性能指标之间进行选择。同燃油汽车相比，电动汽车对空调系统的节能高效提出了更高的要求。同时，电动汽车空调必须要解决制冷、制热两大问题，根据电动汽车特有的性质，目前电动汽车空调有半导体式（热电偶）电动汽车空调系统、电动热泵式电动汽车空调系统、驻车加热器式电动汽车空调系统、正温度系数（Positive Temperature Coeffcient，PTC）加热器式电动汽车空调系统等，其中电动热泵型空调发展较快。

#### 1. 半导体式电动汽车空调系统

半导体制冷又称电子制冷或温差电制冷,是从20世纪50年代发展起来的一门结合了制冷技术和半导体技术的学科,与压缩式制冷和吸收式制冷并称为世界三大制冷方式。半导体制冷器的基本器件是热电偶对,即把一只N型半导体和一只P型半导体连接成热电偶,通上直流电后,在接口处就会产生温差和热量的转移。在电路上串联起若干对半导体热电偶对,而传热方面是并联的,这样就构成了一个常见的制冷热电堆。借助于热交换器等各种传热手段,使热电堆的热端不断散热并且保持一定的温度,而把热电堆的冷端放到工作环境中去吸热降温,这就是半导体制冷的原理。半导体制冷片如图6-13所示。

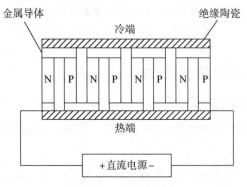

图6-13 半导体制冷片

半导体制冷在技术应用上具有以下特点:不需要任何制冷剂,可连续工作,没有污染源;没有旋转部件,不会产生回转效应;没有滑动部件,工作时没有振动、噪声,寿命长;安装容易。半导体制冷片既能制冷又能加热,制冷效率一般不高,但制热效率很高。因此,使用一个半导体制冷片件就可以代替分立的加热系统和制冷系统。半导体制冷片是电流换能型片件,通过输入电流的控制,可实现高精度的温度控制,再加上温度检测和控制手段,很容易实现遥控、程控、计算机控制,便于组成自动控制系统。半导体制冷片热惯性非常小,制冷、制热时间很快,在热端散热良好、冷端空载的情况下,通电不到1 min,制冷片就能达到最大温差,一般适用于中低温区发电。半导体制冷片的单个制冷元件对的功率很小,但组合成制冷热电堆,再用同类型的制冷热电堆以串、并联的方法组合成制冷系统,功率就可以做得很大,因此制冷功率可以做到几毫瓦到上万瓦的范围,半导体制冷片可实现的温差范围为-130~90℃。

从空调技术成熟性和能源利用效率比较来看,对于采用半导体制冷片技术的电动汽车空调系统,目前存在着热电材料的优值系数较低,制冷性能不够理想,并且热电堆产量受到构成热电元件元素产量的限制,不符合节能高效的要求。这使得电动汽车空调系统更倾向于选用节能高效的热泵型空调,该技术方案对于不同类型电动汽车的通用性较好,并且对整车结构改变较小,是将来电动汽车空调系统的发展趋势。

#### 2. 热泵式电动汽车空调系统

在理论上,制冷循环逆转可以用于制暖,但在环境气温低的情况下,制暖性能会下降,不符合在低温区具备高制暖性能的要求。利用电动压缩机压缩冷媒并使其循环,行驶时冷媒在冷凝器中受风冷却,而且在冬天,当冷凝器(制暖时改为蒸发器)结霜时,制暖性能也难以发挥，这就需要考虑增加为冷凝器（制暖时为蒸发器）加温除霜的系统。

制暖原本在某些情况下需要具有比制冷更高的性能。例如，在冬天制暖行驶时，为防止车窗起雾一般会导入车外空气，且汽车要在行驶的同时向车外排放加热了的空气，因此制暖需要具有比制冷更高的性能。

热泵型电动汽车空调系统是在燃油汽车上进行改进的，压缩机是由永磁直流无刷电动机直接驱动的，其工作原理如图6-14所示。由于在电动汽车上使用，压缩机等主要部件有其特殊性。全封闭电动涡旋压缩机是由一个直流无刷电动机驱动，通过制冷剂回气冷却，具有噪声低、振动小、结构紧凑、质量轻等优点。在测试条件为环境温度40℃、车内温度27℃、相对湿度50%的工况下，系统稳定时它能以1 kW的能耗获得2.9 kW的制冷量；当环境温度为-10℃、车内温度25℃时，以1 kW的能耗可以获得2.3 kW的制热量。在-10~40℃的环境温度下，均能以较高的效率为电动汽车提供舒适的驾乘环境，若能在零部件技术上得到改进，相应效率还可以得到提高。

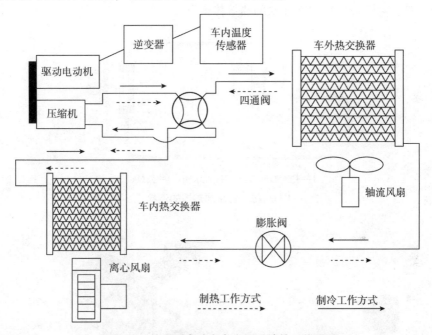

图6-14　热泵型电动汽车空调系统的工作原理

目前，热泵型电动汽车空调系统最大的瓶颈是低温制热问题，尤其是在高寒地区，这也是该行业研究难题之一。为了使热泵型电动汽车空调系统更节能高效，一般从以下几个方面去着重解决：开发更高效的直流涡旋压缩机，开发控制更精准、更节能的硅电子膨胀阀；采用高效的过冷式平行流冷凝器，改善微通道蒸发器结构，使制冷剂蒸发更均匀。此外，电动汽车开门的次数以及在行车中受车速、光照、怠速等因素的影响，空调湿热负荷大，压缩机乃至整个空调系统都要适应这种多因素变化的工况，因此热泵型电动汽车空调系统变工况设计尤为重要。

蒸发器风机的风量与车室内温度、设定温度、环境温度、太阳辐射强度和蒸发器出风口温度之间的关系是非线性的。

热泵型电动汽车空调系统与普通的家用空调比较相近，该系统是对普通家用空调的一种使用场合的扩展,为防止制热时因除霜导致室内舒适性下降,采用了热气旁通不间断制热除霜方式。除霜时的运行原理基本与制热相同,只是将融霜电磁阀打开,让从压缩机出来的高温高压的过热气体有一部分被分流到室外换热器的入口,迅速把室外换热器的温度提高到 0 ℃以上,融掉室外换热器上的霜层,使换热器保持良好的换热效率。

### 3. 驻车加热器式加热系统

纯电动汽车由于无法再利用发动机余热制暖,用电制热的方式在电池容电量小,价格高时不经济,国内一部分电动汽车采用传统燃油汽车使用的驻车加热器作为加热源,虽然有用燃油作为燃料的不足,但至少能促进电动汽车的进一步发展。图 6-15 为驻车加热器的连接,图 6-16 为驻车加热器元件的组成。驻车加热器与发动机冷却循环串联,其工作原理是利用本车的蓄电池和油箱来瞬间供电和少量供油,并通过燃烧汽油所产生的热量来加热发动机循环水进而使发动机热起动,同时使驾驶室升温。热交换器是发动机冷却水采暖系统的心脏,它的作用是把冷却水的热量传给空气。

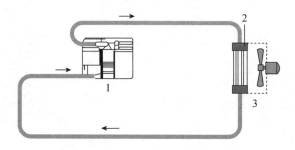

1—驻车加热器;2—暖风水箱;3—鼓风机。

**图 6-15　驻车加热器的连接**

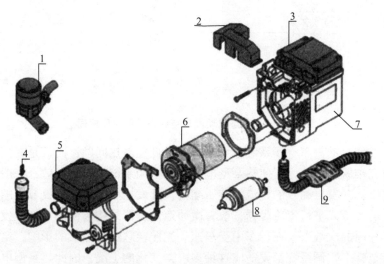

1—循环水泵;2—控制单元罩盖;3—带温度传感器的控制单元;4—接进气小滤清器;
5—燃烧室鼓风机;6—带引燃塞的燃烧管;7—热交换器;8—计量油泵;9—排气管。

**图 6-16　驻车加热器元件的组成**

驻车加热器的工作原理：遥控器或定时器给 ECU 一个启动信号，计量油泵从油箱泵油并以脉冲形式将燃油打到燃烧室前的金属毡上，笔状点火器加热到 900 ℃ 左右，将喷溅的细小油滴汽化，空气由燃烧空气鼓风机吸入，与汽油混合后点燃，热能传递给发动机冷却液，电动循环水泵推动冷却液循环进入蒸发箱内的散热器，鼓风机使车内冷空气通过散热器，把变热的空气吹入车内。

4. 正温系数加热器式制热系统

若电动汽车采用加热器的电制热方式时，加热器一般配置在驾驶席和副驾驶席之间的地板下方。加热器由可用电发热的 PTC 加热器元件、将 PTC 加热器元件的热量传送至散热剂（冷却水）的散热扇、散热剂流路和控制底板等组成。由于要求加热器要有较高的制暖性，因此电源使用的是驱动电动机的锂离子充电电池的高压，而非辅助电池（12 V）。如果是纯电动汽车专用产品，也可以不使用冷却液，直接用鼓风机吹送经 PTC 加热器元件加热的暖风。

由于要制造的加热单元要使用动力电池的高电压，用少量放热元件产生大量热量，因此加热器的生产需要丰富的设计和制造技术经验。加热器机身内部有板状加热器元件，通过在元件两侧通入散热剂（冷却水）提高散热性。加热器元件采用了普通 PTC 元件，PTC 元件夹在电极中间，具有电阻随温度改变的性质。在低温区电阻低，电流流通产生热量，随着温度升高，电阻逐渐增大，电流难以流通，发热量随之降低。PTC 元件的特性符合汽车的制暖性能要求，即具备在低温区的高制暖性能。

此外，目前加热器的 ECU 与空调系统整体是各自独立的，但也可将 ECU 与加热器融为一体。电动汽车厂商努力为电动汽车配备多个加热器元件可以使其制暖能力提高到与燃油汽车相当。但是，为了尽量把电池容量留给行驶，电动汽车厂商在设计时对制暖耗电进行了抑制。

# 第七章
# 纯电动汽车动力性及其动力匹配

纯电动汽车与内燃机汽车本质上都是交通工具，二者都采用橡胶轮胎，车轮与地面之间的相互接触与相互作用，以及力学过程也不存在本质的区别，二者的转向装置、悬架装置及制动系统基本上也是相同的。它们之间的主要差别是采用了不同的动力源。内燃机汽车是燃油混合气体在内燃机中燃烧做功，从而推动汽车前进；纯电动汽车是由蓄电池提供电能，由驱动控制系统和电动机驱动行驶。因此，纯电动汽车行驶的操纵稳定性、平顺性要求与内燃机汽车完全相同。在制动性方面，纯电动汽车本身除具有可通过制动实现能量回收的性能外，与内燃机汽车也是相同的。纯电动汽车虽然不存在燃油经济性，但也有相应的经济性评价指标。纯电动汽车能量的供给与消耗，与蓄电池的性能密切相关。此外，蓄电池的性能还直接影响纯电动汽车的动力性和有效行程，同时影响纯电动汽车行驶的成本效益。由此可见，纯电动汽车与传统内燃机汽车的动力性能既有相同之处又有区别，本章仅对电动汽车动力性进行初步分析，其他更进一步的性能请参阅其他相关资料。

## 7.1 纯电动汽车的驱动力与行驶阻力

欲使汽车行驶，必须对汽车施加一个驱动力以克服各种阻力。在汽车等速行驶时，其阻力由滚动阻力、空气阻力和坡度阻力组成。

滚动阻力主要是由于车轮滚动时轮胎与路面变形而产生，用 $F_f$ 表示。弹性车轮沿硬路面滚动时，路面变形很小，轮胎变形是影响滚动阻力的主要因素；车轮沿软路面（如松软土路、沙地、雪地等）滚动时，轮胎变形较小，路面变形是影响滚动阻力的主要因素。

此外，轮胎与路面以及传动系统内都存在着摩擦。车轮滚动时产生的这些变形与摩擦都要消耗功率，因而形成滚动阻力，其大小与汽车的总重力、轮胎结构和气压以及路面性质有关。

汽车行驶时，需要挤开其周围的空气，汽车前面受气流压力并且后面形成真空，产生压力差，此外还存在着各层空气之间以及空气与汽车表面的摩擦，再加上冷却发动机、室内通风以及汽车表面外凸零件引起的气流干扰等，就形成了空气阻力，用 $F_w$ 表示。空气阻力的大小与汽车的形状、汽车的正面投影面积有关，且与车速的平方成正比。当汽车高速行驶时，空气阻力的数值将显著增加。

汽车上坡时，其总重力沿路面方向的分力形成的阻力称为坡度阻力，以 $F_i$ 表示，其大小取决于汽车的总重力和路面的纵向坡度。坡度阻力只有在汽车上坡时才存在，但汽车克服坡度所做的功并未白白地耗掉，而是以势能形式存在。当汽车下坡时，所储存的势能又转变为汽车的动能，促使汽车行驶。

当汽车加速行驶时，还存在加速阻力，用 $F_j$ 表示。

为了克服上述阻力，汽车必须有足够的驱动力。汽车动力系统在驱动轮上施加一个驱动转矩 $M$，使驱动轮旋转。在 $M$ 作用下，在驱动轮与路面接触之处对路面施加一个圆周力，其方向与汽车行驶方向相反，其数值为转矩 $M$ 与车轮滚动半径 $R$ 之比。

电动汽车在行驶中，由蓄电池输出电能给电动机，电动机输出功率，用于克服电动汽车本身的内阻力，以及由行驶条件决定的外阻力。内阻力通常由汽车内机械装置的效率表示，外阻力即行驶阻力。从分析电动汽车行驶时的受力状况出发，建立行驶方程式，这是分析电动汽车行驶性能的基础。这一过程与传统内燃机汽车相似。

## 7.1.1 纯电动汽车的驱动力

电动汽车的电动机输出转矩为 $M$，经过减速齿轮传动，传到驱动轮上的转矩为 $M_t$，使驱动轮与地面之间产生相互作用，车轮对地面作用一圆周力 $F$。同时，地面对驱动轮产生反作用力 $F_t$。$F_t$ 与 $F$ 大小相等方向相反，$F_t$ 方向与驱动轮前进方向一致，是推动汽车前进的外力，定义为电动汽车的驱动力。有

$$M_t = M i_d i_0 \eta \tag{7-1}$$

$$F_t = \frac{M_t}{r} = \frac{M i_g i_0 \eta}{r} \tag{7-2}$$

式中：$F_t$——驱动力（N）；

$M_t$——电动机驱动转矩（N·m）；

$i_g$——减速器或变速箱传动比；

$i_0$——主减速器传动比；

$\eta$——电动汽车机械传动效率；

$r$——驱动轮半径（m）。

电动汽车机械传动装置指与电动机输出轴有运动学联系的减速齿轮传动箱或变速箱、传动轴及主减速器等机械装置。机械传动链中功率损失有：齿轮啮合点处的摩擦损失，轴承中的摩擦损失，旋转零件与密封装置之间的摩擦损失及搅动润滑油的损失等。功率损失的影响因素复杂，单独计算每个损失困难。由于现代机械传动装置生产技术水平较高，传动装置中的损失较小，因此为了简化计算，将各项损失合并到啮合损失内。一般机械传动装置效率的计算式为

$$\eta = \eta_y^n \eta_z^m \tag{7-3}$$

式中：$\eta_y$——圆柱齿轮副的传动效率，$\eta_y = 0.97 \sim 0.98$；

$\eta_z$——圆锥齿轮副的传动效率，$\eta_z = 0.96 \sim 0.97$；

$n$——传递转矩时处于啮合状态的圆柱齿轮对数;

$m$——传递转矩时处于啮合状态的圆锥齿轮对数。

采用行星轮系或行星排的机械传动效率,其计算方法更为复杂,本教材不进行讨论。单排行星减速器的效率值一般取 0.97~0.98,万向传动轴的效率一般取 0.98。

### 7.1.2 电动机的转矩特性

汽车在各种行驶工况下行驶时,所需的转矩和功率与车速紧密相关,并取决于不同车速行驶时所遇到的行驶阻力。原动机(泛指利用能源产生原动力的一切机械,按利用的能源分,有热力发动机、水力发动机、风力发动机和电动机等)的转矩转速特性必须满足汽车的这种需要,假设原动机在不同转速时的功率保持不变,则有

$$P_m = \frac{Mn}{9549} \tag{7-4}$$

式中:$n$——原动机转速(r/min);

$M$——原动机转矩(N·m);

$P_m$——原动机的输出功率(kW)。

在原动机的工作转速范围内,转矩与转速成反比,转矩特性是一条在第一象限内的双曲线,转速低时转矩大,转速高时转矩小,这种特性比较接近于汽车的行驶工况。但是各种原动机的转矩特性与这种理想的特性是有区别的。电动机和内燃机都可以成为汽车动力来源的原动机,但其转速转矩特性不同,图 7-1 是典型电动机的转速转矩特性曲线。内燃机转速低时,其转矩很小,随着转速的提升,转矩也会增大,当转速达到一个临界值以后,转矩开始衰退,所以内燃机汽车必须配变速箱,中途加速时需要降挡将转速拉高达到最大转矩,然后才能发力。而电动汽车恰恰相反,它在起步的时候,电动机就是最大转矩输出,而随着转速的升高,转矩是逐步衰退的。

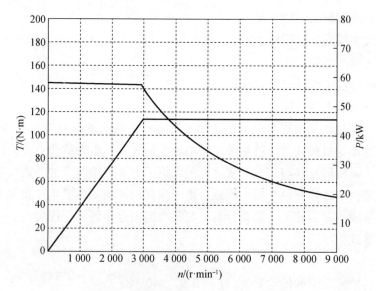

图 7-1 典型电动机的转速转矩特性曲线

### 7.1.3 电动汽车的行驶阻力

电动汽车上坡加速行驶时,作用于电动汽车上的阻力与驱动力保持平衡,建立的汽车行驶方程式为

$$F_t = F_f + F_w + F_j + F_i \tag{7-5}$$

式中:$F_t$——电动汽车的驱动力;

$F_f$——电动汽车行驶时的滚动阻力;

$F_w$——电动汽车行驶时的空气阻力;

$F_j$——电动汽车行驶时的加速阻力;

$F_i$——电动汽车行驶时的坡度阻力。

**1. 滚动阻力 $F_f$**

电动汽车在硬路面上行驶,由于橡胶轮胎弹性迟滞形成的能量损失,相当于汽车车轮在前进方向上遇到一个阻力消耗了电机输出功率,因此将这个阻力定义为汽车行驶的滚动阻力 $F_f$,通常与车轮上的法向负荷成正比,即

$$F_f = fG\cos\alpha \tag{7-6}$$

式中:$G$——汽车的总质量(N);

$\alpha$——汽车在坡道上行驶时道路的坡度角;

$f$——滚动阻力系数。

滚动阻力系数 $f$ 的数值由试验确定,影响滚动阻力系数的因素很复杂。通常滚动阻力系数与路面的种类、行驶车速和轮胎的材料、构造、气压等因素有关,为了降低滚动阻力系数,可采用低弹性迟滞橡胶、薄胎面、高压子午线轮胎。美国通用汽车公司生产的电动汽车车轮的滚动阻力系数已降到 0.004 8。

一般在进行汽车动力性分析时,在良好的硬路面上测定滚动阻力系数值,当车速 $v<50$ km/h 时,$f=0.016\ 5$,$v>50$ km/h 时,可按式(7-7)进行计算:

$$f = 0.016\ 5 \times [1 + 0.01 \times (v - 50)] \tag{7-7}$$

根据试验,在良好的水平硬路面上,$f$ 取 $0.010 \sim 0.012$。

**2. 空气阻力 $F_w$**

根据空气动力学的原理,将空气作用在汽车行驶方向上的分力称为空气阻力。空气阻力通常与气流相对速度相关,可表示为

$$F_w = \frac{C_D A v_a^2}{21.15} \tag{7-8}$$

式中:$C_D$——空气阻力系数;

$v_a$——汽车行驶速度(km/h);

$A$——迎风面积,汽车行驶方向的投影面积($m^2$)。

降低空气阻力的主要途径是降低 $C_D$ 值,$C_D$ 值与汽车表面的结构形状有关,由风洞试验确定。对于通常的乘用车,$C_D=0.3\sim0.46$;对于商用载货车,$C_D=0.6\sim0.7$;对于大客

车，$C_D = 0.6 \sim 0.7$。近年来，在降低汽车空气阻力系数方面的研究取得了很大的进展，如某型电动轿车的空气阻力系数 $C_D$ 已降低至 0.19。

3. 坡度阻力 $F_i$

汽车上坡行驶时，除克服滚动阻力与空气阻力外，还必须克服坡度阻力 $F_i$。由于汽车的重力沿上坡路面的分力 $G\sin\alpha$ 阻止汽车上坡，此力称为坡度阻力 $F_i$，有

$$F_i = G\sin\alpha \tag{7-9}$$

式中：$G$——汽车的总重力（N）；

$\alpha$——道路的坡度角。

道路的坡度除以角度表示外，在道路工程上还常以坡度表示，将坡度角的正切定义为坡度，即 $i = \tan\alpha = \dfrac{h}{s}$。

一般道路的坡度角很小，可近似认为

$$F_i = G\sin\alpha = Gi \tag{7-10}$$

4. 加速阻力 $F_j$

设有两个质量均等于 $m$ 的物体，其中一个物体在运动时有一部分质量可以旋转，并与该物体有一定的运动学联系，另一物体没有可以旋转的质量。若以同样的力作用于两个物体，两物体所得的加速度是不相等的，且前者的加速度小于后者。这是因为物体受力作加速运动时，有旋转质量的那一部分除随该物体作平移加速外，并将产生旋转加速度。因此，旋转质量加速旋转而形成附加惯性负荷，表现为对该物体整体的阻力。可以设想，有旋转质量的物体，其质量比无旋转质量的物体增加了 $\delta$ 倍，$\delta$ 称为质量增加系数或质量换算系数，用牛顿第二定律表示为

$$F = \delta ma \tag{7-11}$$

电动汽车作加速行驶时的加速阻力，由相同的原理可表示为

$$F_j = \frac{\delta G}{g} \frac{\mathrm{d}v}{\mathrm{d}t} \tag{7-12}$$

电动汽车的质量换算系数可进一步进行理论分析计算，通常由试验确定。对于电动汽车还缺乏试验数据和近似的计算方法，可参考内燃机汽车的质量换算系数的计算方法。由于电动汽车没有内燃机的曲柄飞轮等装置，因此其质量换算系数会相对小些。

## 7.2 纯电动汽车行驶时的驱动力平衡

通常对汽车的动力性评价指标有 3 个，即汽车的最高车速、加速能力和最大爬坡度。汽车的最高车速是指汽车在无风条件下，在水平的良好硬路面上所能达到的最高车速；汽车的最大加速能力一般用汽车原地起步的加速能力和超车加速能力来表示，通常采用汽车加速过程中所经过的加速时间和加速距离作为评价汽车加速能力的指标；汽车的爬坡能力是指汽车在良好道路上以最低车速能够上坡行驶的最大坡度，注意这里的坡度是用正切值

的百分数表示。

汽车在行驶过程中,其驱动力与行驶阻力始终保持平衡,这种平衡关系由汽车行驶方程式表示,利用这个方程式通过解析法或图解法可分析汽车的动力性能。

绘制给定汽车的驱动力和行驶阻力平衡图时,已知数据如下:电动机输出轴上的转矩特性、汽车的总质量、传动装置的传动比、传动效率、车轮半径、汽车空气阻力系数、汽车的迎风面积。根据式(7-2)即可计算汽车车轮上的驱动力,分析汽车在硬路面上的动力性能时,汽车的车速可由电动机的转速换算,即

$$v_a = 0.377 \frac{nr}{i_g i_0} \tag{7-13}$$

根据上述计算结果,再结合不同车速下的滚动阻力和空气阻力可得电动汽车驱动力与行驶阻力平衡图,如图7-2所示。

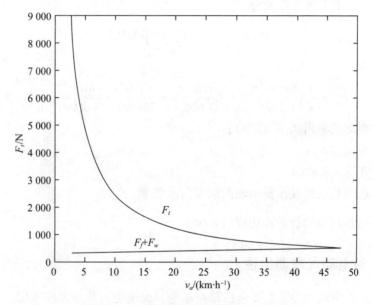

图7-2 电动车驱动力与行驶阻力平衡图

汽车等速行驶时,由式(7-5)得

$$F_t = F_f + F_w \tag{7-14}$$

即驱动力曲线与 $F_f + F_w$ 曲线的交点为电动汽车的最高车速。需要注意这个交点是在电动机的连续工作区,还是在短时工作区或瞬间工作区,因为电动汽车的最高车速只有在电动机的连续工作区才有意义。令 $F_{fw} = F_f + F_w$,将式(7-14)改写为

$$F_i + F_j = F_t - F_{fw}$$

汽车在坡道上以速度 $v$ 匀速行驶,$F_j = 0$,则

$$i = \frac{F_t - F_{fw}}{G} \tag{7-15}$$

由式(7-15)求出电动汽车以速度 $v$ 匀速爬坡行驶的坡度 $i$。当车速最小时,即可求得电动汽车的最大爬坡度 $i_{max}$。注意此处 $F_t$ 应取短时间工作的转矩曲线对应之 $F_t$。

当汽车在水平良好硬路面上加速行驶时，$F_i = 0$，则有

$$F_j = F_t - F_{fw} \tag{7-16}$$

$$\frac{dv}{dt} = \frac{g}{\delta G}(F_t - F_{fw}) \tag{7-17}$$

利用上式，再经过一些数学处理后，可计算汽车的加速性能。

## 7.3 纯电动汽车的功率平衡

### 7.3.1 电动机输出功率与阻力功率

在式（7-5）两端乘以电动汽车行驶速度 $v_a$，再考虑机械损失，经单位换算以后可得电动汽车行驶功率平衡方程式为

$$P_m = \frac{1}{\eta}(P_f + P_w + P_j + P_i) \tag{7-18}$$

可进一步变换为

$$P_m = \frac{1}{\eta}\left(\frac{Gf\cos\alpha v_a}{3\,600} + \frac{Gf\sin\alpha v_a}{3\,600} + \frac{C_D A v_a^3}{76\,140} + \frac{\delta G v_a}{3\,600g} \cdot \frac{dv}{dt}\right) \tag{7-19}$$

式中：$P_m$——电动机输出功率（kW）；

$G$——车重（N）；

$v_a$——车速（km/h）；

$\eta$——电动机输出轴至驱动轮的能量传递效率；

$\frac{dv}{dt}$——电动汽车的行驶加速度（m/s²）。

### 7.3.2 纯电动汽车动力性

在纯电动汽车中动力性能主要包括最高车速、加速能力和最大爬坡度，由于纯电动汽车用牵引电动机通常可以短时过载运转，因而在计算加速时间和最大爬坡度时应按电动机过载计算，而最大车速为纯电动汽车较长时间平稳行驶下的参数，计算时应取电动机正常运行状态参数。

**1. 最高车速**

纯电动汽车的最高车速指的是在水平良好的道路上匀速行驶且电动机正常运转（不过载）时，可以达到的最大速度。当电动汽车以最高车速行驶时，电动机一般处于恒定功率运转阶段（只有在所选电动机额定功率相对于纯电动汽车整车质量过小时，电动机才有可能处于恒定转矩运行阶段，这种情况应当避免），而汽车所受到的阻力只有滚动阻力和空气阻力，此时汽车行驶方程式为

$$F_t = F_f + F_w \tag{7-20}$$

即

$$\frac{9\,549\pi P_m \eta_t}{30 v_{max}} = mgf_t + \frac{C_D A v_{max}^2}{21.15} \tag{7-21}$$

式中：$P_m$——电机输出功率（kW）；

$m$——整车质量（kg）；

$C_D$——空气阻力系数；

$A$——迎风面积（m²）；

$\eta_t$——传动效率；

$v_{\max}$——最高车速；

$f_t$——滚动阻力系数。

对上式求解即可得到纯电动汽车的最高车速。在一些特殊情况下，由于电动机额定功率较大或最小传动比相对较大，使得电动机已经达到最大转速时汽车牵引力仍然大于汽车行驶阻力，此时虽然电动机仍有后备动力，但由于转速的限制汽车速度不能继续增加。在这种情况下，纯电动汽车最大车速计算公式为

$$v_{\max} = \frac{3.6\pi n_{\max} R}{30 i_{\min}} = \frac{0.377 n_{\max} R}{i_{\min}} \tag{7-22}$$

式中：$R$——车轮半径（m）；

$n_{\max}$——驱动电机的最高转速（r/min）；

$i_{\min}$——最小传动比。

2. 加速能力

纯电动汽车的加速能力通常是指汽车从静止状态起动至加速到某一车速所需的时间或由某一车速加速到更高车速所需的时间（超车时间）来予以描述。与传统燃油汽车加速性能相似，计算电动汽车的加速时间对汽车加速度的倒数积分即可。

电动汽车驱动电机的理想特性曲线如图7-3所示，图中$v_{rm}$为电动汽车以恒驱动力特性输出和以恒驱动功率特性输出的分界车速，$P_p$为动力生成装置功率。

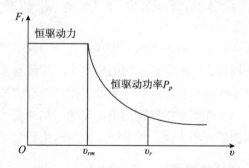

图7-3 电动汽车驱动电机理想特性曲线

忽略车辆传动效率损失，由图7-3可得，电动汽车起步加速时间计算公式为

$$\begin{cases} t = \dfrac{\delta m}{3.6}\displaystyle\int_0^{v_{rm}} \dfrac{\mathrm{d}v}{\dfrac{3\,600 P_p}{v_{rm}} - mgf - \dfrac{C_D A v^2}{21.15}} + \dfrac{\delta m}{3.6}\displaystyle\int_{v_{rm}}^{v_r} \dfrac{\mathrm{d}v}{\dfrac{3\,600 P_p}{v_{rm}} - mgf - \dfrac{C_D A v^2}{21.15}} \\ v_r \geqslant v_{rm} \end{cases} \tag{7-23}$$

$$\begin{cases} t = \int_0^{v_r} \dfrac{\mathrm{d}v}{\dfrac{3\,600P_P}{v_{rm}} - mgf - \dfrac{C_D A v^2}{21.15}} \\ v_r \geqslant v_{rm} \end{cases} \quad (7\text{-}24)$$

$$t \leqslant t_a \quad (7\text{-}25)$$

式中：$t$——时间（s）；

$t_a$——加速时间的设计目标最大允许值（s）。

**3. 爬坡性能**

纯电动汽车的爬坡性能是指汽车在良好路面上行驶时，克服滚动阻力和空气阻力之后的剩余牵引力全部用来克服爬坡阻力所能爬上的最大坡度。

汽车车速小于驱动电动机额定转速对应的车速时，汽车行驶方程式为

$$\dfrac{kTi_0\eta_t}{R} = mgf_t\cos\alpha_{\max} + \dfrac{C_D A v^2}{21.15} + mg\sin\alpha_{\max} \quad (7\text{-}26)$$

式中：$k$——电动机的过载系数，是电动机峰值功率与额定功率的比值；

$T$——电动机的输出转矩（N·m）；

$i_0$——系统传动比。

当汽车车速大于驱动电动机额定转速对应的车速时，汽车行驶方程式为

$$\dfrac{9\,549\pi k\eta_t}{30v} = mgf_t\cos\alpha_{\max} + \dfrac{C_D A v^2}{21.15} + mg\sin\alpha_{\max} \quad (7\text{-}27)$$

对式（7-26）、（7-27）求解，可以得到汽车以某一车速行驶时可以爬上的最大坡度 $\alpha_{\max}$，汽车的爬坡能力通常由路面坡度正切值的百分数表示。

## 7.4 纯电动汽车动力传动系统参数的选择

电动汽车动力传动系统除了要满足车辆结构布置方面的要求外，最为重要的是其主要参数要满足电动汽车主要性能指标的要求。纯电动汽车动力传动系统主要参数的选择包括电动机参数的选择和传动系统传动比的选择。如今，车辆的动力性能和续驶里程是评价电动汽车性能的主要指标，动力性能是指车辆的最高车速、加速能力和爬坡性能；续驶里程是指车载动力能量源两次能量补给之间车辆所能达到的最大行驶里程。

### 7.4.1 驱动电机参数的选择

纯电动汽车的动力源是电动机，即电动机为电动汽车的行驶提供驱动力，且电动汽车行驶过程中所需的功率均由电动机所提供。驱动电机的主要参数为电动机功率，其中包括额定功率和峰值功率。电动机功率的选取原则是驱动电机提供的功率应该能满足电动汽车在各种工况下正常行驶所需总功率的最大值。驱动电机的峰值功率一般由电动汽车的加速性能或爬坡性能决定。驱动电机的功率大于电动汽车所需的功率越多，则车辆的后备功率

也就越大，电动汽车的加速性能和爬坡性能越好，即动力性能越好。但电动汽车的功率大也存在缺点，如驱动电机的体积大，质量就大，会增加整车的质量，反过来影响电动车辆的动力性能。另外，驱动电机经常会出现低负荷工作，从而使其效率下降，不能有效利用车载能量。

因此，驱动电机功率的选择要大于或等于电动汽车在各种工况下最大功率的要求，同时做到所需各部件质量总和最小。也就是说，驱动电动机功率在满足车辆动力性能指标要求的同时，也要满足质量、体积达到最小的要求。车辆行驶时所受的行驶阻力与其驱动力相平衡，$F_t$ 为车辆行驶过程中需要的驱动力。电动汽车的驱动力，由电动机产生的转矩，经过传动系统传递作用在驱动轮上。地面对驱动轮的反作用力即为驱动力。车辆在角度为 $\alpha$ 的坡道上行驶，所需要的驱动力计算式为

$$F_t = Gf\cos\alpha + \frac{C_D A v^2}{21.15} + G\sin\alpha + \delta m \frac{dv}{dt} \tag{7-28}$$

式（7-28）与传统内燃机汽车驱动力计算公式一致。在驱动力等式两边同时乘以车辆的速度，即可得到车辆行驶过程中各功率之间的关系。各个功率之间的关系为：驱动电机提供的驱动力功率与各个行驶阻力功率相平衡。驱动力功率平衡方程式为

$$P_m = \frac{1}{\eta_t}\left(\frac{Gf\cos\alpha v}{3\,600} + \frac{Gf\sin\alpha v}{3\,600} + \frac{C_D A v^3}{76\,140} \frac{\delta m v}{3\,600g} \cdot \frac{dv}{dt}\right) \tag{7-29}$$

如前所述，评价车辆动力性的主要指标为：车辆的最高行驶速度、加速能力和最大爬坡性能。

1. 纯电动汽车以最高速度行驶时所需的驱动功率

纯电动汽车以最高车速 $v_{a\max}$ 行驶时所需的最大功率，即为纯电动汽车在良好水平路面上以最高车速直线运行时所需要的驱动功率。此时可以假设道路水平，纯电动汽车匀速直线行驶，行驶坡道角度为 0，车辆加速度为 0。

根据式（7-29）可得，满足纯电动汽车以最高车速行驶时所需要的驱动功率为

$$P_{m_1} \geq \left(\frac{GFv_a}{3\,600} + \frac{C_D A v_{a\max}^3}{76\,140}\right)\frac{1}{\eta_t} \tag{7-30}$$

2. 纯电动汽车以一定的速度爬坡所需的驱动功率

驱动电动机要提供纯电动汽车最大爬坡能力所需的驱动功率，也就是纯电动汽车在良好路面上以一定的速度爬上其能爬上的最大坡度路面所需的驱动功率。此时假设纯电动汽车匀速爬坡行驶，即车辆加速阻力为零。根据式（7-29）可得，满足纯电动汽车最大爬坡性能所需的驱动功率为

$$P_{m_2} \geq \frac{1}{\eta_t}\left(\frac{Gf\cos\alpha v}{3\,600} + \frac{Gf\sin\alpha v}{3\,600} + \frac{C_D A v^3}{76\,140}\right) \tag{7-31}$$

3. 纯电动汽车在加速过程中所需的驱动功率

纯电动汽车的加速性能包括原地起步加速性能和以一定的初始速度超车时的超车加速

性能。原地起步加速过程中所需的功率，也就是在良好水平路面上，纯电动汽车由初始速度 $v_0$ 加速到末速度 $v_t$ 时所需的驱动功率。假设道路状况良好、坡度为 0，起步加速时初始速度为 0。

电动车辆的加速行驶过程不是匀加速过程，因此不能直接用上述的加速末速度。根据经验，可用经验公式表示该速度为

$$v = v_m \left(\frac{t}{t_m}\right)^x \tag{7-32}$$

式中：$t_m$——电动车辆由初始速度 $v_0$ 加速到末速度 $v_t$ 的加速时间（s）；

$t$——由初始速度 $v_0$ 加速至 $v$ 的时间（s）；

$x$——拟合系数，大致范围为 0.47~0.53，一般取 0.5，$x$ 为 0.5 是通过假设车辆为理想恒功率输出，并忽略滚动阻力与空气阻力得到的。对于实际情况，当考虑阻力时，车速增加较慢，则 $x>0.5$，当不考虑阻力，或动力性好的车辆则 $x<0.5$。

根据车辆行驶功率平衡方程式得电动车辆加速行驶时所需的驱动功率为

$$P_{m3} = \frac{1}{3600 t_m \eta_t} \left( Gf \int_0^{v_m} v\mathrm{d}v + \delta m \int_0^{v_m} v\mathrm{d}v + \frac{C_D A}{21.15} \int_0^{v_m} v^3 \mathrm{d}t \right) \tag{7-33}$$

将式 $v = v_t(t/t_m)^{0.5}$ 代入式（7-33）化简整理得

$$P_{m3} = \frac{1}{3600 t_m \eta_t} \left( Gf \int_0^{t_m} v_m \left(\frac{t^{0.5}}{t_m^{0.5}}\right) \mathrm{d}t + \delta m \frac{v_m^2}{2} + \frac{C_D A}{21.15} \int_0^{t_m} v_m^3 \left(\frac{t^{1.5}}{t_m^{1.5}}\right) \mathrm{d}t \right) \tag{7-34}$$

为了符合求解精度的要求，选择迭代步长 d$t$ 设置为较小数值 0.15。则车辆到加速过程末了时刻，电动车辆所需要的驱动功率最大，化简整理出车辆加速过程中电动车辆所需的最大驱动功率为

$$P_{m3} = \frac{1}{3600 t_m \eta_t} \left( Gf \frac{v_m}{1.5} t_m + \delta m \frac{v_m^2}{2} + \frac{C_D A v_m^3}{21.15 \times 2.5} t_m \right) \tag{7-35}$$

电动汽车行驶过程中所需的驱动力，均来自动力源驱动电机。因此，所需要的驱动电机功率应同时满足车辆行驶过程中，最高车速性能、最大爬坡性能及最大加速性能所需的最大功率。

因此，电动车的驱动电机最大功率应该确定为

$$P_m = \max\{P_{m1}, P_{m2}, P_{m3}\} \tag{7-36}$$

驱动电机额定功率 $P_e$ 为

$$P_e = \frac{P_m}{\lambda} \tag{7-37}$$

式中：$\lambda$——电动机的过载能力系数，即过载系数。

### 7.4.2 传动系统传动的选择

对于电动汽车传动系统参数的选择，主要是如何选择传动比。同驱动电机参数的选择

原则基本一致，即选择的传动比既要满足车辆动力性要求，同时也要满足所选部件质量最小、体积最小的原则。

电动汽车由驱动电机提供动力，传动系统传递动力驱动其行驶。由于驱动电机具有低速转矩大、调速范围宽、高效率工作区域宽等优点，在满足电动汽车驱动特性方面具有很大的优势，因此无须采用多挡变速器，为了满足电动汽车的动力性能及保护动力电机，暂定设置两个减速比，即传动系最大传动比和传动系最小传动比。

1. 传动系最大传动比的选择

根据电动汽车传动系统机械结构，减速装置包括变速器和驱动桥中的主减速器，则传动系最大传动比为变速器一挡的传动比和主减速器主减速比的乘积，即

$$i_{max} = i_{g1} i_0 \tag{7-38}$$

式中：$i_{g1}$——变速器一挡传动比；

$i_0$——主减速器主减速比。

选择电动汽车传动系最大传动比时，考虑驱动电动机的峰值转矩能满足电动汽车最大爬坡度的需要，根据电动机的峰值转矩和电动汽车的最大爬坡度，建立最大传动比的数学关系式为

$$i_{max} \geqslant \frac{F_{imax} R}{\eta_t T_{max}} \tag{7-39}$$

式中：$R$——车轮半径（m）；

$F_{imax}$——电动汽车最大爬坡阻力（N）；

$T_{max}$——电动机最大输出转矩（N·m）。

2. 传动系最小传动比的选择

传动系最小传动比为变速器的最高挡传动比与主减速器主减速比的乘积，即

$$i_{min} = i_{g2} i_0 \tag{7-40}$$

传动系最小传动比的选择应该能够保证电动汽车能达到预先所设计的最高行驶速度。根据驱动电机的最高转速和电动汽车的最高行驶速度，建立传动系统的最小传动比的数学关系式为

$$i_{min} \leqslant \frac{0.377 n_{max} R}{v_{max}} \tag{7-41}$$

式中：$n_{max}$——驱动电机的最高转速（r/min）；

$v_{max}$——最高车速（km/h）。

## 7.5 纯电动汽车动力电池组容量的选择

动力电池系统与电动汽车的匹配主要涉及功率匹配和能量匹配两个方面，分别满足电动汽车动力性能和续驶里程的要求。

动力电池包作为电动汽车唯一的车载能量源，其容量需要满足续驶里程的设计指标。动力电池包的容量越大，其输出能量也就越多，电动汽车的续驶里程越长。同时，动力电池组的容量越大，其质量、体积也越大，从而增加了整车质量，增大了车辆消耗功率，又反过来影响续驶里程的增加。因此，电动汽车动力电池包容量的选择是在满足能量需求的情况下，质量尽量小。

动力电池的容量满足续驶里程要求的同时，其电压和功率要能满足驱动电机的需要。一般所选的电池的电压、功率均能满足系统电压等级。根据车辆的设计续驶里程建立所选电池组的数学模型。

电池的能量模型为

$$w_{ess} = \frac{u_{ess}C}{1\,000} = NW_b \tag{7-42}$$

式中：$w_{ess}$——动力电池包的总能量（W·h）；

$u_{ess}$——动力电池包的平均工作电压（V）；

$C$——单个电池模块容量（mA·h）；

$W_b$——单个电池模块额定能量（W·h）。

假设纯电动汽车以速度 $v$ 在良好的水平路面上匀速直线行驶，根据车辆行驶过程中功率平衡原理可得该工况条件下的功率为

$$P = \frac{1}{\eta_t}\left(\frac{Gfv}{3\,600} + \frac{C_D A v^3}{76\,140}\right) \tag{7-43}$$

电动汽车以一定的速度 $v$ 行驶，行驶路程为 $s$，则所需要的能量为

$$W = Pt = \frac{Ps}{v_a} \tag{7-44}$$

纯电动汽车所需要的能量仅由动力电池提供，因此动力电池提供的能量不得小于驱动车辆行驶定的里程所需要的能量，车辆才能完成既定里程。数学表达式为

$$w_{ess} \geq W \tag{7-45}$$

由上述公式可以整理出，蓄电池模块数和续驶里程的关系式为

$$N \geq \frac{Ps}{W_b \xi_{soc} v_a} \tag{7-46}$$

式中：$\xi_{soc}$ 为动力电池的有效放电量，一般为80%。

例如，某电动大客车动力性指标：最高车速为90 km/h，0~60 km/h的加速时间为48 s，最大爬坡度为20%，续驶里程为240 km。该车电池比能耗与车速的关系如图7-4所示，续驶里程与车速的关系如图7-5所示，说明车辆在40 km/h附近比能耗最小，续驶里程最长，主要原因是驱动电机在此点工作效率极高。

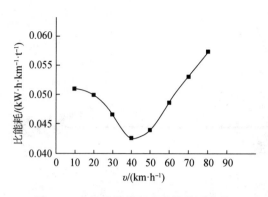 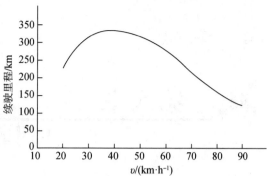

图 7-4　电池比能耗与车速的关系曲线　　　图 7-5　续驶里程与车速的关系曲线

一般都是按经济车速来设计车辆续驶里程，结合电动大客车动力性指标与蓄电池质量及容量的关系，根据设计目标进行质量与容量设计。

# 第八章 电池回收

汽车电动化是目前全球汽车行业的发展趋势,同时也带来一个不容忽视的问题:大量动力电池报废后该如何处理?随着电动汽车保有量持续增大,退役动力电池的数量也是持续增长,这些退役动力电池如何处理是电动汽车产业必须要解决的问题。

近年来,随着电动汽车销量的大幅攀升,各国政府和越来越多的企业都意识到电池回收的重要性。根据国际能源署的预测,到2030年,全球电动汽车销量将增加到1.4亿辆,这意味着废旧电池回收将成为一个全球性的大问题。

考虑到电动汽车的平均驾驶周期,目前锂电池组的首次使用寿命约为10年,或者说是25万km。不过随着高镍电池及电池快充技术逐步成为业内发展方向,电池使用寿命将缩减,未来动力电池的平均寿命可能只有5~6年。预计到2022年,将有高达26.2万吨的车用锂电池需要回收;到2025年,约3/4的废旧车用电池将被重新利用,或者被回收以获取原材料。这意味着,汽车制造商和电池厂商可以从同一产品中多次获利。退役的电池因含镍、钴、锰等元素,极具再生利用价值,这也是汽车企业进行电池回收的驱动力之一。但退役电池如果得不到及时处理,则会带来极大安全隐患。本章针对电池回收相关知识进行介绍。

## 8.1 动力电池规模

如图8-1所示,我国近些年新能源汽车销量飞速增长。

图8-1 中国新能源汽车销量

得益于新能源汽车的快速发展,截至 2019 年我国的锂电池市场规模已达到 92.8 GW·h,如图 8-2 所示。

图 8-2　中国锂电池规模

随着新能源汽车产业的迅速崛起,动力电池成为锂电池最强劲的增长点,2019 年市场规模为 52.6 GW·h,增长率达到 56.7%,如图 8-3 所示。

图 8-3　中国锂离子动力电池市场规模

如图 8-4 所示,当电池容量衰减到初始容量的 60%~80%,便需进行替换,磷酸铁锂动力电池平均寿命为 4~6 年,三元材料动力电池则为 2~4 年。由于我国新能源汽车于 2014 年开始大规模推广应用,因此在 2018 年迎来首个动力电池退役潮。

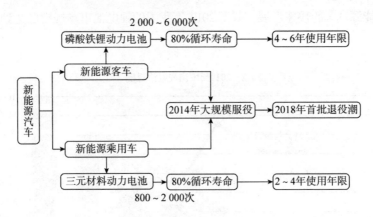

图 8-4 锂电池寿命

根据动力电池寿命，可以对我国锂离子动力电池逐年退役量进行预测，到 2025 年我国锂离子动力电池退役量将达到 93 GW·h，如图 8-5 所示。

图 8-5 中国锂动力电池逐年退役量预测

如图 8-6 所示，目前我国动力电池有三大体系。磷酸铁锂动力电池占比为 55%，依旧是最主流的配套电池体系；三元锂动力电池占比为 25%，由于其高能量密度等特点被认为是未来主流动力电池应用体系；锰酸锂动力电池占比为 16%，逐渐成为另一大体系。

磷酸铁锂动力电池作为目前主流的动力电池类型，预计 2021 年退役量将达到 20 GW·h。三元动力电池在 2018 年是退役元年，预计到 2023 年迎来爆发期，退役量将超过 20 GW·h。锰酸锂动力电池依托成本优势和性能提升，目前在新能源客车领域应用较多，预计 2025 年的退役量为 6 GW·h。

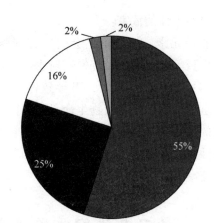

■ 磷酸铁锂动力电池　■ 三元锂动力电池　□ 锰酸锂动力电池　■ 钛酸锂动力电池　■ 其他

图 8-6　中国锂动力电池体系占比

## 8.2　废旧电池的危害

如果不能妥善处理电池回收问题，不仅会造成资源浪费，还将带来巨大的环境污染。锂电池虽被称为"绿色电池"，不含有 Hg、Pb 等有害元素，但其正极材料、电解质溶液等会对环境造成很大的污染，同时造成资源的浪费。锂电池相比传统的铅酸蓄电池更难被回收，当前动力锂电池的回收比例还比较低。锂电池含有的重金属和化学溶剂会对土壤、水质以及空气都会造成严重污染。

如表 8-1 所示，废旧锂电池的危害主要是少量重金属，若这些重金属进入体内，长期积累后将难以排出，会损害人的神经系统、造血功能和骨骼，甚至致癌。

表 8-1　废旧锂电池常用材料、主要化学特性及潜在污染

| 类别 | 常用材料 | 主要化学特性 | 潜在污染 |
| --- | --- | --- | --- |
| 正极材料 | 钴酸锂、锰酸锂、镍酸锂、磷酸铁锂 | 与水、酸、还原剂或强氧化剂反应产生金属氧化物 | 重金属污染，改变环境酸碱度 |
| 负极材料 | 碳材料、石墨等 | 粉尘遇明火或高温可发生爆炸 | 粉尘污染、氟污染、改变环境酸碱度 |
| 电解质 | $LiPF_6$、$LiBF_4$、$LiAsF_6$ | 有强腐蚀性，遇水可产生 HF，氧化产生 $P_2O_5$ 等有毒物质 | |
| 电解质溶剂 | 碳酸乙烯酯、碳酸二甲酯 | 水解产物产生醛和酸，燃烧可产生 CO、$CO_2$ 等 | 有机物污染 |
| 隔膜 | 聚丙烯、聚乙烯 | 燃烧可产生 CO、醛等 | 有机物污染 |
| 黏合剂 | 聚偏氟乙烯、偏氟乙烯 | 可与氟、发烟硫酸、强碱、碱金属反应，受热分解产生 HF | 氟污染 |

废旧锂电子池中主要金属对人体的危害:

钴是人体中必需的一种微量元素,但过量钴会引起红细胞增生,对皮肤系统也有影响,如引发过敏性或刺激性皮炎等;镍具有致癌性,对水生生物有明显危害,镍中毒的特有症状是皮炎、呼吸器官障碍;铜盐毒性较大,可导致胃肠系统伤害,可引发溶血性贫血、胆汁排泄功能紊乱和肝脏损坏;锰是动植物生命必需的微量元素,但过量锰进入体内会引起中毒,锰中毒所影响的器官主要是脑、肝、肝和心血管等;锂也是人体必需的微量元素,但过量锂会刺激、腐蚀皮肤及黏膜,引起心脏传导和节奏紊乱,以及运动机能减退的扩张性心肌病,甲状腺功能减弱。

## 8.3 动力电池回收的意义

2020年我国报废动力电池总重将超50万吨。以三元材料电池为例,其正极含有大量贵金属,其中钴占5%~20%,镍占5%~12%,锰占7%~10%,锂占2%~5%和塑料占7%,应该被合理的回收再利用。例如,钴作为一种战略资源,被广泛运用于各个领域,如动力电池、高温合金等。贵金属的回收量巨大,其回收的直接驱动力,还是在回收处理的性价比。如果回收的材料对于整个行业降低成本起到有益作用,回收材料才可以顺畅流通,废旧电池的回收比例才能真正升高。

目前,动力电池回收的主要驱动力是环保需求、回收经济性,最后是政策导向。

图8-7是动力电池和锂离子电池电芯成本构成。可以看出,动力电池回收可产出镍、钴、锰和锂盐,以及三元正极材料及前驱体,可直接用于锂离子电池电芯制造,具有构建产业链闭环的重大意义,能有效降低锂电池成本,具有较强的经济性。

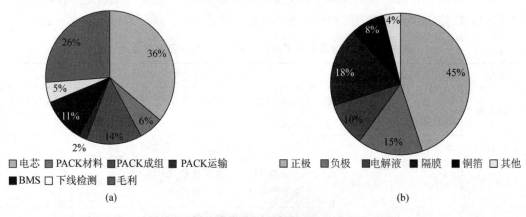

图8-7 动力电池和锂离子电池电芯成本构成
(a) 动力电池成本构成;(b) 锂离子电池电芯成本构成

动力电池回收具有较高的经济效益,除了可以回收重金属,壳体材料及有机物均可回收,随着三元锂电池的占比提高,回收的价值亦越来越高。表8-2为动力电池主要重金属含量。

表 8-2　动力电池中主要重金属含量　　　　　　　　　　　　　　　%

| 电池类别 | 主要金属 | Ni 占比 | Co 占比 | Mn 占比 | Li 占比 | 稀土元素占比 |
|---|---|---|---|---|---|---|
| 镍氢电池 | Ni、Co | 35 | 4 | 1.0 | — | 8 |
| 钴酸锂电池 | Li、Co | — | 18 | — | 2.0 | — |
| 磷酸铁锂电池 | Li | — | — | — | 1.1 | — |
| 锰酸锂电池 | Li、Mn | — | — | 10.7 | 1.4 | — |
| 三元系电池 | Li、Ni、Mn、Co | 12 | 5 | 7.0 | 1.2 | — |

金属镍是常用的三元材料，其价格较高，目前为 10 万元/吨；金属钴由于新能源汽车的推广需求大增，价格持续上涨，从 2016 年的 20 万元/吨涨到了 2019 年的 65 万元/吨，主要原因是我国金属钴探明储量仅 8 万吨，仅占世界钴储量的 1.12%，且回收率低，生产成本高，供需缺口导致进口依赖程度较高。碳酸锂是锂离子电池的重要原料，且具备较高的资源壁垒和技术壁垒，其价格在 2019 年稍有回落，但依然维持在 15 万元/吨以上。电解锰是重要工业原料之一，目前价格在 14 万元/吨左右。

## 8.4　动力电池回收政策与模式

由于电池回收耗资较大，不能仅靠企业自觉。为此，需要国家和地区从政策层面进行顶层设计与规划。我国政府已经出台相关政策，明确汽车生产企业承担动力蓄电池回收的主体责任，并要求其对动力蓄电池的生产、销售、使用、报废、回收和利用等全过程进行信息采集，对各环节主体履行回收利用责任情况实施监测。

为加强新能源汽车动力电池回收利用管理，规范行业发展，国家相关部门出台了一系列政策，加速动力电池回收市场的完善。例如，2016 年 1 月出台了《电动汽车动力蓄电池回收利用技术政策》，内容是加强对回收利用工作的技术指导和规范，明确动力电池回收的责任主体，鼓励进行废旧电池梯级利用，建立上下游联运的动力电池回收利用体系；2016 年 2 月出台了《新能源汽车废旧动力蓄电池综合利用行业规范条件》和《新能源汽车废旧动力蓄电池综合利用行业规范公告管理暂行办法》，对企业布局和项目建设条件、规模、装备和工艺等进行了说明；2017 年 1 月出台了《关于加快推进再生资源产业发展的指导意见》，内容是开展新能源汽车动力电池回收利用试点，建立完善废旧动力电池资源化利用标准体系，推进废旧动力电池梯次利用；2017 年 1 月出台了《车用动力电池回收利用拆解规范》，对回收利用的安全性、作业程序、存储和管理等方面进行了严格要求，明确了开展回收利用业务需要取得危刻处理等相关资质；2017 年 8 月出台了《汽车动力电池编码规则》《车用动力电池回收利用+余能检测》和《电动汽车动力蓄电池产品规格尺寸》，内容是降低动力电池回收拆解难度，使动力电池具备唯一性和可识别性，为车用动力电池的余能检测提供评价依据；2018 年 2 月出台了《新能源汽车动力蓄电池回收利用管理暂行办法》，内容是明确动力蓄电池设计、生产及回收责任，明确综合利用企业资质要求，明确政府部门监督管理责任。

此前，锂电池主要集中在3C（计算机、通信和消费类电子产品）等领域，由于其体积小、结构和组分简单、集散运输难度小，一般由传统的镍氢、镍镉电池回收企业进行回收处理。2014年以来，新能源汽车产业迅速发展，促使动力电池材料、动力电池、新能源整车产销和运营等企业也逐渐进入了锂电池回收产业链。动力电池的回收商业模式如图8-8所示，电池厂商和整车厂商为中心的回收体系如图8-9所示。

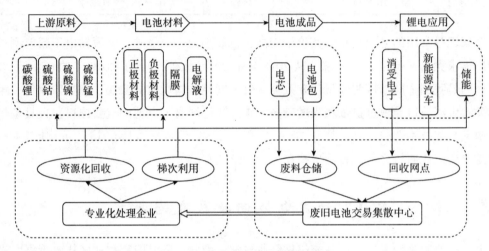

图8-8 动力电池的回收商业模式

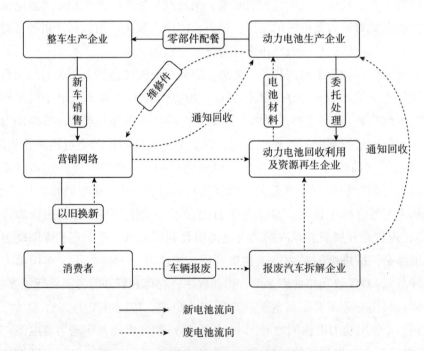

图8-9 电池厂商和整车厂商为中心的回收体系

采用电池租赁的形式能最大限度地减轻企业及使用者在使用该类型电池上的成本,实现多方共赢,且租赁有可能成为未来主要的市场模式。电池租赁企业为中心的回收体系如图 8-10 所示。

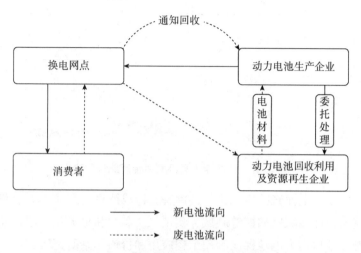

图 8-10　电池租赁企业为中心的回收体系

我国大多数第三方锂电池回收企业是从镍氢、镍铬等传统电池回收行业进入锂电池回收行业的,在商业模式上积累了一定的运营经验,但需要投入更多的人力及物力。第三方回收体系如图 8-11 所示。

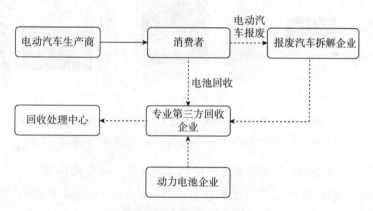

图 8-11　第三方回收体系

锂离子动力电池回收利用包括梯级利用和资源再生利用,梯级利用是将容量下降到 80% 以下的动力电池进行改造,利用到储能领域;资源再生利用是对已经报废的动力电池进行破碎、拆解和冶炼等,实现镍、钴、锂等资源的回收利用。图 8-12 是动力电池循环利用全产业链示意。

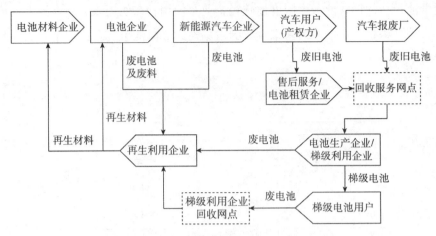

图 8-12 动力电池循环利用全产业链示意

新能源汽车的动力电池衰减后如果直接拆解会造成严重的资源浪费，可将其应用于低级别的光伏、基站储能和家庭储能等领域，实现二次利用和最大化利用。如图 8-13 所示，目前全球各国都在开展动力电池梯次利用工程应用和价值体系研究。

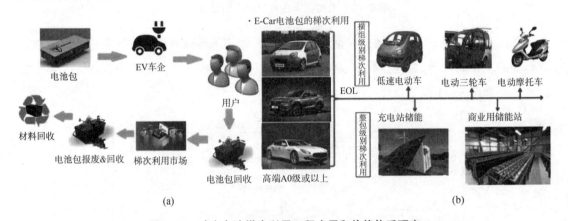

图 8-13 动力电池梯次利用工程应用和价值体系研究
（a）动力电池梯次利用和回收利用；（b）动力电池梯次利用目标市场

图 8-14 为德国 BOSCH 公司的电池梯级回收体系及二次使用体系。

日本电池生产商从 1994 年即开始实施电池回收计划，从 2000 年起日本政府规定生产商应对镍氢电池和锂电池的回收负责。NISSAN 公司开启了再加工（Refabricate）、再销售（Resell）、再循环（Recycle）和再利用（Reuse）的 4R Energy 业务模式，主要研究电池循环再利用的方法，还尝试将多辆汽车的电池组合起来，为住宅和家庭供电。在美国，锂离子动力电池回收以市场调节为主，政府管理为辅，储能是电池循环再利用途径之一。

2015 年戴姆勒与数家公司达成合作，成立专门的合资公司，开展部署二次利用储能电池装置的项目，旨在提升电池二次利用率及抢占储能电池市场。该项目覆盖了整个动力电池生命周期的产业链，动力电池在退役之后进入储能系统，在完成储能使命之后进入产品循环系统，为生产新的动力电池提供原材料。

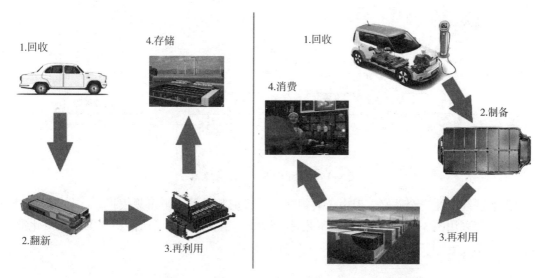

图 8-14　德国 BOSCH 公司的电池梯级回收体系及二次使用体系

宝马公司则在其德国莱比锡工厂建立"电池农场",宝马 i3 等电动汽车上替换下来的电池成为其高压储能系统的重要组成部分,该储能系统可并入电网,并与风能发电厂、太阳能发电厂等形成配套,为工厂和周边地区供电。该储能系统还可储存电网低峰时段的电量,在用电高峰或发电量低时输出。

我国锂离子动力电池回收的相关研究和工程示范起步较晚,动力电池梯次利用的商业化运作较少,条件不成熟,因此目前主要的回收方法是拆解回收原材料。图 8-15 是目前我国的动力电池回收流程。

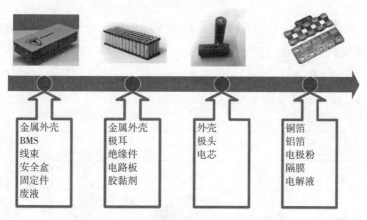

图 8-15　目前我国的动力电池回收流程

锂电池回收分为干式回收、湿式回收和生物回收三大类,其中生物回收是未来理想的发展方向,目前以湿法回收为主,干法回收则作为湿法回收的配套工艺。

对于大容量三元材料电池,出于安全考虑,还没有进行规模化拆解回收实践,而对于单体电池容量小、质量轻和体积小的电池进行大规模回收处理技术,目前已经成熟,主要方法是破碎分选加湿法回收,如图 8-16 所示。

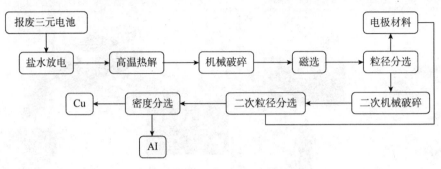

图 8-16　三元电池回收工艺流程

磷酸铁锂电池安全性好，但由于其规格不一且形状各异，虽可规模拆解，但自动化效率低，一般采用图 8-17 所示的湿法工艺进行回收，主要产出物为碳酸锂和电池级氯化锂。

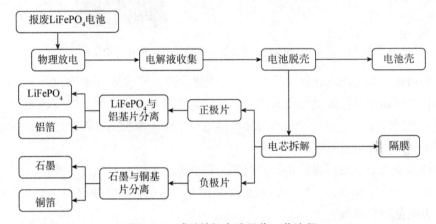

图 8-17　磷酸铁锂电池回收工艺流程

如图 8-18 所示，我国的动力电池再生利用市场规模将保持高增速稳步增长，预计到 2025 年，市场规模将达到 100 亿元。

图 8-18　我国动力电池再生利用市场规模

## 8.5 锂离子动力电池回收技术

锂离子动力电池的主要成分为外壳、电解液、阳极材料、阴极材料、胶黏剂、铜箔和铝箔等。其中，Co、Li、Ni 质量分数分别为 5%~15%、2%~7%、0.5%~2%，还含有少量 Al、Cu、Fe 等金属元素；从主要成分价值占比来看，阳极材料和阴极材料约占 33% 和 10%，电解液和隔膜约占 12% 和 30%。废旧锂离子动力电池中主要回收的金属是 Co 和 Li，它们主要集中在阳极材料上的钴锂膜上。由于我国钴资源相对贫乏，对钴的开发利用较为困难，而在锂离子动力电池中钴的质量分数约占 15%，是伴生钴矿的 850 倍左右，因此锂离子动力电池的回收十分重要。目前，以 $LiCoO_2$ 为正极材料的锂离子动力电池应用较为广泛，其中含有钴酸锂、六氟磷酸锂、有机碳酸酯、碳素材料、铜和铝等化学物质。

如前所述，目前退役锂离子动力电池的回收主要有两种方式：一是梯次利用，即让退役电池继续在电力储能、低速电动车等领域作为电源继续使用；二是拆解回收，将无法继续使用的电池进行拆解，实现资源化回收利用。梯次利用只是回收利用的一个环节，退役动力电池的最终"归宿"还是要走向拆解。

使用新技术可以将锂电池回收率从 50% 提升至 80% 左右，从而实现废旧电池中稀有元素的二次利用，同时也能有效降低废旧电池对环境的污染。

虽然说退役电池的可利用价值降低到维护成本以下再做原料回收，才是电池价值最大化。但实际的情况是，早期动力电池可追溯性差，质量、型号参差不齐，梯次利用风险大，剔除风险的成本高，因而可以说，在动力电池回收的前期，电池的去处大概率以原料回收为主。

锂离子动力电池的回收处理过程主要包括预处理和后续处理两个主要阶段。

预处理是电池分类、剩余电量处理以及拆解和粉碎，活性物质与集流体的分享，电池中主要金属以及电解液的回收和再利用。

后续处理技术的干法回收技术是指不通过溶液等媒介，直接实现各类电池材料或有价金属的回收技术方法，主要包括机械分选法和高温分解法。该技术的优点是可回收汞、镍、锌等更多的重金属，缺点是易造成二次污染，且能耗高。

### 8.5.1 预处理

预处理主要包括预放电、破碎分离、热处理和溶解 4 个步骤。

废旧锂离子动力电池中大都残余部分电量，在处理之前需要进行彻底放电，否则可能会造成安全隐患。废旧锂离子动力电池的放电方式可以分为物理放电和化学放电两种。物理放电为短路放电，通常利用液氮等冷冻液对其先进行低温冷冻，后穿孔强制放电，美国 Umicore、Toxco 公司曾采用液氮对废旧锂电池进行低温（-198℃）放电，但这种方法对设备的要求较高，不适合大规模工业应用；化学放电是在导电溶液（多为 NaCl 溶液）中通过电解的方式释放残余能量。相较而言，化学放电成本更低，操作简单，可满足工业大规模放电的应用，但电解液对金属壳体及设备的腐蚀，会在放电流程中带来不利影响。

破碎分离主要是为了将电极材料与其他物质（有机物等）在机械作用下通过多级破

碎、筛选等分离技术联用，实现电极材料的分离富集，以便于后续利用火法、湿法等工艺从中回收有价金属及化合物。机械分离法是目前普遍采用的预处理方法之一，易于实现废旧锂离子动力电池大规模工业化回收处理。这种方法是利用电池不同组分的密度、磁性等物理性质的不同，通过粉碎、筛分、磁选、精细粉碎和分类的工序将电池材料粗筛分类，实现不同有用金属的初步分离，以实现有用物质的分离富集。在较好的条件下可以提高目标金属的回收率，但由于锂电池结构复杂，通过该方法很难将各组分彻底分开。另外，在筛分和磁选时，由于存在机械夹带损失，因此很难实现金属的完全回收。

热处理主要是为了除去废旧锂离子动力电池中难溶的有机物、碳粉等，并对电极材料和集流体进行分离。目前采用的热处理方式多为高温热解法，通过高温焚烧分解去除黏结剂，使材料实现分离，同时使电池中的金属氧化还原并分解，形成蒸汽挥发，并通过冷凝将其收集，这种方法的特点是工艺简单、产物单一、耗能高，但存在分离深度低、环境污染等问题。为进一步改善工艺，可采用高温真空热解法。将废旧电池材料在粉碎之前于真空炉中进行热解，以 10 ℃/min 的速度升温至 600 ℃ 后恒温 30 min，有机物以小分子液体或气体的形式分解，可单独收集后用于化学原料，同时经高温热解后，$LiCoO_2$ 层变得疏松易于从铝箔上分离，有利于最终无机金属氧化物的有效分离富集。采用高温真空热解的方法预处理废旧锂离子动力电池正极材料，当体系压强低于 1.0 kPa，反应温度为 600 ℃，反应时间为 30 min 时，有机黏结剂可以被基本除去，大部分正极活性物质也能从铝箔上脱落分离，铝箔保持完好。相较于常规热处理技术，高温真空热解法可单独回收有机物，提高资源综合利用率，同时可以避免有机材料分解后产生的有毒气体对环境造成污染，但该技术对设备要求高、操作复杂，工业化推广具有一定的局限性。

溶解法是根据"相似相溶"的原理，利用正极材料与黏结剂（多为PVDF）、铝箔等杂质在有机溶剂中的溶解性的差异实现分离富集。常选取强极性有机溶剂溶解电极上的PVDF，使正极材料从集流体铝箔上脱落。选取多种极性有机溶剂对破碎后的正极材料进行溶解分离对比实验，发现最佳溶剂为 N-甲基吡咯烷酮（NMP），它在最优条件下可以使正极材料活性物质 $LiFePO_4$、碳的混合物与铝箔彻底分离。将电极在 90 ℃ 下置于 NMP 中处理 10~20 min，重复 6 次后，电极材料中的黏结剂可以完全溶解，分离效果较为彻底。溶解法相较于其他处理方法，操作更简单，可以有效提高分离效果及回收速率，工业化应用前景较好。目前，黏结剂多采用 NMP 溶解分离，效果较好，但因其价格较高、易挥发和具有低毒性等不足，从而在工业上的推广应用受到了一定程度的限制。

对于拆分出的电极材料，在 55 ℃ 水浴中使用超声波进行冲洗和搅拌 10 min，可使得 92% 的电极材料与集流体金属分离。同时，集流体可以金属形式进行回收。

### 8.5.2 正极材料有价金属提取方法

目前，锂离子动力电池的回收并没有做到整个电池上各类材料的全面回收再利用，其正极材料的种类主要包括：钴酸锂、锰酸锂、三元锂和磷酸铁锂等。

正极材料成本占据单体电池总成本的 1/3 以上，而由于目前负极采用石墨等碳材料较多，钛酸锂 $Li_4Ti_5O_{12}$ 和硅碳负极 Si/C 应用较少，所以目前电池的回收技术主要针对的是电池正极材料的回收。

废旧锂离子动力电池的回收方法主要有物理法、化学法和生物法三大类。其中，湿法冶金因其能耗低、回收效率高及产品纯度高等优点被认为是一种较理想的回收方法。

常见的物理化学处理方法主要是破碎浮选法和机械研磨法。

破碎浮选法是利用物质表面物理化学性质的差异进行分选的一种方法，即首先对完整的废旧锂离子动力电池进行破碎、分选后，将获得的电极材料粉末进行热处理去除有机黏结剂，最后根据电极材料粉末中钴酸锂和石墨表面的亲水性差异进行浮选分离，从而回收钴锂化合物粉体。破碎浮选法工艺简单，可使钴酸锂与碳素材料得到有效分离，且锂、钴的回收率较高。但是由于各种物质全部被破碎混合，对后续铜箔、铝箔及金属壳碎片的分离回收造成了困难；且破碎易使电解质 $LiPF_6$ 与 $H_2O$ 反应产生 HF 等挥发性气体造成环境污染，因此需要注意破碎方法。

机械研磨法是利用机械研磨产生的热能促使电极材料与磨料发生反应，从而使电极材料中原本黏结在集流体上的锂化合物转化为盐类的一种方法。不同类型的研磨助剂的材料回收率有所区别，其中 Co 的回收率为98%，Li 的回收率为99%。机械研磨法也是一种有效的回收废旧锂离子电池中钴和锂的方法，其工艺较简单，但对仪器要求较高，且易造成钴的损失及铝箔回收困难。

化学法是利用化学反应过程对锂离子动力电池进行处理的方法，一般分为火法冶金和湿法冶金两种方法。

火法冶金，又称焚烧法或干法冶金，是通过高温焚烧去除电极材料中的有机黏结剂，同时使其中的金属及其化合物发生氧化还原反应，以冷凝的形式回收低沸点的金属及其化合物，对炉渣中的金属采用筛分、热解、磁选或化学方法等进行回收。火法冶金的优点是反应速度快，效率高，对原料的组分要求不高，适合大规模处理较复杂的电池。但燃烧必定会产生部分废气污染环境，且高温处理对设备的要求也较高，同时还需要增加净化回收设备等，处理成本较高。

湿法冶金是用合适的化学试剂选择性溶解废旧锂离子动力电池中的正极材料，并分离浸出液中的金属元素，主要包括沉淀法、化学萃取以及离子交换三种方法。沉淀法是使用不同的沉淀试剂得到钴、锂、镍等有价金属的方法。化学萃取法是利用有机试剂与要分离金属离子形成配合物，然后利用适宜的试剂将金属分离出来；离子交换法是利用离子交换树脂对要搜集的金属离子进行吸附洗脱，实现金属的分离提取。湿法冶金工艺比较适合回收化学组成相对单一的废旧锂离子动力电池，可以单独使用，也可以联合火法冶金一起使用，对设备要求不高，处理成本较低，能够合理控制投料，对环境无影响。其缺点是反应速度慢，物料通过量小，工艺复杂，成本高，回收产品价值低。总的来说，湿法冶金是一种很成熟的处理方法，适合中小规模废旧锂离子电池的回收。

生物冶金法目前也在研究中，其利用微生物的代谢过程来实现对钴、锂等金属元素的选择性浸出，优点是能源消耗低，成本低，且微生物可以重复利用，污染很小；缺点是培养微生物菌类要求条件苛刻，培养时间长，浸出效率低，工艺有待进一步改进。

在多种锂离子动力电池中，只有磷酸铁锂电池的正极材料不含贵金属，而是主要由铝、锂、铁、磷和碳元素组成。正因如此，企业对磷酸铁锂的回收分解的驱动力不足，针对磷酸铁锂电池回收得相对较少。

废旧磷酸铁锂电池的一般处理方式：电池整体经机械粉碎后，利用极性有机溶剂 NMP 或强碱溶解分离其中的铝，剩余的材料即为 LiFePO$_4$ 和碳粉的混合物。向该混合物中引入 Li、Fe、P 以调整此三种元素在材料中的摩尔比，再经球磨、惰性气体下高温煅烧后可重新合成 LiFePO$_4$ 材料，但与首次合成的磷酸铁锂电池正极材料相比，电容量、充放电性能均有所下降。将失效磷酸铁锂电池正极材料氧化分解，回收锂、铁、磷、碳并重新利用才是治标治本的回收路径。

对比国内外锂离子动力电池回收工艺，使用物理化学法回收锂离子动力电池的回收率较低；化学法的研究普遍，应用范围广，相对比较可行；生物法虽环保，但所需时间太长，有待进一步研究。针对化学法的众多研究表明：通过单一火法冶金不及通过湿法冶金获得的再生材料的电化学性能好，但通过单一湿法冶金回收需要大量的试剂，不适合大规模工业化处理。

### 8.5.3 湿法冶金流程

比较而言，湿法冶金是当前提取方法中综合性能比较好的一类方法，下面将对湿法冶金进行详细说明。酸浸出是其中最重要的环节，其主要目的是将预处理后的活性物质中的目标金属转移到浸出液中，便于后续的分离回收过程。传统的无机强酸（HCl、HNO$_3$ 和 H$_2$SO$_4$）已经被广泛运用于浸出过程，但在浸出过程中会产生有毒气体对环境造成危害。因此，近年来研究者们开始关注有机酸（柠檬酸、草酸、抗坏血酸等）在浸出过程中的作用。与传统的无机酸相比，有机酸浸出在满足高效率的同时能够减少对环境的二次污染。

典型的湿法冶金主要步骤：预处理→酸液浸出→浸出液除杂→分离萃取→元素沉淀。其中预处理基本相似，但不同工艺的后续步骤差别较大，本节将对预处理步骤和典型的湿法冶金后续步骤进行介绍。

预处理基本步骤如图 8-19 所示，将废旧锂电池放入食盐水中放电，除去电池的外包装，去除金属钢壳得到里面的电芯。电芯由负极、正极、隔膜和电解液组成，负极附着在铜箔表面，正极附着在铝箔表面，隔膜为有机聚合物；电解液附着在正、负极的表面，为 LiPF$_6$ 的有机碳酸酯溶液。

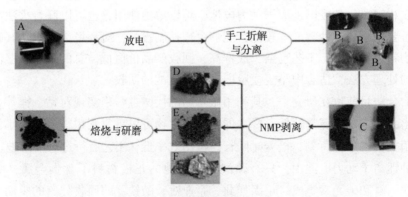

图 8-19 预处理的基本步骤

一个完整电芯经过预处理后，成为粉末状待处理原料，不同工艺的后续处理手段差别较大。典型的湿法冶金后续步骤如下：

（1）在硫酸溶液中加入 $LiCoO_2$ 电极粉末，保持特定固液比，机械搅拌；

（2）超声波浸出 60 min 后，滤去残渣，测定浸出液中各金属的浓度；

（3）然后加入碳酸氢铵溶液调节浸出液的 pH 值为 5，静置过滤后，加入少量的 $Na_2S$ 溶液除铜；

（4）采用 P507-磺化煤油体系萃取钴，再用 $H_2SO_4$ 反萃取高纯度的硫酸钴溶液；

（5）之后将 NaOH 溶液和富钴溶液加热至沸腾，再往富钴溶液中加入碱溶液，直至钴溶液中产生大量的蓝色沉淀为止；

（6）将烧杯口封起来，静置 5 min 后，蓝色沉淀完全转变为粉红色氢氧化钠沉淀；

（7）多次洗涤，加入乙醇作为分散剂陈化后过滤，将滤饼于 105 ℃烘干后得到的物质放入马弗炉中煅烧，得到黑色粉末状四氧化三钴。

# 第九章 电动汽车智能驾驶

智能驾驶作为伴随着汽车行业发展而新兴的重要产业,是由互联网时代到人工智能时代过程中出现的第一个精彩乐章。发展智能驾驶,对于促进国家科技、经济、社会、生活、安全及综合国力有着重大的意义。智能驾驶的前提条件是汽车满足行车的动力学要求,车上的传感器能获得相关视、听觉信号和信息,并通过认知计算控制相应的随动系统。

智能驾驶本质上涉及注意力吸引和注意力分散的认知工程学,主要包括网络导航、自主驾驶和人工干预3个环节。网络导航,解决我们在哪里、到哪里、走哪条道路中的哪条车道等问题;自主驾驶是在智能系统控制下,完成车道保持、超车并道、红灯停绿灯行、灯语笛语交互等驾驶行为;人工干预,就是说驾驶员在智能系统的一系列提示下,对实际的道路情况做出相应的反应。

智能驾驶是工业革命和信息化结合的重要抓手,其快速发展将改变人、资源要素和产品的流动方式,并颠覆性地改变人类生活。

智能驾驶的时代已经来到。比如,很多车有自动刹车装置,其技术原理非常简单,就是在汽车前部装上雷达和红外线探头,当探知前方有异物或行人时,会自动帮助驾驶员刹车。另一种技术与此非常类似,即在路况稳定的高速公路上实现自适应性巡航,也就是与前车保持一定距离,前车加速时本车也加速,前车减速时本车也减速。这些智能驾驶技术的应用可以在极大程度上减少交通事故,从而减少保险公司损失。

与无人驾驶相比,智能驾驶是更为宽泛的一个概念,它指的是机器帮助人进行驾驶,以及在特殊情况下完全取代人驾驶的技术。电动汽车的发展极大地推动了智能驾驶技术的发展。

## 9.1 电动汽车智能驾驶的发展背景

截至2019年底,我国机动车总保有量已经达到3.1亿辆之多,其中汽车总保有量为2.17亿辆,与2018年相比增加了近2 304万辆,增长率为11.85%。同时,汽车在机动车中的占比也在稳步提升。近五年以来,汽车占比已经从原来的54.93%提高到现在的

70.17%，成了机动车中的绝对主体。全国范围内机动车驾驶人员总数已经达到3.85亿之多，其中汽车驾驶人员总数为3.42亿。2019全年新注册登记的机动车数量为3 352万辆，其中汽车占2 813万辆，新能源汽车占65万辆。与2018年相比，新能源汽车增加了近15.6万辆，创造了历史新高。近年来，虽然我国道路交通事故有明显下降，但是道路交通事故每年死亡人数仍高居世界第二位。2019年，全国共发生交通事故864.3万起，比上一年同期增加了65.9万起，增长16.5%。其中，212 846起涉及人员伤亡的道路交通事故造成63 093人死亡、226 430人受伤，直接财产损失12.1亿元。

  如今，我国提倡发展低碳型经济，积极地促进新能源汽车产业的发展。长安汽车已经宣布：到2025年底，传统形式的燃油汽车将完全停止销售；吉利汽车宣布对于新能源汽车市场，将推出10款全新车型的纯电动汽车。特斯拉宣布推出具有百公里加速时间1.9 s的性能电动汽车。2019年11月，浙江乌镇开放普通道路进行无人驾驶汽车（简称无人车）试运营。

  一些互联网企业也不甘落后，纷纷依据自身优势，采用同传统汽车企业合作的方式，迅速地组建了各自的自动驾驶汽车研发团队。比如，腾讯集团于2018年下半年成立关于自动驾驶汽车的专业实验室，依托其独有的高精度地图、360°环视技术、点云信息处理技术及融合定位技术等方面的优势，强势进入到自动驾驶汽车领域。谷歌集团的无人驾驶技术公司Waymo在2018年开始在全球进行大规模测试其智能驾驶技术。

  按照2015年10月国家制造强国建设战略咨询委员会颁布的《中国制造2025重点领域技术路线图》，新能源汽车是指区别于传统的燃油汽车，不是主要依赖于化石燃料，而是采用新型能源及动力系统，能够完全或主要依靠新型能源驱动的汽车，主要分为纯电动汽车、插电式混合动力汽车和燃料电池汽车。本书的主要讲解内容为纯电动汽车，纯电动汽车自身的特点决定了其可以缓解燃料紧缺，减少尾气排放，是我国未来汽车发展的一个重要方向。而汽车智能化则能够使得交通系统更加安全、高效，智能化与电动化相结合（即"两化融合"）也成了未来汽车发展的重要方向。加快推进发展节能型汽车与新能源汽车，可以促进整个汽车制造研发产业的转型升级，开发新的经济增长点，增强我国汽车在国际市场上的竞争优势。因此，发展纯电动汽车、智能化汽车是非常有必要且有战略意义的。

  目前我国市场上已有数百款的电动汽车，其中续驶里程为150、200 km的短距离微型车型最畅销，且95%的市场份额都出自国产车厂商。可以说，中国的纯电动汽车是一个新兴不久、发展迅速、蓬勃兴旺、规模庞大、市场繁荣的朝阳产业。

## 9.2 电动汽车智能驾驶的作用和意义

  信息化时代下，汽车工业的飞速发展在给人们工作、生活带来便利的同时，也使得道路交通的安全事故频繁发生，导致道路交通的管理越来越复杂困难。智能驾驶系统和无人驾驶技术作为解决这一问题有效手段，其研究便成了备受关注的课题。智能驾驶系统的研究主要分3个阶段：第一阶段是基于图像信息处理的智能导航系统实验阶段；第二阶段是先进驾驶辅助系统应用研究阶段；第三阶段是无人车自动驾驶先进技术的突破阶段。智能驾驶的研究工作可以大幅提高公路交通的安全性，减少人类生命财产损失，同时也能提升道路的通行能力，减少道路交通堵塞，提升交通运输效率，具有重要的现实意义。

电动汽车智能驾驶系统是集环境信息采集、驾驶行为决策、驾驶行为执行等多项功能于一体的综合智能系统，对于保证道路交通安全、提高道路通行能力具有重要作用，引起世界各国的普遍重视，智能驾驶汽车研究的核心问题包括环境感知、行为决策、运动控制。目前，各研究团队的智能驾驶汽车在环境感知、运动控制均取得了大量而有成效的研究成果，已实现基于摄像机、激光雷达、GPS等综合信息结合下的环境感知建模，以及基于CAN总线与底层控制结合的运动控制系统。然而，复杂城市环境下决策仍然是研究的重点与难点，智能驾驶汽车实现在实际环境自主驾驶还很困难。其原因在于，实际城市环境中，周边车辆、人、交通规则等多因素带给智能驾驶汽车行为决策更高的时间空间约束，寻求安全、高效的驾驶行为决策是智能驾驶的关键。因此，研究我国复杂城市环境下的智能驾驶汽车行为决策，对于提高我国智能驾驶汽车的无人驾驶水平，提高道路交通安全，实现智慧交通，具有重要意义。

智能驾驶汽车应用领域主要包括：(1) 替代人类完成危险工作。智能驾驶汽车能够完成战时地形侦察和物资运送等任务，降低了人员伤亡。(2) 提高汽车行驶安全。由于智能驾驶汽车配备了多种环境感知设备，因此面对突发情况的反应速度要远远高于人类。同时智能驾驶汽车不会发生醉驾或者疲劳驾驶等问题，极大提高了车辆安全性。(3) 提高汽车出行效率。智能驾驶汽车能够通过高精度地图和车与车短程通信技术完成信息交互，因此能够实时掌握当前道路的车况信息，大幅提高出行效率。

传统汽车的驾驶员要根据环境因素来判断驾驶时所需要采取的操作，在汽车行驶的过程中，环境因素时时刻刻发生变化，汽车的运动状态也时时刻刻的改变，所以驾驶员要不停地通过收集外界环境信息来对汽车做出准确的判断。而在车辆行驶的过程中，驾驶员不可能做到时时刻刻都集中注意力，并且保证每次判断都准确，此外，不同的驾驶员其对环境的判断结果不同，就算是同一驾驶员，在不同时间段，不同疲劳程度下对同一环境的判断和反应时间也不一样，这就增加了危险发生的可能性。因此，通过智能辅助驾驶的控制策略来帮助驾驶员进行准确的判断和及时的干预就显得极为重要。

(1) 从技术实现方面看，智能驾驶与电动汽车有着天然关联性，两者存在互相促进、互相支持的关系。采用电作为动力，而非传统的物理传动，使得车内的电信号可以直接被系统收集。智能驾驶能够帮助解决电动车的充电、节能等核心问题，电动车智能交互系统的背后是将车身机械语言和车联网电子信息语言统一起来，所有信息可以上传下达，实现车与人、车与云的互联。

这样一来，汽车行业就由原来以内燃机为主的一条技术演进发展路线，演化成为以内燃机为主和以电池、电机为主的两条发展路线，且后一条的发展空间和边际收益明要优于传统的路线。未来汽车的核心配置将不再是多少排量，而是用多少kW、Hz、GB，以及连接人、车、路的程度来衡量，其核心价值将被计算能力、人工智能、智能驾驶、云及电动力来重构。

（2）从交通方面看，智能驾驶将是未来解决交通拥堵的重要技术，能大大提升生产效率和交通效率，并有可能成为人工智能首先取得突破的领域。一方面，随着智能驾驶的普及，交通拥堵不再是问题，人们可以接受更长的通勤距离，汽车可以是家和办公室的自然延伸，更有利于新型的城镇化建设；另一方面，智能驾驶汽车的运行需要配套的交通基础设施，由于智能驾驶系统传感器需要感知路面障碍，或者通过4G/DSRC与道路设施通信，因此需要在交叉路口、路侧、弯道等布置引导电缆、磁气标志列、雷达反射性标识、传感器、通信设施等。

当前的基础设施，包括超宽车道、护栏、停车标志、振动带等将不再适用。更重要的是，智能驾驶可以为构建智能交通系统提供支撑。智能交通系统是将先进的信息技术、数据通信技术以及计算机技术等有效地综合运用于整个交通管理体系和汽车而建立起来的一种大范围、全方位发挥作用的，实时、准确、高效、先进的运输系统。

更具体来说，高精度全球定位、高速无线通信、云计算、云控制的智能交通系统的构建是基于配备高精度北斗定位系统和高速无线通信系统的智能驾驶汽车、配备有超级计算机的控制中心、移动终端以及相应的配套基础设施。汽车通过通信系统将高精度的自身经纬度、高度、目的地等相关数据发送至控制中心。控制中心通过处理全部汽车的状态、目的地等信息，为全体汽车规划最优路线，并将控制信息实时传达至全体汽车，从而实现全系统内的智能驾驶。通过完全封闭的双层道路设计，可以取消全部红绿灯，并通过在转弯处设置具有一定斜度的路面，保证车辆在整个系统中可以保持高速行驶。在配套的智能停车系统、智能充电系统、智能检修系统等辅助系统的支持下，实现车辆使用全过程以及全生命周期的智能化。

（3）从产业发展看，智能驾驶将引领汽车产业商业模式创新，并重塑产业生态。

首先，作为"智能制造"和"互联网+"时代的产物，智能驾驶将引领汽车产业生态及商业模式的全面升级与重塑。自汽车取代马匹以来，智能驾驶汽车堪称交通运输领域最具颠覆性的设计。未来的汽车将从"配备电子的机械产品"向"配备机械的电子产品"转变，成为可以安全、舒适、便捷移动的智能互联终端，即实现汽车的全面智能化、信息化。

同时，汽车产业庞大的用户群体、多种多样的使用环境，也将衍生出具有重要商业价值的大数据，从而影响产业链条的重组、价值实现方式的转变和商业模式的创新。由此，整个汽车产业的深度和广度将发生空前的变化：传统的汽车使用、设计、制造、销售、售后及管理模式极有可能被彻底颠覆，新模式下的新商机将有无穷多种可能，包括管理、维护、性能检测、服务、备件、回收与再利用、金融、信用等。在这一巨变过程中，智能驾驶无疑将处于中间枢纽和核心环节的地位。

以交通工具共享为例，智能网联可以为其普及提供支撑，而只有具备智能驾驶能力的智能交通工具，才能彻底解放驾驶员，从而使全天候的交通工具共享真正成为可能，实现交通工具使用的理想状态：即无须拥有、按需使用、随用随叫、随用随还。这种"轻拥有、重使用"的新型文化将显著提高交通工具的利用率，使得兼顾百姓用车需求和节约型汽车社会成为可能。因此，智能驾驶将引领汽车产业生态及商业模式的全面升级与重塑。

（4）从经济方面看，智能驾驶汽车是信息化与工业化融合的典型代表，并有可能引发第四次工业革命。

传统汽车是工业文明的代表产品，而人工智能是信息化社会的代表产品，两者的结合就是智能驾驶汽车，是"两化融合"的重要代表。因此，智能驾驶汽车不仅仅是新一代的交通工具，也是个性化需求和数据的收集终端和交互平台，更是全新的智能制造体系及产业价值链的核心环节。

智能驾驶广阔的商业化前景受到了广泛关注，投资机构、互联网巨头等纷纷与车企、科研机构、创业企业等合作进军该市场。智能驾驶不仅能使交通工具产品本身的价值呈几何级数增长，还能为相关领域遇到的瓶颈提供全新的解决方案，与新能源汽车、机械、交通、电子、信息、互联网、通讯、能源、环保和城市建设等众多领域进行深入合作，实现协同创新、融合发展，是引领未来交通产业技术发展方向的战略制高点。

（5）从社会方面看，智能驾驶将缓解劳动力短缺的矛盾。

世界经济发展正面临着劳动力红利的缺失、老龄化社会的挑战。智能驾驶能够实现"机器换人"和产业转型升级，"智能+X"将成为万众创新的新时尚和新潮流。虽然不能说发展智能驾驶能够解决所有的经济问题和社会问题，但是可以说智能驾驶能够为解决劳动力短缺引发的经济问题和社会问题创造良机。比如，智能驾驶将推动汽车所有权形式和使用方式的改变，既能够有效降低汽车出行成本，也能够缓解劳动力短缺。

（6）从环境方面看，智能驾驶能够改善汽车对城市环境的污染。尽管汽车产业对环境污染（如雾霾）的具体影响程度尚存争议，但汽车无疑是主要污染源之一，更是城市环境的主要污染源。

首先，智能驾驶系统能够有效减少污染物的排放。有研究结果表明：使用智能驾驶汽车共享系统不仅节省能源，还能减少各种污染物的排放，此外，智能驾驶技术能够通过提高车辆利用率来减轻污染。例如，汽车可以按照时间顺序依次供需要的人使用，因此可以通过统筹安排来实现解放驾驶员、提高车辆的使用效率、减少车辆消费总量以及有效减少碳排放的目的。研究表明，红绿灯等待或交通拥堵时汽车造成的污染比正常行驶时高40%。而智能驾驶基于实时路况安排路线、规范化行驶、编队匀速行驶等能够有效缓解交通拥堵，从而使得废气的排放大大减少。

智能驾驶和新能源汽车产业存在相互促进的关系，智能驾驶在未来可大大提高新能源汽车的使用率，而新能源汽车代替传统汽车则可以有效降低噪声污染。

（7）从安全方面看，智能驾驶汽车将由交通工具演变成智能平台，其作用将从简单的移动运输扩展到办公、娱乐、休闲，成为人们在移动中的一个重要生活服务终端，并将成为信息安全的新焦点。

事实上，自2014年开始，智能驾驶汽车就已成为国际消费类电子产品展览会的一大主角，它不再只是一个可以移动的代步工具，而是人们一个重要的生活服务终端。2015年有十多家汽车厂商参展，为汽车融入了更多的智能元素。奔驰展出一台名为"休息厅"的智能驾驶汽车，车内有四个可旋转的座椅，并能组成一个整体，如同休息室。该车前排设有一列显示屏，能让驾驶员和乘客控制车载娱乐系统，并支持手势控制和眼球追踪。通用汽车展示了旗下 OnStar 联网汽车服务的多项新功能，其中有一项车内购物服务，让用户可以在车内进行网上购物，甚至可以帮助用户预订酒店、提供优惠券及零售商信息，并帮助用户找到停车位。芯片厂商也在加码智能驾驶，英伟达面向智能驾驶汽车推出了专门的移动芯片，谷歌的 Android Auto 和苹果的 Carplay 也将成为各大汽车商争相寻求合作的对象。带有很强移动特性的汽车，在搭载了更为强大的无线通信联网功能之后也演变成了一个"移动终端"，并且是"块头最大"的移动终端，这个终端在 2017 年的变革是，汽车的功能将从简单的运输，扩展到办公、娱乐和休闲。因此，智能驾驶汽车演变为智能平台后，将会拥有海量重要信息和消费者隐私，其信息安全的重要性不言而喻。

## 9.3 电动汽车智能驾驶系统概述

从目前来看，智能驾驶技术发展已经分化出两大阵营：以汽车制造商为代表的 ADAS 和单车智能技术阵营，以及以互联网企业为代表的人工智能和网联化技术阵营。ADAS 和单车智能技术阵营主要从现有的驾驶辅助安全技术出发，配合感知和控制决策，逐步实现智能化自动驾驶技术；人工智能和网联化技术阵营则直接依靠智能计算及网络通信实现对汽车的控制。除此之外，在系统集成和功能实现等方面，不同阵营之间、同一阵营内部均存在一定差异。无论是汽车制造商还是互联网企业，实现汽车自动驾驶均采用环境信息感知识别系统智能决策控制的技术框架。自动驾驶技术集自动控制、复杂系统、人工智能和机器视觉等于一体，收集云端和车载传感器的车联网数据、地理信息数据、环境感知数据等信息，识别车辆驾驶区域的环境特征，进行任务设定和控制规划。图 9-1 是典型的自动驾驶技术方案。

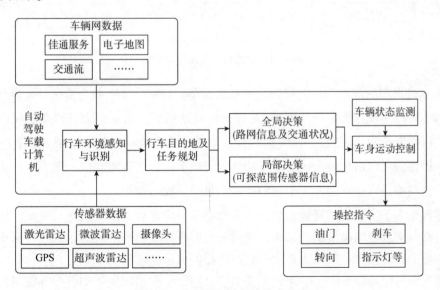

图 9-1　典型的自动驾驶技术方案

自动驾驶技术的核心就是自动驾驶系统,主要目的是实现汽车的"环境感知-决策规划-控制执行"过程。环境感知作为第一环节,处于自动驾驶汽车与外界环境信息交互的关键位置,其关键在于使自动驾驶汽车更好地模拟人类驾驶者的感知能力,从而理解自身和周边的驾驶态势。因此,自动驾驶汽车对道路环境感知能力的好坏直接影响汽车的安全性和通行能力。如图9-2所示,整个自动驾驶系统包括感知系统、控制系统和执行系统等模块,其中感知系统主要是负责对汽车内外环境的感知,采集行车过程中的内外环境并做出一定的分析和处理,然后将数据提交到控制系统,为控制系统执行相关的处理及算法提供数据支持。目前,自动驾驶系统中的感知系统通常由摄像头模组、毫米波雷达或激光雷达系统组成,通过摄像头可以感知汽车外部的环境,毫米波雷达可以对感知目标进行测距,而激光雷达系统可以实现对汽车所处的目标环境进行全方位3D建模和目标检测;控制系统是整个自动驾驶系统的核心,控制感知系统对外部环境和汽车等信息进行采集,然后执行相关的控制算法和数据融合算法做出控制决策,然后控制执行系统操控汽车进行运动;执行系统主要是由制动与驱动系统、电动助力转向系统、自动变速器、电子稳定系统组成,其直接作用于汽车相关的部件,从而控制汽车进行动作,包括加速、减速、转向等操作,代替了人工操作。

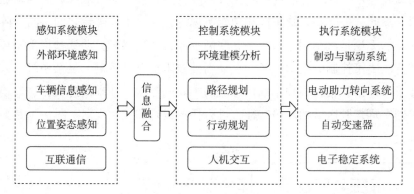

图9-2 自动驾驶汽车技术框架

图9-3是典型的应用了智能驾驶技术的实验车。目前,基于激光雷达等智能驾驶技术的汽车基本可以实现在特定场景下的L4级别的自动驾驶,而从国内外汽车的实际使用情况来看,以特斯拉为代表的L2.5级别的自动驾驶技术的应用已经非常成熟,其基于毫米波雷达和摄像头可以出色地完成各种自动驾驶场景下的自动驾驶功能,如上下高速、变道超车等,这些都是可以在无人工干预的条件下自动完成的操作。

上述汽车为了实现自动驾驶,配备了云台变焦摄像机对路面情况进行采集,同时通过光子混频器等来进行精确信息的采集,借助激光雷达系统和毫米波雷达系统等来实现对车辆周围环境的精准感知,从而为自动驾驶决策提供可靠的数据支持。

电动汽车智能驾驶系统是一个集先进的信息控制、剧本环境感知、多等级辅助驾驶等功能于一体的综合系统,该系统作为各国重点发展的智能交通系统中的一部分,仍在不断的探索与实验中。

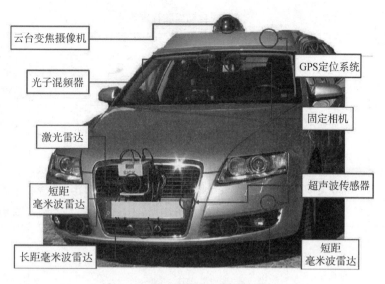

图9-3 典型的智能驾驶实验车

智能驾驶汽车的关键技术包括环境感知、信息融合、路径规划与跟踪,以及汽车控制,其中环境感知技术主要负责完成对汽车周围环境信息的采集和目标识别工作,并为其他关键技术提供数据支撑。单目相机由于具备结构简单和计算量小等优点而被广泛使用。由于智能驾驶汽车行驶过程中驾驶员不需要参与车辆控制,因此智能驾驶汽车把人类从枯燥、重复及危险的驾驶行为中解放出来。

### 9.3.1 环境感知技术

环境感知是用一定的传感器去获得汽车周围道路环境的信息,这是智能汽车系统的一个基本功能模块,相当于人的"眼睛"和"耳朵"。城市道路环境的复杂性对道路环境感知系统提出了较高的要求,不仅仅要对道路进行识别,还必须对道路两旁的物体进行检测和认知,其主要包括交通标志检测、停车线检测、交通信号灯检测、障碍物检测和GPS定位。

要实现汽车在复杂环境条件下的智能驾驶,关键在于准确获取外部环境信息和汽车内部信息。汽车内部传感器用于获取汽车自身的各种状态参数信息,而外部传感器用于感知汽车外部复杂的行驶环境,主要通过视觉传感器、激光雷达传感器、GPS等去获得道路标志信息、车辆位置信息、障碍物距离信息以及行人状态信息。任何传感器都会由于其固有属性,存在测量误差和一些应用场景的限制,仅依靠单一的传感器提供信息难以满足自动驾驶系统的要求。为适应复杂、动态及不确定的环境,获得全面、准确且不失真的环境信息,配备多种传感器,并实现它们的有机融合是最有效、最可靠的手段。

美国汽车工程师协会将汽车划分6个等级(L0~L5)来表征车辆自动驾驶程度。由于环境感知技术尚不成熟,目前自动驾驶车辆等级很难达到L3或者更高等级,大部分还处于L2或以下等级。因此,开展对自动驾驶环境感知技术的研究具有重要的现实意义。

自动驾驶程度等级见表9-1。

表9-1 自动驾驶程度等级

| 自动驾驶分级 | | 名称（SAE） | SAE定义 | 作用主体 | | | |
|---|---|---|---|---|---|---|---|
| NHTSA | SAE | | | 驾驶任务 | 环境监测 | 支援 | 系统作用域 |
| 0 | 0 | 无自动化 | 由人类驾驶者全权操纵汽车，在行驶系统中可以得到警告和保护系统的辅助 | 人类驾驶 | 人类驾驶 | 人类驾驶 | 无 |
| 1 | 1 | 驾驶支援 | 通过驾驶环境对方向盘和加减速中的一项操作提供驾驶支援，其他的驾驶动作都有人类驾驶员操作 | 人类和系统 | 人类驾驶 | 人类驾驶 | 部分 |
| 2 | 2 | 部分自动化 | 通过驾驶环境对方向盘和加减速中的多项操作提供驾驶支援，其他的驾驶动作都由人类驾驶员操作 | 人类和系统 | 人类驾驶 | 人类驾驶 | 部分 |
| 3 | 3 | 有条件自动化 | 由无人驾驶系统完成所有的驾驶操作，根据系统请求，人类驾驶者提供适当的应答 | 系统 | 系统 | 人类驾驶 | 部分 |
| 4 | 4 | 高度自动化 | 由无人驾驶系统完成所有的驾驶操作，根据系统请求，人类驾驶者不一定需要对所有系统请求做出应答，限定道路和环境条件等 | 系统 | 系统 | 系统 | 部分 |
| 4 | 5 | 完全自动化 | 由无人驾驶系统完成所有的驾驶操作，人类驾驶者在可能的情况下接管，在所有的道路和环境条件下驾驶 | 系统 | 系统 | 系统 | 全域 |

### 9.3.2 信息融合技术

多传感器信息融合是指对多种类型数据进行认知、综合、判断的过程，即对按时序获得的若干传感器数据，在以完成所需的决策和任务为目标的准则下，通过对传感器数据的合理支配和使用，将多个传感器所提供的在空间和时间上的独立信息、互补信息、冗余信息以及来自同一传感器的多特征信息加以自动分析、综合。信息融合技术按信息的抽象程度，可分为数据层融合、特征层融合和决策层融合三类。

### 9.3.3 路径规划与跟踪技术

路径规划是指根据驾驶目的地信息和实时变化的环境信息为汽车提供可通行路径的过

程。全局路径规划需要完整而详细的已知地数据库,通过信息的优化和反馈机制,确定最优路径。因为全局路径规划没有考虑实际道路的宽度和方向、道路的曲率变化及障碍的距离变化等细节信息,所以生成的路径比较粗略。为了充分考虑汽车自身因素、实时外部环境变化及行驶过程中的不可预测情况,在全局路线的指导下,自动驾驶汽车需要根据车载传感器信息融合得到的局部环境信息,快速判断各种路况和事件,并制定出车辆的最优路径。道路环境感知与控制规划的关系如图 9-4 所示。

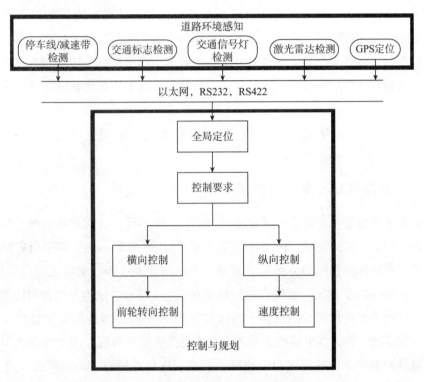

图 9-4　道路环境感知与控制规划的关系

　　智能驾驶汽车的路径跟踪技术主要用于保证汽车能够精确、快速、平稳地沿着规划路径行驶,并且保证较小纵向加速度和横摆角速度,以提高乘客的舒适度。纵向控制主要是对油门和刹车的控制,使汽车同前车保持安全的跟车距离;横向控制主要是对汽车的前轮转角进行控制,使汽车跟踪规划路径的曲率变化。

　　从目前电动汽车智能驾驶控制系统的研究状况看,其主要形式为一种分层次的结构,即整个控制系统分为两个控制层,上层为规划层,下层为控制层。规划层根据环境感知的结果,采用一定的控制方法规划出特定的控制命令并将其发送给控制层;控制层接收到控制命令后,分别对车辆的转向、油门和制动器进行控制,从而达到智能驾驶汽车的控制目的。从控制系统的结构形式上来说,其研究内容主要是油门和制动器之间的控制配合逻辑以及整个控制系统内部的控制流程。从控制方法上来说,一般是将智能驾驶汽车的纵向运动和横向运动进行解耦,即分别对纵向和横向进行控制。对于横向控制主要有经典 PID 控制、模糊控制、神经网络、遗传算法、预测控制和滑膜控制等方法，但是每种方法都有其自身的局限性和特定的使用条件；对于纵向控制主要有模糊控制、PID 控制和滑膜控制等方法，为了保证智能驾驶汽车的安全性，一般会根据经验公式或纵向运动学公式推算出一个安全距离以避免碰撞。

### 9.3.4 汽车控制技术

确定了汽车的当前位置后，就可以对汽车进行控制，使得智能驾驶汽车按照要求行驶，一般来说汽车的控制可以分为纵向控制和横向控制。纵向控制就是对汽车的速度或者加速度进行控制，对其主要是安全性和舒适性的要求；横向控制是通过对汽车的转向机构进行控制，使得汽车可以保持在一定的车道内行驶，对其主要是控制精度的要求。

## 9.4 智能驾驶汽车的发展

### 9.4.1 智能驾驶汽车早期发展

最早意义上的智能汽车研究可以追溯到 20 世纪 20 年代，美国和欧洲的一些国家率先开始了在人工智能方面的尝试。1925 年的无人车"linrrican Wonder"是通过跟随它的第二辆车发射无线电脉冲进行控制，指示它的每一个动作。1953 年，美国无线电公司（Radio Corporation of America，RCA）实验室成功地建立了一个通过电线引导与控制的微型车，这奠定了智能驾驶汽车进行实验的模式。1958 年，RCA 实验室和通用公司合作成功开发出一个智能驾驶系统，将无线电接收器与声音和视觉报警装置装配在两个标准模型中，通过传感器发射脉冲引导车辆的速度和加速度，能够实现自动转向、加速和刹车控制。20 世纪 60 年代，英国运输与道路研究实验室测试了通过埋入道路的磁索控制无人车。20 世纪 60、70 年代，本迪克斯（Bendix Corporation）公司测试了通过埋地电缆与周边计算机控制的无人车。此外，斯坦福大学人工智能团队也在道路上进行了机器人测试。

### 9.4.2 智能驾驶当代发展

真正意义上的自主智能驾驶汽车是在 20 世纪 80 年代之后才出现。美国国防部高级研究计划机构提出了战略计算计划，旨在采用高水平作战算法，以实现无人作战、降低战场伤亡。在该计划中，以智能驾驶汽车为平台，实现自主侦察战场的军事目标。美国国防部专门立项开展了地面无人作战平台的战略计划，开始大规模研究智能陆地作战。其中，DARPA 支持的智能陆地汽车（Autonomous Land Vehicle，ALV）计划，完成了对恶劣环境路段、城市环境道路下智能驾驶汽车的测试。美国国家自动公路系统协会提出了自动化高速公路系统计划和智能驾驶汽车先导计划，旨在提高车辆运行安全性，并减少交通拥堵。加州大学伯克利分校的 PATH 项目，主要研究了横向控制以及队列之间保持车距的纵向控制。斯坦福大学的无人车"Stanley"采用 GPS、多计算机信息处理等技术，实现了在包括河流、隧道、沙漠等恶劣环境下的动态避障、路径规划和决策控制等智能驾驶行为。卡内基梅隆大学（CMU）推出的"NavLab"系列智能驾驶汽车，已相继研发出了 11 种型号，并成功进行了穿越美国东西部的智能驾驶试验，实现了复杂环境下的避障、泊车等驾驶行为决策。谷歌公司研发的无人车采用了基于谷歌地图的 GPS 导航技术和激光雷达等传感设备，截至 2018 年年初，已完成了 320 万公里以上，包括高速、城市等多环境下的行驶测试，并取得了内华达州、加利福尼亚和佛罗里达州等多个州的合法车牌，标志着智能驾驶汽车发展的高水平。

在欧洲，比利时、法国、意大利和英国已投入使用无人车的运输系统，德国、荷兰和西班牙已经允许让机器人汽车在实际交通道路上测试。20 世纪 80 年代初期，欧洲各国政府及高校也逐渐重视智能驾驶汽车的研究。德国慕尼黑联邦国防军大学与奔驰汽车合作开发了两款智能驾驶汽车，通过基于视觉导航技术实现了车道保持、躲避障碍物和换道操作等功能。柏林自由大学以大众帕萨特为原型研发了无人驾驶出租车，在国际会议中心与勃兰登堡门之间的市中心完成了城际交通路、识别交通信号灯、环行交叉路的道路测试。1986 年推出的欧洲高效安全道路交通计划主要通过研究先进的汽车控制与安全系统、提高汽车的智能驾驶水平。1987—1995 年欧洲研究协调局开展了普罗米修斯项目，主要对智能驾驶汽车进行研究。1989 年，欧洲交通安全和道路系统计划也着手推动智能驾驶汽车的发展。荷兰从 2000 年起，开始运行无人驾驶的公路道路交通系统 ParkShuttle。英国牛津大学的智能驾驶汽车"Wildcat"仅采用基于激光雷达与摄像机的感知技术，完成了对道路状况的识别，实现了智能驾驶。欧盟委员会资助的 PREVENT 在 2004 年到 2008 年共 4 年时间里，开发了示范主动安全技术与应用，从而促进道路安全。截止到 2013 年，在德国、波兰、瑞士、比利时等国连续举办了八届欧洲陆地机器人试验赛（European Land-Robot Trial，ELROB），旨在提高无人驾驶机器人在恶劣环境以及自主导航、夜间、城区和非城区环境的行为决策。英国首辆无人车"Lutz Pathfinder"在 2015 年 2 月正式投入使用，旨在帮助购物者、老年人、通勤人士短途乘用。

欧洲各大汽车厂商，如大众、宝马、奔驰等均陆续推出了自己的无人车计划，并在车展上不断展示自身的智能驾驶汽车发展水平。例如，奥迪"交通拥堵辅助系统"A7 车型，在高速公路上完成了由车辆完全自主控制的加速、减速、车道保持等驾驶行为。奔驰新一代的 S600，搭载了自动驾驶辅助系统。宝马推出的新车型中，采用了基于图像识别技术的现代驾驶辅助系统以保证安全性。

日本交通部在 20 世纪 90 年代推出了先进安全汽车计划，通过对先进通信技术的推广、研究，以促进自动驾驶汽车的发展。同时，日本研制出的新一代城市长途交通系统可以使得公共汽车在城市环境下实现无人驾驶。日本能源产业技术综合开发机构成为该国首先将无人驾驶行车系统应用到商用载货汽车的实际行驶中，数据显示此系统能节油 15% 左右。日本主要汽车厂商，如本田、日产、丰田等均制定了各自的无人车研发计划。

我国智能驾驶汽车的研究开始于20世纪80年代，1980年"遥控驾驶的防核化侦察车"由国家立项，哈尔滨工业大学、沈阳自动化研究所和国防科技大学三家单位参与了研究制造。"八五"至"十一五"期间，我国成功研发了ATB（Autonomous Test Bed）系列智能驾驶汽车，成功完成了复杂道路环境下的跟车、换道等行为测试。"十二五"期间，国家"863计划"旨在建立采用众多车路交互技术的车路协同系统，大力发展车路协同技术，以推动我国汽车发展的智能化水平。2008年，国家自然科学基金委员会推出了"视听觉信息的认知计算"研究计划项目，通过建立无人车验证平台，对视听觉认知计算理论进行研究。

2015年发布的《中国制造2025》中指出，我国计划在2025年掌握成熟的智能驾驶关键技术，建立完善的智能驾驶汽车研发体系及配套设施，并实现传统汽车到智能驾驶汽车的转型。2016年6月7日，"国家智能网联汽车（上海）试点示范区"被正式批准运营，成为国内首个智能网联汽车封闭测试示范区。目前，在国家的大力推动下，智能驾驶汽车的发展已经引起了我国各高校、企业的重视。

高校方面，20世纪80年代中后期，北京理工大学在军用车辆方面率先展开了智能驾驶技术的研究，与其他大学合作研发了军用机器人平台，以及国内第一辆智能驾驶汽车"ALVLAB-I"。1998年，吉林大学智能驾驶汽车课题组研制的智能驾驶系统JLUIV，在基于车道线识别技术的基础上，实现了路径规划与自主导航。2001年，西安交通大学人工智能与机器人研究所与吉林大学汽车动态模拟国家重点实验室合作，设计了道路偏离预警系统，车道线检测与识别系统。2003年，中国科学院自动化研究所通过基于动态规划的决策算法，使移动机器人实现了障碍物侦测与躲避、最优路径选择与规则跟踪巡航等功能。2011年，同济大学在环境感知、路径规划和底盘控制等技术基础上，成功搭建了智能驾驶汽车研究平台，将智能驾驶微观驾驶行为与交通流量、车流密度、车流速度等宏观行为综合考虑，以实现基于路径规划、车道保持和紧急停车等驾驶行为决策下的智能驾驶。在2016年的"中国智能车未来挑战赛"上，清华大学汽车研究所的智能驾驶汽车在高精地图创建、多模态导航、无模型自适应控制和障碍物检测等方面均实现了较大突破；军事交通学院的智能驾驶汽车"猛狮"，北京理工大学的智能驾驶汽车"RAY"均在城市环境道路下的无人车决策方面，取得了良好的成绩。

企业方面，2014年7月，百度启动"百度无人驾驶汽车"研发计划，于2015年首次实现了城市、环路及高速道路混合路况下的全自动驾驶。2015年3月，阿里巴巴与上海汽车宣布签约，共同设立价值10亿元的"互联网汽车基金"，并计划在十年内成功掌握多种复杂环境下的无人驾驶技术。2015年8月，宇通公司研发的智能驾驶大客车，成功在郑州—开封的城际快速路上进行了首次测试。2019年，百度无人车获得了美国加州政府颁发的全球第15张无人车上路测试牌照。同年的广州车展上，上海汽车展示了搭载阿里云斑马智行系统的乘用车。此外，我国其他车企均制定了自己的智能驾驶汽车发展计划。

## 9.5 电动汽车的无人驾驶与辅助驾驶

辅助驾驶技术通过车载的低成本、量产化的传感器，如相机、雷达和GPS，在行车过程中随时监测周围的行驶环境，并实时收集数据，进行静态和动态障碍物的识别，以及行人和交通车的探测、追踪；结合地图和导航仪等设备，进行系统解算和分析，从而实现辅助驾驶员预先察觉潜在危险的功能，有效保证汽车的行驶安全性和乘坐舒适性。发展初期的ADAS系统以被动式报警辅助为主，主要是在汽车遇到潜在道路或交通危险的情况下，发出警报来提醒驾驶员，从而达到避免危险发生的效果。发展至现阶段的ADAS系统主要对车辆进行主动式干预，并在一定程度上接管驾驶员的驾驶行为。智能辅助驾驶系统处于自动驾驶技术的L1和L2等级，在L1阶段ADAS系统开始介入加速制动或转向动作，帮助分担驾驶员的一部分工作，这一阶段主要包括目前已经普遍量产化的自适应巡航控制系统、车道保持辅助系统和自动紧急制动系统等；在L2阶段ADAS系统开始同时对车辆的横向及纵向进行控制，虽然系统能够完成大部分的驾驶操作，但是驾驶员依然需要将注意力保持为驾驶状态，以准备随时接管驾驶权。处于L2阶段的ADAS系统与L1阶段的不同之处在于需要将纵向与横向的控制系统进行融合，虽然L2驾驶操作的主体从人转化到了系统，但是负责周边环境监测的主体依然是人。2017年8月，美国安全保护协会发布了安装ADAS系统的车辆碰撞事故统计结果，车道变更碰撞减少了14%，伤害减少23%，侧面和正面的碰撞事故也均有大幅度减少。但是目前的ADAS产品很少考虑驾驶员的行为特性，面对复杂多样的驾驶员人群仍然面临着适应性差的问题。

无人车的本质是智能驾驶汽车，主要凭借车内配备的一系列智能硬件来实现自动驾驶。无人驾驶技术融合了认知科学、人工智能、机器人技术与车辆工程等各类学科，是各种新兴科技的综合试验床与理想载体，也是当今前沿科技的重要发展方向。无人车主要利用车载传感器来感知周围环境，并根据获得的道路、汽车位置和障碍物等信息，通过中央处理系统来决策汽车的行驶行为，控制汽车的转向和速度，使汽车能够安全、可靠地在道路上行驶。全自动无人驾驶汽车的主要构件如图9-5所示，其中激光测距仪能够即时精确地绘制出周边200 m之内的3D地形图并上传至车载电脑中；车载雷达用于探测车辆周围环境、较远的路障；视频摄像头用于侦测交通信号灯，以及行人、自行车等车辆行驶路线中的移动障碍；微型传感器负责监控车辆是否偏离了GPS导航仪所指定的路线；电脑资料库储存公路限速标准以及出入口位置，对车辆收集数据进行分析。

目前市面上很多的汽车都配备了高级辅助驾驶功能，可以在特定的路况下实现自动驾驶。例如，特斯拉的"Autopilot"系统。但这些汽车都属于有条件的自动化，并不能称得上全自动驾驶汽车。全自动驾驶汽车是指在任意的道路条件和环境下，无人驾驶系统都可以完成所有的驾驶操作，人类驾驶员只需要在极少数可能的情况下接管驾驶权。

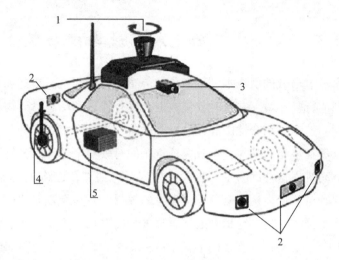

1—激光测距仪；2—车载雷达；3—视频摄像头；4—微型传感器；5—电脑资料库。
图9-5　全自动无人驾驶汽车的主要构件

现在市面在售的汽车大都可以实现L2等级的自动化。特斯拉等高度智能化的汽车，可以实现L3等级有条件的自动化。而百度和谷歌目前正在研究的无人驾驶汽车已经可以实现在封闭园区或固定路线中的完全自动驾驶，属于L4等级高度自动化的无人驾驶汽车。实现L5等级完全自动化驾驶，是目前各大公司和机构研究的发展目标。

无人驾驶的一个重要标志是负责周边监测的主体由人转换为了系统，相比于辅助驾驶，其对于汽车驾驶系统的要求更为严格，主要体现在以下两个方面。

(1) 更好的目标识别算法。在驾驶辅助系统中，因为环境监测的主体是驾驶员，而且主要由驾驶员进行驾驶操作，所以可以允许一定的误报。误报率如果太高，大多数驾驶员会选择将辅助驾驶系统关闭；但如果追求过低的误报率，则有可能出现漏报，导致危险情况的发生。对于自动驾驶车辆而言，系统的漏报率必须降低为零。这需要更好的目标识别算法和多源传感信息的融合算法。但是，要提高驾驶员的驾驶舒适性和适应性，则必须考虑驾驶员的行为特性，进行误报率和漏报率的耦合分析，以适应不同的驾驶风格。

(2) 更精确的规划和控制。自动驾驶要求系统不仅是做出警告，还应该具备规划和控制的功能。规划包括路径规划和速度规划，即系统需要根据多源传感器返回的环境信息规划出最优的行驶轨迹，同时根据交通车的行驶状况规划出最优速度；控制即对于轨迹跟随控制。现阶段较为普遍的方法是通过最优预瞄理论或模型预测理论控制方向盘，以及加速与制动执行机构来完成路径跟随和速度跟随。虽然短期之内自动驾驶汽车受法律法规以及交通现状的限制难以普及，但其处于智能驾驶汽车层次划分的高级阶段，是环境感知融合算法、轨迹规划和决策算法以及轨迹跟随控制算法的集成实现综合体，对于L1～L2级的ADAS研发有着重要的体系支撑作用。

## 9.6 智能驾驶中的人工智能技术

智能驾驶是通过人工智能辅助或代替人进行汽车驾驶行为，它可以弥补人类驾驶员存在的缺陷。经过大量的研究和长时间的发展，智能驾驶所需的各种传感器、计算机的性能和技术等方面取得了极大进步，成本也在逐步降低。

从人工智能和汽车驾驶结合的长远发展角度来看，纯智能的无人驾驶应为未来驾驶的主要方式。目前，基于贝叶斯、决策树和人工神经网络等机器学习的方法已经运用在无人驾驶的行为识别和行为决策的技术中，且正在设立专门的行驶路线保证无人驾驶汽车的应用推广。在冯·诺依曼体系结构下面向驾驶行为的机器学习，一直以来都是智能驾驶汽车领域的"瓶颈"。随着国际"类脑"研究的兴起，我国也上线了"中国脑计划"，但毕竟类脑计算还仅从理论阶段开始向前迈步，因此仍难以得到实现和应用。

从当前智能驾驶的技术角度来看，相对于无人车，脑控汽车的发展可能更加适合。这是因为无人车的计算机系统还无法达到类脑计算机体系的高度，因此很难做到像人脑一样思考问题，难以较好处理驾驶过程中各种各样的突发问题和针对无人驾驶做出的阻碍或破坏行为。

因此，提高人工智能在辅助方面的完善是全面实施无人驾驶的必经之路。家用汽车基本都配备了雷达辅助系统，该系统可以不断监控周围的交通状况，可以用发声频率提示本车与可能碰撞物体的距离，也可以确定与前车距离以及前车行驶速度，如与前车距离明显低于安全距离，系统会向驾驶员发送听觉警报。奔驰的主动式驻车辅助系统能够在主动转向和制动功能干预下自动泊车，并且在车辆通过自动驻车辅助系统停入平行车位后，该系统也可以在自动转向和制动控制功能的帮助下，让车辆完全自动地驶出平行车位。

在此基础之上，我们可以在扩大自然语言处理等人机交互方式，在人为干预下"释放双手"的模式上加大科研力度，如语音操控、脑控汽车或类似飞机自动与手动驾驶切换等智能驾驶方式。其中，语音操控汽车可以通过语言指令，如"倒库""直行"或"开启雨刷"等实现汽车驾驶系统的自动处理，并通过车辆配置的传感器和摄像头等硬件付出行动来响应命令。因为有驾驶员的加入会使智能驾驶汽车的行驶方式更加灵活多变，适合于当前复杂的交通环境，满足社会法律和伦理观念的要求，所以加大对人工智能在辅助方面的应用研究价值更加巨大。

### 9.6.1 机器视觉

机器视觉是智能驾驶领域的一个重要分支，也是当前自动驾驶技术的基础，主要包括基于机器视觉的自动检测技术和常用的视觉分析算法。借助机器视觉技术对当前环境状态进行感知识别，是智能驾驶分析的基础和前提。

基于机器视觉的自动检测技术主要是借助机器视觉技术来实现对相关物体的自动检测和识别，利用图像处理算法和机器学习算法来对环境进行感知，自动识别环境中的相关物体和行人，为决策处理提供支持。

如图9-6所示，一个完整的机器视觉流程通常包括图像采集、图像处理和图像分析3个部分，其中图像采集主要是借助于摄像头等图像传感器对外部图像进行采集，以获取车辆周围的图像信息，目前主要是借助于COMS和CCD红外相机来实现对数据的采集；图像处理主要是通过计算机系统来实现对图像信息进行转换、压缩和预处理等操作，在预处理的过程中通常包括图像的去噪、均衡直方图和畸变矫正等操作，通过图像处理算法对从图像采集设备中获取的数字图像数据进行处理，以便于计算机系统对图像进行分析；图像分析主要是实现对图像数据的分析，根据自动驾驶控制的需要，通过分析得出周围环境的含义，车辆的状态等信息，为自动驾驶控制提供决策支持，目前已经大量的应用了AI人工智能技术、大数据技术等来对图像进行分析和处理。

图9-6　机器视觉的流程

目前机器视觉技术的发展主要集中在图像采集和图像分析两个部分，其中图像采集方面主要是对新材料等进行研究，以找到更加合适的感光及图像采集传感器材料，从而获得更高的图像质量；图像分析方面主要是对软硬件系统算法进行研究，通过建模和硬件化设计，构建性能更高的分析系统，以满足当前自动驾驶的需求。本书重点研究图像分析系统，对汽车如何通过算法来实现对前车的检测和驾驶意图的识别进行研究，设计一种高效的对环境具有非常强的适应力的机器视觉算法，对前车的驾驶行为及意图进行分析，为自动驾驶提供决策支持，提高自动驾驶性能和安全性。

从已有的研究来看，在电动汽车智能驾驶中，常用的方法有机器学习方法、基于先验信息的算法、基于运动信息的算法和基于深度学习的算法。其中，机器学习方法主要是使用特征算子和分类器，特征算子对图像的特征信息提取，分类器实现对图像的分类，在这种方法中通常需要人工来训练大量的目标模型和提取相关的特征，并且大部分的算法都是基于单一场景下设计的特征，所以在场景产生变化的检测中其准确性非常低；基于先验信息的算法主要是利用对特定的特征，如车辆的轮廓、车底阴影等特征对目标进行检测，这种方法在检测中虽然处理速度快，但是其特征处理比较低级，准确性非常低；基于运动信息的算法主要是采用光流方法和背景模型进行检测，这种方法通常应用在背景环境比较稳定的环境下，在复杂的交通状况或天气环境下这种算法的准确性非常低；基于深度学习的算法是近年来随着深度学习技术的快速发展和应用兴起的一种人工智能检测分析算法，其采用卷积神经网络来对图像进行自动识别和分类处理，可以基于大量的数据来自动地完成模型的训练，实现对车辆特征的自动提取，对不同的场景具有非常强的适应能力，是目前自动驾驶领域常用的一种算法。但是从目前已有的深度学习算法应用来看，这种算法由于需要进行大量的数据计算处理，导致处理效率非常低，特别是在车载平台上受限于嵌入式设备的计算性能，因此很难满足车载设备的应用需求，这也是近年来各类自动驾驶系统在应用深度学习算法上受限的主要原因。而以特斯拉为主导的自动驾驶技术，其在很大程度上也只能将深度学习算法的核心功能部分部署在云端来为自动驾驶提供计算服务，在失去网络的时候,自动驾驶系统只能处理一些简单的自动驾驶操作,如将汽车安全地停下。但是从当前自动驾驶技术的发展来看,随着计算机硬件,特别是 GPU 计算组件的性能不断提升,执行高性能的 AI 算法已经成为可能,基于嵌入式平台运行复杂的深度学习算法来实现视觉处理,以进行自动驾驶控制,成为当前研究的热点。

在汽车及汽车行为检测中,其最终的目的都是通过执行一系列的算法,基于自动驾驶系统传感器子系统采集到的各种环境及汽车状态信息进行分析,为汽车提供正确的驾驶决策支持,控制执行系统完成对汽车的控制,最终实现自动驾驶,其采用形式化的数学模型语言描述为

$$R = f(U) \tag{9-1}$$

式中:$R$ 是车辆行为决策列表,$U$ 是系统中的传感器系统采集到的信息。

通过上述模型可以知道,在自动驾驶系统中,其需要解决的问题主要是 $R$ 和 $U$ 之间的函数映射的问题。

深度神经网络模型是指包含了多层隐藏层的高度复杂的神经网络模型,如图 9-7 所示。在深度神经网络模型中,其实质是通过构建具有非常多的隐藏层的神经网络模型和利用海量的数据来学习有用的数据特征,最终提升整个神经网络的分类及预测处理的准确性和稳定性。深度神经网络模型强调的是整个模型结构的深度,其通常会包括 5~6 层以上的隐藏节点,同时强调对数据特征的学习,更多的是通过逐层的特征变换,对原有的样本特征进行变换,进而转换到一个新的特征空间中,使分类或预测变得更加容易。深度神经网络模型是利用大数据来进行特征学习,其体现得更多的是大数据丰富的内在信息。

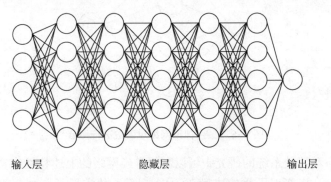

图 9-7 典型的深度神经网络模型

深度神经网络模型采用了与传统神经网络不同的学习机制来进行学习,其在整体上是一个 layer-wise 的训练过程,这样可以有效避免传统学习过程中带来的梯度扩散现象,其具体的训练方法如下。

1) 自下向上的非监督学习

在深度学习处理的过程中,需要采用无标定数据分层对各个层的参数进行学习,其实质是一个无监督的学习过程,这也是相对于传统神经网络学习区别最大的一个过程。其具体的实现过程是通过无标定的参数训练第一层网络权重参数,在学习的过程中可以将这一层看作是一个是输出和输入差别最小的三层神经网络的隐藏节点,因为在深度神经网络模型中,其通常会使用 capacity 模型和稀疏性进行约束,这样可以对这些大量数据的数据结

构进行学习,从而得到比输入表示能力更好的特征,这样进行逐层迭代,学习到 $n-1$ 层后,最终得到各个层的权重参数。

2) 自顶向下的监督学习

自顶向下的监督学习主要是通过带标签的数据在步骤1)的基础上对深度神经网络模型参数进一步微调,具体的学习过程是利用步骤1)中的非监督学习得到的各个层的权重参数,然后使用与步骤1)类似的神经网络的随机初始化过程,但是第一步的完成后是通过对输入的大量的数据的结构进行学习所得到的,因此其输出的初值将更加接近全局最优,这样可以达到更好的效果。

基于上述分析可以知道,深度神经网络模型的实质就是基于大数据来构建学习模型,以得到最优的模型参数,在这个过程中其可以依托海量的信息数据来对系统中的相关参数进行不断的调优和学习。如果应用到跨域推荐中,其可以对用户的信息进行分析,以调整自动驾驶系统的相关参数,代替传统的人工方式去优化和调整系统,以达到最优的推荐。

深度学习算法是目前机器视觉算法中最为流行的视觉处理算法,该算法最大的特点就是可以利用神经网络这种结构对近似的任何的数据信息进行拟合。如图9-8所示,如果能够给定一个函数 $f(x)$,就可以构造一个神经网络以映射这种关系,然后通过对该网络中的隐藏层单元的个数和权值进行调整,就可以近似的得出输入 $x$ 到输出 $f(x)$ 之间的映射关系模型。

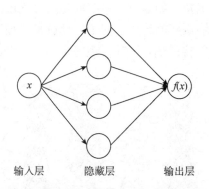

图9-8 采用神经网络对函数进行拟合

因此,在对自动驾驶系统的研究中可以利用神经网络的上述特性来实现对推荐的映射关系函数进行拟合,以实现更优的决策。Sedhain等人就实现了一种基于深度神经网络的协同过滤算法,如图9-9所示。

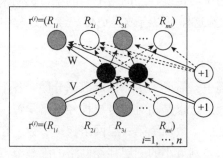

图9-9 基于神经网络的推荐方法

在自动驾驶系统中，通常可以应用神经网络技术来完成对相关映射函数的耦合，特别是在海量的汽车驾驶数据支持下，存在各种无法确定映射关系的信息。如果将这些信息利用深度神经网络模型加以处理，构建相关的深度神经网络模型关系，然后基于当前车辆的感知系统采集到的环境及车辆状态信息进行驾驶决策，对提高整个自动驾驶系统的控制精度和自动化程度具有非常重要的意义。

### 9.6.2 交通标志的识别

交通标志识别（Traffic Sign Recognition，TSR）系统作为智能驾驶系统的重要组成部分，在交通标志维护、先进驾驶辅助和自动驾驶等多方面具有重要作用，是智能驾驶系统研究的关键和基础。目前，交通标志识别系统主要是通过安装在汽车上的摄像机、传感器等设备获取自然场景图像，然后通过图像处理与模式识别等技术对场景中的标志进行实时检测和理解，最后及时反馈禁令、警告和指示等识别信息，协助驾驶员对汽车进行有效控制。由于交通标志颜色固定、形状简单，虽然看似容易识别，但真实的道路交通环境复杂多变，现实应用又要求其保证较高的准确率和实时性，因此对它的研究至今仍是非常有挑战性的课题。此外，交通标志识别也是复杂自然场景下目标自动识别领域中的代表性研究课题，其现实应用非常广泛。同时，交通标志的自动识别也是体现未来车辆智能程度的重要指标，是无人驾驶技术的重要组成部分，对于未来汽车行业的发展也具有不可低估的现实意义。因此，对交通标志识别系统的研究有着非常重要的实际意义和价值。

交通标志识别系统作为智能驾驶系统的重要组成部分，在先进驾驶辅助、交通标志自动维护和无人车自动驾驶等多方面都具有重要作用，是智能驾驶系统研究的关键和基础。然而，真实的道路交通环境复杂多变，光照条件、天气状况、局部遮挡、多个标志聚集、视角倾斜、背景色相似干扰等问题使交通标志识别系统的研究面临许多困难，实时性的要求也使得实际的应用远未达到成熟地步。

交通标志检测作为交通标志识别系统的重要组成部分，是进行交通标志分类识别的前提，其功能主要是从获取的交通标志全景图片中检测出包含交通标志的所有区域，通常称为感兴趣区域（Region of Interest，ROI），然后定位交通标志出现的具体位置。检测的速度应尽可能快，以满足系统实时性的要求，同时应尽可能地降低漏检率。由于交通标志有其特有的颜色和固定的形状，因此现有的研究常采用基于颜色的检测方法、基于形状的检测方法和基于颜色和形状相结合的检测方法。此外，滑动窗口模式在目标检测领域近些年越来越流行，许多学者也采用其进行交通标志检测研究。

基于颜色的交通标志检测算法通常使用一个设定的阈值将交通标志从背景中分割出来，常用的方法是在RGB（Red Green Blue）和HSV（Hue Saturation Value）色彩空间上划分阈值来实现对交通标志的检测。由于现实世界的环境中随着光照条件的不同图像的色彩信息也不同，因此基于颜色的检测方法很难指定一个合适的阈值去做分割。此外，当多个交通标志连接在一起时，其检测效果也难以令人满意。而基于形状的检测算法不再考虑图片的颜色信息，通常可以较好地解决上述问题。

交通标志分类作为交通标志识别系统的最后一个步骤，主要负责对检测出的交通标志进行准确分类，并输出识别结果。常用的分类方法有模板匹配法、支持向量机（Support Vector Machine，SVM）分类法和神经网络分类法等。

模板匹配法是一种较直接的方法，其思想非常简单，只需将待分类图像与标准模板进行匹配，选取最相似的结果作为输出，匹配模板多采用整幅标志图像或其中的一部分。

不同于模板匹配方法，特征提取结合分类器的分类方法通常利用一些表达能力非常强的特征描述子结合一些合适的强分类器进行分类识别，由于其分类准确率通常都较高，因此在目标识别领域中更常被使用。

以上各种算法所使用的特征都是人工设计的特征，如人为的计算、统计或变换得到的，但这只是一种启发式的方法，参数的选择和调节也是比较耗时和困难的。而深度学习方法是一种自动提取特征的方法，它借鉴于人类的分层视觉处理系统，对输入数据从底层到高层逐级提取特征，下一层的特征是上一层特征的非线性组合，整个学习是一个从具体到抽象，从局部到全局的过程。和人工设计的特征相比，深度学习利用大数据通过多层隐藏网络学习到的特征具有更强的表达能力，能够更真实地刻画物体丰富的内在信息。近年来，深度学习方法已广泛应用于计算机视觉、语音识别和自然语言处理等领域并取得了非常好的效果。卷积神经网络（Convolutional Neural Networks，CNN）是特别适合用于二维图像识别的深度学习模型，该网络具有自动学习特征的能力，只需输入原始的像素特征就能够学习到旋转、平移和尺度不变性的特征，使用该特征能够得到高精度的分类结果。基于卷积神经网络的分类算法，使用自学习的特征进行分类有着很高的分类正确率，但由于通常的卷积神经网络结构都比较复杂，使得模型训练和测试时间都比较长，难以满足实时应用的需求。

# 第十章
## 汽车电气化

汽车行业目前正向电气化时代迈进,全球各大车企都在加快电气化进程。汽车电气化包含的内容远大于汽车电动化,本书主要内容纯电动汽车即是汽车电气化的一部分。

从1831年英国科学家法拉第发现了电磁感应原理,1832年法国人毕克希制成了第一台发电机,使电能从此能为人类所利用开始,到人类大规模利用电能的历史不到180年,比利用火、煤、天然气、石油的历史短得多。然而电能的优越性使其成为人类社会应用范围最广、应用领域最多、应用方便程度最好的能源。从电学的角度看,汽车的电气化是指强电、弱电、微电在汽车上的应用,并不断拓展其应用领域。

电气化是第二次工业革命的根本驱动力,未来第三次工业革命有可能由信息化和智能化来推动,信息化是智能化的前提和基础条件。而具体到汽车行业,要实现信息化,必须实现全面电动化。电动化后的整车零件数量大幅减少,主要部件的工作参数全部为电子化形式。在汽车控制所需要的参数信息的即时采集、分析、反馈等方面,电动汽车本身的电气化特性所拥有的先天优势,是内燃机车完全无法比拟的。

从内容上看,汽车的电气化包括以下3个方面:一是汽车的智能化,即以实现可无人值守的自动驾驶为目标;二是汽车的网联化,即通过5G及以上通信技术实现汽车与汽车、汽车与万物的联网;三是汽车的电动化,包括汽车上各种装置用电力驱动和汽车行驶用电力驱动。

除了对于能源的高效利用和控制尾气排放之外,汽车电气化的另一个好处是相比内燃机这样的复杂机械系统,由电机为核心构成的驱动系统更加容易进行精确控制,使得实现自动驾驶的难度相对降低,同时可以更好地支撑未来汽车联网技术的实现。现在的内燃机汽车虽然也可以通过行车电脑加大量传感器实现L2甚至L3级别的自动驾驶,但是在最核心的动力控制上,通过油量控制燃烧效率和通过电流控制电机转速有本质的区别,精确度会在智能化层面随着多因素叠加之后形成巨大的差距。

相比纯电动汽车,混合动力汽车和一般增程式电动汽车都不能避免燃油问题。尽管增程式电动汽车看上去解决了续驶里程问题,满足当前的市场需求,但是说到底不能够彻底解决燃油与排放问题,而混合动力电动车是现在与未来之间的过渡方案。放眼未来,氢燃料电池汽车可能是终极解决方案。

氢燃料电池汽车和纯电动汽车的区别是以能量密度更高的液氢储能，仅需要保留比较小的电池组作为能量回收时的储能器件，因此对于动力电池的需求大幅减少。但氢燃料电池汽车的普及不是一项仅仅依靠汽车公司就能够推动的"系统工程"。不像纯电动汽车可以借助现有电力系统起步，氢燃料电池汽车需要再造一个液氢供应体系以取代现有的汽柴油产业体系。

智能化、网联化在本书第九章的汽车智能驾驶进行了介绍，本章不再赘述。目前汽车电动化除了纯电动汽车之外，主要是混合动力汽车和燃料电池汽车。

## 10.1 混合动力电动汽车

混合动力电动汽车是指使用电机和传统内燃机（柴油机或汽油机）联合驱动的汽车，按动力耦合方式的不同可以分为串联式、并联式和混联式，按驱动又可分为混合动力汽车（Hybrid Electric Vehicle，HEV）和插电式混合动力汽车（Plug-in Hybrid Electric Vehicle，PHEV）。

混合动力汽车的主要特点是：采用小排量的发动机降低了燃油消耗；将制动和下坡时的动能回收到蓄电池中二次利用，降低了燃油消耗；在市区行驶工况下可关停内燃机，由电机单独驱动，实现零排放。

### 10.1.1 混合动力汽车按联结方式分类

根据混合动力驱动的联结方式，一般把混合动力汽车分为串联式混合动力汽车、并联式混合动力汽车和混联式混合动力汽车三类。

1. 串联式混合动力汽车

串联式混合动力汽车主要由发动机、发电机、电动机等三大动力总成用串联方式组成动力系统，由发动机驱动发电机发电，将电能通过控制器输送到动力电池组或电动机，再由电动机通过变速机构驱动汽车，如图10-1所示。

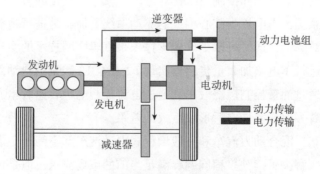

图 10-1 串联式混合动力汽车的动力系统

小负荷时电动机由动力电池组提供电能，大负荷时电动机由发动机带动发电机提供电能。当车辆处于起动、加速、爬坡工况时，发动机、电动机组和动力电池组共同向电动机提供电能；当电动车处于低速、滑行、怠速工况时，则由动力电池组向电动机提供电能，当动力电池组缺电时则由发动机-发电机组向动力电池组充电。

串联式结构适用于城市内频繁起步和低速运行工况，可以将发动机控制在最佳工况点附近稳定运转，并通过调整电池和电动机的输出来达到调整车速的目的。这种结构使发动机避免了怠速和低速运转的工况，从而提高了发动机的效率，减少了废气排放，其缺点是能量几经转换，机械效率较低，高速行驶油耗甚至高于普通内燃机汽车。

2. 并联式混合动力汽车

并联式混合动力汽车在普通汽车的基础上加装了一套电能驱动系统（即电动机和动力电池组），发动机和电动机都能单独驱动车轮，也可以共同驱动车轮，当动力电池组电量不足时，发动机还能带动电动机反转为动力电池组充电，如图10-2所示。

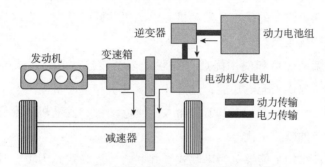

图10-2　并联式混合动力汽车的动力系统

与串联式相比，并联式的动力性能更加优越，某混合动力汽车的1.5 T发动机和电动机功率相加后达到220 kW多，相当于奥迪A6 3.0 T发动机。其次，并联式车型的驱动模式较多，可以适应多种工况，如发动机能够在中高速运行时单独驱动汽车，不需要进行能源的二次转换，因此其综合油耗也会更低。并联式混合动力汽车的缺点是动力电池组电量耗尽后，电动机无法继续驱动车辆，只能作为发电机使用。

与此同时，并联式混合动力汽车的动力系统结构更复杂，制造成本相对高；且纯油模式、纯电模式和混合模式等不同驱动模式在不同厂家的命名标识都不尽相同，消费者容易混淆。

如宝马530Le的Save Battery模式和奥迪A3 Sportback e-tron上的Hybrid Hold功能完全一致，都是保持电量的模式。该模式不能为电池充满电，只能保持电池的当前电量，消耗时发动机会给电池充回相应的电量。

3. 混联式混合动力汽车

混联式混合动力汽车是综合了串联式和并联式的动力系统结构而组成的电动汽车，主要由发动机、电动-发电机和驱动电机三大动力总成组成，如图10-3所示。

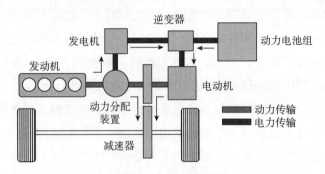

图 10-3 混联式混合动力汽车的动力系统

在并联式的基础上再加入一个发电机，就是混联式，即传统燃油汽车+电动机+发电机=混联式混合动力汽车。传动装置通常采用称为 ECVT 的行星齿轮结构耦合单元替代变速箱，起到连接、切换两种动力以及减速增扭的作用。也有一些厂家在混联结构中使用普通的变速箱，如双离合变速器、无级变速器（CVT）等，但是效果远不及这种 ECVT 变速结构。混联式混合动力汽车的优点是发动机和电动机共同驱动时，发电机能持续为动力电池组充电，缺点是结构复杂。

虽然混联式的结构优点和使用优点与并联式车型接近，但混联式的驱动模式更加丰富，其混合驱动模式加入了充电功能，这意味着发动机和电动机全力驱动车辆时，不用担心电量消耗的问题。并且得益于 ECVT 的加入，使电动机和发动机的配合更加默契，能够适应的工况更多；节油效果更优。

混合动力汽车在结构上能够分为串联式、并联式、混联式几大类，其中串联式是最少厂家采用的，虽然混联式比较好，但是由于专利问题，大部分厂家都选择了并联式的结构，这也是混合动力汽车中并联式车型占比最大的原因，相信未来将会有更多的混联式车型推出。

混合动力汽车的动力系统中包括高效强化的电动机、发电机和蓄电池。蓄电池使用的有铅酸蓄电池、镍锰氢蓄电池和锂离子蓄电池，将来应该还能使用氢燃料电池。

### 10.1.2 混合动力系统按混合度分类

根据混合度的不同，可将混合动力系统分为微混合动力系统、轻混合动力系统、中混合动力系统和完全混合动力系统。

1. 微混合动力系统

微混合动力系统是在传统内燃机的起动电机（一般为 12 V）上加装了皮带驱动起动电机（Belt-alternator Starter Generator，BSG）。该电机为发电起动一体式电动机，用来控制发动机的起动和停止，从而取消了发动机的怠速，降低了油耗和排放。在微混合动力系统里，电机的电压通常有两种：12 V 和 48 V。48 V 微混合动力系统是在 12 V 系统的基础上，增加了一套 48 V 的混动系统，即同时搭载 48 V 锂离子电池和传统 12 V 电池。其中，

12 V电池主要负责传统负载，如照明、点火、娱乐和音响系统等；48 V电池负责支持主动式底盘系统、空调压缩机以及制动能量回收等。一般48 V微混合动力系统有启停、能量回收、加速助力和电动爬行等功能。

如图10-4所示，目前48 V微混合动力系统分为P1、P2、P3和P4共4种不同的解决方案，它们的区别是电机安装位置不同。P1集成于内燃机，P2安装在内燃机和变速箱之间，P3安装在变速箱，P4安装在后轴。

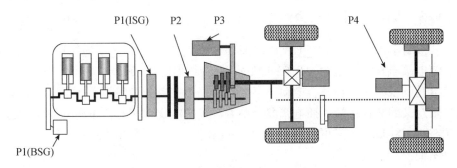

图10-4　4种微混合动力系统方案

微混合动力系统的电机会更全面地管控发动机转速，相比于传统燃油汽车，其动力输出更平顺，油耗可以降低10%~20%。相比于电动汽车，它依旧有着燃油汽车原本的属性，可以实现完全的零转速滑行模式，此刻即使发动机断电，电子助力转向和刹车依靠48 V锂电池仍然可以工作，从而使基本的滑行控制不受影响，以此达到降低油耗的效果。同时，由48 V电池供电的电子涡轮可以控制涡轮转速，在上压之前让涡轮先工作起来，更快达到压力值，大大减低涡轮迟滞。

微混合动力系统的代表车型是雪铁龙的混合动力版C3和丰田的混合动力版Vitz。从严格意义上来讲，这种微混合动力系统的汽车不属于真正的混合动力汽车，因为它的电机并没有为汽车行驶提供持续的动力。

2. 轻混合动力系统

轻混合动力系统的代表车型是通用的混合动力皮卡车。轻混合动力系统除了能够实现用发电机控制发动机的起动和停止，还能够实现在减速和制动工况下，对部分能量进行吸收；在行驶过程中发动机等速运转；发动机产生的能量可以在车轮的驱动需求和发电机的充电需求之间进行调节。轻混合动力系统的混合度一般在20%以下。

3. 中混合动力系统

中混合动力系统的代表车型是本田混合动力版Insight、Accord和Civic。中混合动力系统采用的是高压电机，该系统还增加了一个功能：在汽车处于加速或大负荷工况时，电动机能够辅助驱动车轮，从而补充发动机本身动力输出的不足，以更好地提高整车的性能。中混合动力系统的混合程度较高，可以达到30%左右，目前这项技术已经成熟，应用广泛。

#### 4. 完全混合动力系统

完全混合动力系统的代表车型是丰田 Prius，该系统采用了 272~650 V 的高压起动电机，混合程度更高。与中混合动力系统相比，完全混合动力系统的混合度可以达到甚至超过 50%，这使得完全混合动力系统逐渐成为混合动力技术的主要发展方向。

对于混合动力汽车，其动力传动匹配的不同是与传统内燃机汽车和纯电动汽车的主要区别。

### 10.1.3 插电式混合动力汽车

插电式混合动力汽车（PHEV）相比前面非插电混动动力汽车的特点是电池容量大、能充电、纯电续航长、油耗约为 0.02 L/km、综合续航距离较短。

在充电基础设施尚不普及、电动车电池技术仍不完善的背景下，插电式混合动力技术是最具实际意义的减排选择。插电式混合动力汽车既能实现相对长距离的纯电动行驶（充满电续航 50~100 km），又可以不受电池电量和充电桩的限制，它是一种可以"短途用电、长途用油"的交通工具。

插电式混合动力汽车与普通混合动力汽车的区别：普通混合动力车的电池容量很小，仅在起停、加减速的时候供应与回收能量，不能外部充电，不能用纯电模式较长距离行驶；插电式混合动力车的电池容量相对比较大，可以外部充电，可以用纯电模式行驶，电池电量耗尽后再以混合动力模式（以内燃机为主）行驶，并适时向电池充电。

目前我国大部分插电式混合动力汽车纯电行驶的续驶里程还是不够长，都在 50~60 km 左右，满电满油的综合续驶里程约为 500 km，高速和馈电状态油耗较高。一般只配备交流充电接口，最大充电电流为 16 A，充满电需要花费 4~6 h 的时间。当汽车的电池电量接近耗尽就会强制起动发动机进行充电，汽车馈电状态下百公里油耗可能升至 10~12 L。由于各车企的插电解决方案不同，因此馈电状态下的驾驶质感差异很大。

### 10.1.4 增程式电动汽车

增程式电动汽车是在纯电动汽车的基础上开发的电动汽车，之所以称为增程式电动汽车是因为增加了增程器，其目的是进一步提升纯电动汽车的续驶里程，主要工作特点或理念是大多数情况下工作在纯电动模式，少数情况下工作在增程模式，即增程器产生电能提供电机的驱动或供电池充电。增程器一般指能够提供额外的电能，从而使电动汽车能够增加行驶里程的电动汽车零部件，传统意义上的增程器指发动机与发电机的组合，如图 10-5 所示。

图 10-5 增程器

增程式电动车比插电式混合动力汽车的电力"血统"更加纯正，因为它在没有追加增程器之前就是一辆纯电动汽车，且增程器的部署基本不会影响到原有车辆的动力系统结构。而插电式混合动力汽车的前身由于是混合动力汽车的关系，因此保留了较多的传统机械部件，结构上要较增程式电动车更复杂一些，成本也略高。

增程型插电混合动力系统的特点是电池容量中等、能充电、基本能实现纯电行驶、油耗在 0.04 L/km 左右，代表车型有别克 VELITE 5、宝马 i3 增程版。

## 10.2 燃料电池电动汽车

燃料电池电动车（Fuel Cell Vehicle，FCV）的燃料能源不依赖石油等传统化石燃料，目前应用前景最好的是氢燃料电池。该电池利用氢气和空气中的氧在催化剂的作用下，在燃料电池中经电化学反应产生的电能作为动力，可以实现"零排放"，如图 10-6 所示。其特点主要表现在：通过电化学反应发电，只产生水和热，能实现零排放，不会污染环境；能量转换效率可高达 60%~80%，为内燃机的 2~3 倍，这是由于燃料电池的能量转换性质决定的，直接将化学能转换为电能，不需要经过热能和机械能（发电机）的中间变换；运行安静，噪声大约只有 55 dB，相当于人们正常交谈的水平，这使得燃料电池适合安装在室内或是在室外对噪声有限制的地方。

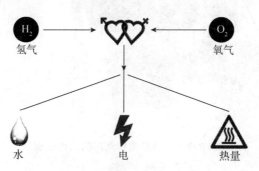

图 10-6 氢燃料电池的"零排放"

与一般电动汽车不同的是，氢燃料电池汽车在没电时不是对电池充电，而是通过补充燃料进行发电来带动电动机。也可以认为氢燃料电池汽车类似于串联式的混合动力汽车，只是没有将发动机输出的机械能转化成电能的过程，而是直接将燃料的化学能转化成电能，效率比发动机的热效率高得多。氢燃料电池汽车的工作过程如图 10-7 所示。

图 10-7 氢燃料电池汽车的工作过程

## 10.2.1 燃料电池的工作原理

车载燃料电池装置所使用的燃料一般是高纯度氢气或经重整所得到的高含氢重整气,通过氢氧之间发生化学反应产生的电能作为动力驱动汽车行驶。

燃料电池是发电装置,而不是蓄电装置。车用燃料电池通常为质子交换膜燃料电池,其单体电池主要由膜电极(阳极、阴极)、质子交换膜和集流板组成,具体反应步骤为:经增湿后的 $H_2$ 和 $O_2$ 分别进入阳极室和阴极室,经电极扩散层到达催化层和质子交换膜的界面,分别在催化剂作用下发生氧化和还原反应:

阳极:$H_2 \longrightarrow 2H^+ + 2e^-$

阴极：$H_2 + \frac{1}{2}O_2 \longrightarrow H_2O$

电池总反应：$\frac{1}{2}O_2 + 2H^+ + 2e^- \longrightarrow H_2O$

质子交换膜燃料电池的反应原理如图10-8所示。

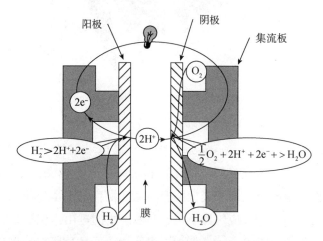

图10-8　质子交换膜燃料电池的反应原理

### 10.2.2　氢燃料电池发动机

氢燃料电池发动机是一种将氢气和氧气通过电化学反应直接转化为电能的发电装置，原理上相当于水电解的"逆"装置，其运行过程不涉及燃烧，无机械损耗，能量转化率高，产物仅为电、热和水，运行平稳，噪音低，因此被称为"终极环保发动机"。氢燃料电池发动机是由电堆、氢气供给循环系统、空气供给系统、水热管理系统、电控系统和数据采集系统组成。

**1. 电堆**

在氢燃料电池产业链中，电堆处于中游核心环节。催化剂、质子交换膜、气体扩散层组成膜电极和双极板构成电堆的上游，电堆与空压机、储氢瓶系统、氢气循环泵等其他组件构成氢燃料的电池动力系统，下游应用对应交通领域和备用电源领域，主要是客车、轿车、叉车、固定式电源和便携式电源等。

电堆是发生电化学反应的场所，也是氢燃料电池动力系统的核心部分，由多个单体电池以串联方式层叠组合构成。单体电池由双极板和膜电极两大部分组成，膜电极催化剂、质子交换膜和碳布/碳纸构成。将双极板与膜电极交替叠合，各单体电池之间嵌入密封件，经前后端板压紧用螺杆固定，即构成燃料电池电堆。

如图10-9所示，电堆工作时，氢气和氧气分别由进口引入，经电堆气体主通道分配至各单体电池的双极板，经双极板导流均匀分配至电极，通过电极支撑体与催化剂接触进行电化学反应。

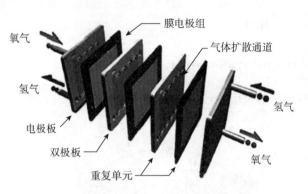

图 10-9 电堆构成

1）膜电极

膜电极（Membrane Electrode Assembly，MEA）是电堆的核心，决定了电堆性能、寿命和成本。膜电极组件由质子交换膜、催化剂和气体扩散层组成，直接决定诸如铂载量、启停、冷起动等特性。膜电极是质子交换膜燃料电池发生电化学反应的场所，其主要作用是传递电子和质子的介质，为反应气体、尾气和液态水的进出提供通道，相当于质子交换膜燃料电池的心脏。如图 10-10 所示，膜电极通常由中间的质子交换膜、两侧的阳极催化层和阴极催化层，最外侧的阳极气体扩散层和阴极气体扩散层组成。

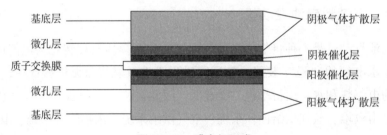

图 10-10 膜电极组成

膜电极技术经历了三代发展，大体上可以分为热压法、CCM（catalyst coating membrane）法和有序化膜电极三种类型。目前大部分厂商选择第二代 CCM 三合一膜电极技术，而有序化膜电极是目前工艺发展趋势。有序化膜电极能兼顾超薄电极和结构控制，拥有巨大的单位体积的反应活性面积及孔隙结构相互贯通的新奇特性，可以达到高效三相传输、高铂利用率、高耐久性，使其成为 PEMFC 领域的研究热点，也是下一代膜电极制备技术的主攻方向。

2）双极板

双极板是电堆的核心结构零部件，是电堆中的"骨架"，与膜电极层叠装配成电堆，在燃料电池中起到支撑、收集电流、为冷却液提供通道、分隔氧化剂和还原剂等作用，且具有均匀分配气体、排水、导热、导电的功能，占整个燃料电池 60% 的质量和 20% 的成本，其性能优劣直接影响燃料电池的输出功率和使用寿命。

双极板材料主要包括石墨、金属和复合材料 3 类，一般乘用车采用金属双极板，商用车采用石墨双极板。图 10-11 所示的石墨基双极板在燃料电池的环境中具有非常良好的化学稳定性，同时具有很高的导电率，是目前质子交换膜燃料电池研究和应用最为广泛的材料。

图 10-11　石墨基双极板

双极板使用金属材料相比使用石墨材料具有更好的导电和热传导性能，同时金属材料良好的机加工性能会大大降低双极板的加工难度。复合材料双极板能较好地结合石墨板与金属板的优点，使电堆达到更好的效果。

金属双极板燃料电池具有高能量密度需求，在乘用车上应用比石墨及复合双极板更有优势。目前，金属双极板能使 PEMFC 模块的功率密度大幅提升，已成为乘用车燃料电池的主流双极板。例如，日本丰田 Mirai 燃料电池汽车用金属双极板 PEMFC 模块的功率密度达到 3 kW/L，英国 Intelligent Energy 的新一代 EC200-192 金属双极板燃料电池模块的功率密度达到 5 kW/L。

3）质子交换膜

图 10-12 所示的质子交换膜是燃料电池的核心元件，目前的主流是全氟磺酸增强型复合膜。质子交换膜逐渐趋于薄型化，由几十微米降低至十几微米，这样可以降低质子传递的欧姆极化，以达到更高的性能。

图 10-12　质子交换膜

质子交换膜是 PEM 燃料电池的核心组件，其主要功能是充当质子通道实现质子快速传导，同时还起到阻隔阳极燃料和阴极氧化物的作用，防止燃料（氢气、甲醇等）和氧化物（氧气）在两个电极间发生互窜，此外还对催化剂层起到支撑作用。质子交换膜性能的好坏直接决定着 PEM 燃料电池的性能和使用寿命，作为 PEM 材料，应满足表 10-1 所示的性能要求。

表 10-1 质子交换膜性能要求

| 性　　能 | 要　　求 |
| --- | --- |
| 高质子传导率 | 保证在高电池密度下，膜的欧姆电阻小，提高输出功率密度和电池效率 |
| 低电子导电率 | 使得电子都从外电路通过，提高电池效率 |
| 气体渗透性低 | 有效阻隔燃料和氧化剂的互窜，以免氢气和氧气在电极表面发生反应，造成电极局部过热，影响电池效率 |
| 化学和电化学稳定性好 | 在燃料电池工作环境下不发生化学降解，以提高电池的寿命 |
| 热稳定性好 | 在燃料电池环境中，能够有较好的机械性能，不发生热降解 |
| 良好的尺寸稳定性 | 较低的尺寸变化率防止膜吸水和脱水过程中的膨胀和收缩引起的局部应力增长而造成膜与电极剥离，以免使电池寿命降低 |
| 良好的机械性能 | 高湿环境下溶胀率低 |
| 适当的性价比 | 降低成本，满足商业需求 |

质子交换膜根据含氟情况可分为全氟磺酸膜、非全氟化质子交换膜、无氟化质子交换膜和复合膜。目前世界上的主流质子交换膜是全氟磺酸膜，全氟磺酸聚合物具有聚四氟乙烯结构，其碳-氟键的键能高，使其力学性能和化学稳定性优异，其聚合物膜的使用寿命远远高于其他膜的使用寿命，且分子链上的亲水性磺酸基团具有优良的氢离子传导特性，是目前在 PEMFC 中唯一得到广泛应用的质子交换膜。全氟磺酸膜成型工艺可分为 3 类：溶液浇铸成型工艺、复合成型工艺和 PESIM 挤出成型工艺。

溶液浇铸成型是指在常压下将树脂溶液注入固有模具，经溶液挥发后加热成膜的工艺，成本较低且操作简单可控，是目前国内研究机构大多采用的方法，不过实验室厚度均匀性不足。全氟磺酸钠盐树脂溶液钢带流延成型的工艺过程主要有 4 个部分：全氟磺酸钠盐树脂溶液配制、钢带流延成型、溶剂挥发和质子膜转型干燥。

复合成型工艺为溶液复合成型工艺，溶液与其他材料的复合通常有浸没、涂布、喷涂等工艺，产品复合后再进行干燥成膜。

PFSIEM 挤出成型工艺可分为熔融挤出成型和凝胶挤出成型，熔融挤出成型又分为熔融挤出流延成型和熔融挤出压延成型。熔融挤出成型工艺具有厚度均匀，生产效率高，树脂熔融时破坏性小，产品质量稳定等优点。PFSIEM 的挤出工艺过程由 3 个部分组成：全氟磺酰氟树脂挤出造粒、全氟磺酰氟薄膜制造和全氟磺酰氟薄膜的转型。

全氟磺酸复合膜可采用其他材料改善性能，如采用 PTFE 的多孔材料，可以减少全氟磺酸树脂的用量，提升力学性能，降低成本。

4）催化剂

催化剂是燃料电池的关键材料之一，目前燃料电池中常用的催化剂是Pt/C，即由Pt的纳米颗粒分散到碳粉（如XC-72）载体上的担载型催化剂。受资源和成本方面的限制，考虑到Pt的昂贵和稀有，降低Pt用量一直是催化剂研究的主要方向。对于质子交换膜燃料电池Pt用量的降低，一方面可通过提高催化剂的催化活性来实现，另一方面可寻找替代Pt的催化剂。

目前Pt的用量正在逐渐降低，而长期目标是催化剂用量达到传统内燃机尾气净化器贵金属用量水平（<0.05 g/kW）。

Pt质量比活性可以通过提高表面Pt面积比活性来改善，改变表面Pt面积比活性的重要理论指导是Pt与其他金属发生相互间作用后，Pt原子的几何结构和电子结构发生改变。主要研究方向有Pt合金催化剂、Pt单层催化剂、Pt纳米管和Pt核壳等。

非Pt催化剂替代的研究包括钯基催化剂和非贵金属催化剂。

5）气体扩散层

气体扩散层位于流场和膜电极之间，主要作用是为参与反应的气体和产生的水提供传输通道，并支撑膜电极，如图10-13所示。因此，气体扩散层必须具备良好的机械强度、合适的孔结构、良好的导电性和高稳定性。

图10-13 气体扩散层

多孔气体扩散层将膜电极组合体夹在中间，主要功能包括：（1）实现气体在催化层表面的扩散；（2）提供机械支撑；（3）导通电流；（4）排除反应生成水。扩散层的材质是经疏水材料处理的碳基材料（碳纸或碳布）。疏水材料的作用是防止水在扩散层孔中积聚，以免影响气体扩散。

气体扩散层通常由基底层和微孔层组成，基底层通常使用多孔的碳纤维纸、碳纤维织布、碳纤维非纺材料及碳黑纸，有的也利用泡沫金属、金属网等来制备，主要起到支撑微孔层的催化层的作用。微孔层主要是改善基底层孔隙结构的一层碳粉，目的是降低催化层和基底层之间的接触电阻，使得流道气体以及产生水均匀分配。

2. 氢气供给循环系统

氢气供给循环系统是由高压氢瓶、减压阀、电磁阀、氢气循环泵、氢气浓度传感器及管路组成。

来自气瓶中的高压氢气经过减压阀使得压力降低，通过电磁阀进入电堆，氢气回流泵将电堆反应后剩余的氢气回收重新输入电堆中，提高氢气能源利用率。氢气循环泵如图 10-14 所示。

图 10-14　氢气循环泵

图 10-15 为逆变器，它和水泵的逆变器集成为一个单元，使得冷却水道和电力提供可以同时进行。

图 10-15　逆变器

车载高压储氢瓶是氢燃料电池汽车的关键部件，目前已商业化的高压储氢气瓶分为 4 种：Ⅰ型、Ⅱ型、Ⅲ型及Ⅳ型。Ⅰ型瓶由金属钢组成；Ⅱ型瓶采用金属材质为主，外层缠绕玻璃纤维复合材料；Ⅲ型、Ⅳ型瓶则主要是基于碳纤维增强塑料材料，前者内胆为金属，后者内胆为塑料，外部通过碳纤维增强塑料缠绕加工而成。

碳纤维复合材料的使用可使质量大大降低，但Ⅳ型瓶中由于高成本碳纤维复合材料应用，也相应增加了生产成本。

从储氢质量均为 5.6 kg 的 35 MPa 和 70 MPa 高压储氢Ⅳ型瓶成本组成来看，主要成本贡献者是碳纤维复合材料，分别占总成本的 75% 和 78%。如图 10-16 所示，图中：①为内层，采用的高分子聚合物材料，与瓶内氢气接触不发生化学反应；②为中间层，是高压气罐最重要的一层,采用热塑性纤维增强塑料;③为外层,采用玻璃纤维增加聚合物材料。

图 10-16　高压氢瓶

如图 10-17 所示,高压氢瓶减压阀将氢罐压力从 35 MPa 或 70 MPa 的高压降到 1 MPa,以满足燃料电池堆的内压力要求。

图 10-17　高压氢罐阀门

3. 空气供给系统

燃料电池电化学反应的进行需要空气中氧气的参与,空气供给系统包含空气滤清器、空压机、空气增湿器 3 个部件。空压机的作用是将增压空气源源不断地输送到电堆入口。图 10-18 是丰田公司开发的六叶螺旋罗茨空压机。

图 10-18　六叶螺旋罗茨空压机

**4. 水热管理系统**

水热管理系统由水泵和水温传感器两大部件组成，和传统内燃机散热小循环系统类似。

氢燃料电池发动机冷却液是由去离子水和乙二醇水溶液按照一定比例调和成的。

**5. 电控系统**

氢燃料电池发动机的电控系统主要由发动机控制器（FCU）及各种传感器构成。

**6. 数据采集系统**

数据采集系统主要是指数据采集器，其作用是时刻监控氢燃料电池发动机运行的各种参数及状态，如发动机地理位置、运行状态、各项传感器参数等，对各项参数进行数据分析处理，并针对参数异常情况实时报警、记录。

### 10.2.3 燃料电池汽车的工作原理

燃料电池汽车主要以燃料电池为主动力源为整车提供能量，其工作原理如图10-19所示。在急剧加速状态下，燃料电池系统与峰值电源两者都向电动机驱动装置供给牵引功率；在制动状态下，电机运行于发电机状态，将部分制动能量转换为电能，并储存在峰值电源中；当负载功率小于燃料电池系统的额度功率时，峰值电源也能从燃料电池系统补充、恢复其能量。

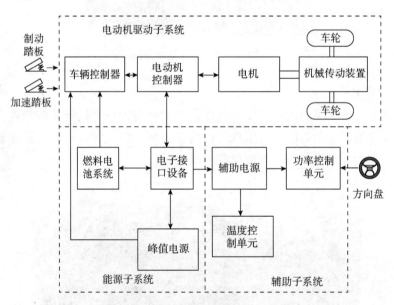

图10-19 燃料电池汽车的工作原理

### 10.2.4 燃料电池汽车的动力系统结构

**1. 纯氢燃料电池动力系统**

纯氢燃料电池汽车中的动力源（燃料电池）承担了汽车所有的功率负荷，如图10-20

所示，这种结构形式的汽车的动态响应能力差，不能及时给汽车提供所需功率；由于燃料电池系统不允许能量双向流动，因此无法回收制动能量；燃料电池的输出功率很大，成本十分高昂；在爬坡时，后备功率不足，低温时冷起动性差。由于以上的不足，此种结构形式的燃料电池汽车已经无人研究，而一些辅助能量源和燃料电池组成的混合动力系统得到了更多的关注。

图 10-20　纯氢燃料电池汽车动力系统结构

### 2. 燃料电池和蓄电池动力系统

纯燃料电池系统存在不能回收再生制动能量、冷起动能力差等问题，因此可采用混合驱动的模式，燃料电池-动力蓄电池的混合动力系统（FC+B）就是其中一种，如图 10-21 所示。

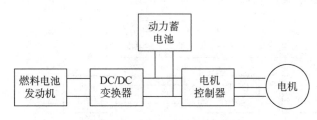

图 10-21　FC+B 动力系统结构

FC+B 动力系统中的动力蓄电池能够吸收再生制动回馈的能量，并且能够在燃料电池起动时为鼓风机或空压机等供电。此外，FC+B 动力系统中的动力蓄电池可以补足燃料电池功率不足的部分，同时还能吸收再生制动的能量，在燃料电池出现故障时可以单独驱动汽车行驶。

### 3. 燃料电池和超级电容动力系统

燃料电池和超级电容动力系统（FC+UC）由燃料电池作为动力源，其结构如图 10-22 所示。超级电容在爬坡、加速时为汽车提供峰值功率，与动力蓄电池相比，它能更有效地帮助燃料电池系统满足瞬时功率的要求，这是因为超级电容能够在短时间内以大电流充电和放电，而动力蓄电池在大电流充放电时，会对使用寿命有极大的损害。同时，超级电容还具有使用寿命长、再生制动能量回收效率高、工作温度范围宽和功率密度大等优点。FC+UC 系统可以提高整车的续驶里程及动力性。

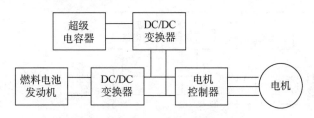

图 10-22　FC+UC 动力系统结构

然而超级电容的比能量低,能量的存储有限,只能持续提供大约 1 min 的峰值功率,同时系统结构复杂,对系统各部件之间的匹配及控制器的设计要求高,这些都是制约燃料电池和超级电容器混合动力系统发展的关键因素。

4. 燃料电池、动力蓄电池和超级电容动力系统

燃料电池、动力蓄电池和超级电容动力系统(FC+B+UC)结合了超级电容高功率密度和动力蓄电池高能量密度等优点,其结构如图 10-23 所示。在车辆行驶过程中,动力蓄电池能够提供均值辅助功率,当辅助功率需求较大时,超级电容提供主要能量。同时,该系统对比能量和比功率的要求可以相互分离,因此提供了可在较少考虑比功率的条件下,优化动力蓄电池的比能量以及循环使用寿命设计的可能性。由于超级电容的负载电平效应,借助于再生制动向动力蓄电池大电流的充电以及动力蓄电池大电流的放电被降低至极限,这样使动力蓄电池的有用能量、持续工作时间和使用寿命都得以显著提高。

但是这种动力系统结构复杂,增加了电池维护及更换的费用,整车控制策略复杂,且控制电容充放电电流、提高其放电电流时间等的策略需要进一步的研究。

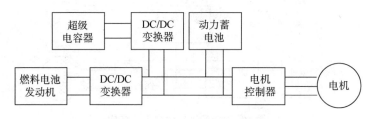

图 10-23 FC+B+UC 动力系统结构

5. 燃料电池、动力蓄电池和超高速飞轮动力系统

燃料电池、动力蓄电池和超高速飞轮动力系统(FC+B+FW)是在 FC+B 的基础上加上一个超高速飞轮形成的,其结构如图 10-24 所示。与超级电容相似,超高速飞轮是一种新兴的储能器,具有高效制动能量回收能力和高功率密度,由具有高强度碳纤维组成的飞轮、可以浮动的磁铁轴承支撑装置、电机/发电机以及电力电子控制装置组成。

超高速飞轮动力装置的特点:(1)具有高比能量(4 0 W·h/kg),与铅酸电池的比能量相似;(2)相比于普通的化学电池和传统内燃机,超高速飞轮具有高功率比(可达3 000 W/kg);(3)纯机械设备,对环境友好、污染小,没有废气排放;(4)可以快速补充能量,并且快速充电对其循环使用寿命影响小;(5)自放电率低,设计及操作灵活,但是超高速飞轮技术仍然处于萌芽阶段。

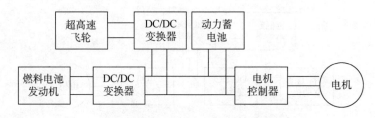

图 10-24 FC+B+FW 动力系统结构

应用到电动汽车以及混合动力汽车的超高速飞轮,受两个问题的影响。首先,每当汽车离开直线行驶,如转向和在有坡度的路面上下颠簸时,飞轮将总是呈现回旋力,这会对车辆操控性能产生影响;其次,如果超高速飞轮受到损伤,那么它以机械方式储存的能量将在极短的时间内释放出来,相应释放出来的功率极高,由此可能引发车辆的严重损坏。

对比分析几种结构形式以及控制的优缺点,燃料电池+蓄电池(FC+B)的系统结构由于易于实现且能够较好地提供车辆行驶中需求的峰值功率和进行制动能量回收,因此被广泛使用于燃料电池汽车的系统结构设计。

### 10.2.5 燃料电池汽车的优缺点

1. 燃料电池汽车的主要优点

1)能量转化效率高

燃料电池的化学反应不受卡诺循环的限制,理论上能量效率可接近80%,实际效率已达50%~70%。

2)近似零排放

燃料电池汽车在本质上是一种零排放汽车,因为燃料电池没有燃烧过程。若以纯氢作燃料,通过电化学的方法,将氢和氧结合,生成物是清洁的水;若采用其他富氢有机化合物用车载重整器制氢作为燃料电池的燃料,生成物除水之外还可能有少量的 $CO_2$,但其排放量比内燃机要少得多,且没有其他污染排放(如氧化氮、氧化硫、碳氢化物或微粒)问题,接近零排放。与传统汽车相比既减少了机油泄漏带来的污染,又降低了温室气体的排放。

3)不受续驶里程的限制

燃料电池汽车可以像传统汽车那样快速地加燃料,普遍采用高压氢气储存罐的方式来存储氢气,相对于纯电动汽车不需要外部充电,且保证了燃料电池汽车的续驶里程。

4)传动系统结构简化

燃料电池汽车驱动系统省去了复杂的动力传动装置,而仅采用电动机来驱动,可以减少功率损失并提升传动效率,和其他的电动汽车一样,也可以方便实现无级变速和制动能量回收。

5)对传统能源的零依赖

燃料电池的主要燃料氢除了可以由天然气、石油等制取,还可通过电解水得到,随着技术的发展,氢气的制取会更加安全、廉价和环保。

6)过载能力强

燃料电池除了在较宽的工作范围内具有较高的工作效率外,其短时过载能力可达额定功率的200%或更大,更适合于汽车的加速、爬坡等工况。

7)运行平稳、低噪声

燃料电池属于静态能量转换装置,除了空气压缩机和冷却系统以外无其他运动部件,因此与内燃机汽车相比,运行过程中的噪声和振动都较小。

汽车业界普遍认同的一个观点是燃料电池技术代表了汽车未来的发展方向。但如果将发展燃料电池汽车的几个制约因素考虑进来，则会发现燃料电池汽车商业化应用还有大量工作要进行。

2. 燃料电池汽车的缺点

1）燃料电池汽车的制造成本和使用成本过高

制约燃料电池汽车推广应用的最大因素之一是燃料电池成本一直居高不下，如何降低燃料电池的生产成本成为燃料电池汽车实用化的关键。据美国能源部测算，目前燃料电池的生产成本已降为500美元/千瓦。专家估计，只有当燃料电池的生产成本降至50美元/千瓦的水平才能为消费者所接受。也就是说，当一台80 kW的汽车用燃料电池成本降到目前汽油发动机的3 500美元的价格时，才能创造巨大的市场效益。从市场经济学角度讲，高成本很难完成市场化推广，而无法实现市场化就不可能大规模批量生产，进而成本就无法降下来，最终导致成本与销售的恶性循环。

另一方面，由于氢气的售价较高，因此燃料电池车的运行成本并不令人乐观。目前，由燃料电池发电系统提供1 kW·h电能的成本远高于各种动力电池，这从一个侧面反映了作为汽车动力源，燃料电池还需要相当长的发展时间。

2）起动时间长，系统抗冲击能力还需提高

燃料电池汽车的起动时间一般需要超过3 min，而采用甲醇或汽油重整技术的燃料电池汽车的起动时间则长达10 min，比起内燃机汽车起动的时间长得多，影响其机动性能。此外，各种管道的连接和密封的可靠性需要进一步提高，以避免当燃料电池汽车受到振动或者冲击时发生泄漏导致效率降低，或者严重撞击引发的安全事故。

3）经济且无污染地获取纯氢燃料还存在技术难点

通过重整或改质技术转化传统的化石燃料获取纯天然氢气，不仅要消耗大量的能量，而且并没有从根本上摆脱对化石能源的依赖，也没有从根本上消除对环境的污染。自然界中，氢能大量存储在水中，虽然取之不尽，但直接使用热分解或电解的办法从水中制氢显然不划算。因此，多数科学家都将目光转向了利用太阳能，但存在许多技术障碍。目前，太阳能分解水制氢、太阳能发电电解水制氢、阳光催化光解水制氢和太阳能生物制氢等各种方法都在开展相应的研究工作。只有到了能以再生性能源廉价地生产出氢燃料，才算从根本上解决了问题。

4）氢燃料电池汽车燃料的供应问题有待解决

由于氢气是最小的分子，很容易造成泄漏。氢气发生泄漏后，在小范围内发生汇集，会有爆炸的风险。氢气的爆炸极限相对于其他可燃气体来说较宽，其在所有可燃气体里面是燃烧范围最广的，在大气中的爆炸极限是4.1% ~ 74.2%，属于高度易燃易爆气体，因此哪怕是微量的泄漏，都有可能造成严重后果。通常氢能以3种状态存储和运输：高压气态、液态和氢化物形态。用常用的压缩气体罐储存的氢，需要对储氢罐的压力升高，才能储存更多的氢，以提高续驶里程。而在-253 ℃的条件下储存液氢的深度制冷技术目前还很不成熟，且全球加液氢的加氢站数量有限。目前，储氢材料的开发已取得了一定的进展。

5) 供应燃料辅助设备复杂，且质量和体积较大

在以甲醇或汽油为燃料的燃料电池汽车中，经重整器出来的"粗氢气"含有使催化剂"中毒"失效的少量有害气体，必须采用相应的净化装置进行处理，这增加了结构和工艺的复杂性，并使系统变得笨重。目前普遍采用氢气燃料的 FCEV，因需要高压、低温和防护的特种储存罐，导致体积庞大，也给 FCEV 的使用带来了许多不便。

6) 燃料电池催化剂铂的产量较少

稀有金属铂作为燃料电池必不可少的反应催化剂，按照现有燃料电池对铂的消耗量，地球上所有的铂储量都用来制作车用燃料电池，也只能满足几百万辆车的需求。

7) 加氢站等基础网络设施建设任重道远

如果说技术和成本是科研机构和企业通过努力可以自行解决的问题，那么相应的配套设施建设则需要国家政策、产业链条和基础设施建设等多方面的准备，并及时制定完善的行业标准和规范。加氢站等基础设施建设，既涉及城市规划、交通和电力等问题，又要解决投资和经营者的获利问题，同时还要有效解决加氢的核心技术和统一标准等问题。对于有一定行驶区间的公交车而言，这个问题可能容易解决，但是对于普通乘用车来说，要解决这些问题就任重而道远。

# 参考文献

[1] 孙逢春. 电动汽车：21世纪的重要交通工具［M］. 北京：北京理工大学出版社，1997.

[2] 陈清泉，孙逢春，祝嘉光. 现代电动汽车技术［M］. 北京：北京理工大学出版社，2002.

[3] 周苏. 电动汽车简史［M］. 上海：同济大学出版社，2010.

[4] 马银山. 电动汽车充电技术及运营知识问答［M］. 北京：中国电力出版社，2012.

[5] 许晓慧. 电动汽车及充换电技术［M］. 北京：中国电力出版社，2012.

[6] 李兴虎. 电动汽车概论［M］. 北京：北京理工大学出版社，2005.

[7] 陈全世. 先进电动汽车技术［M］. 北京：化学工业出版社，2007.

[8] 倪光正，倪培宏，熊素铭，等. 现代电动汽车、混合动力电动汽车和燃料电池车：基本原理、理论和设计［M］. 北京：机械工业出版社，2010.

[9] 段敏. 电动汽车技术［M］. 北京：北京理工大学出版社，2015.

[10] 何洪文. 电动汽车原理与构造［M］. 北京：机械工业出版社，2012.